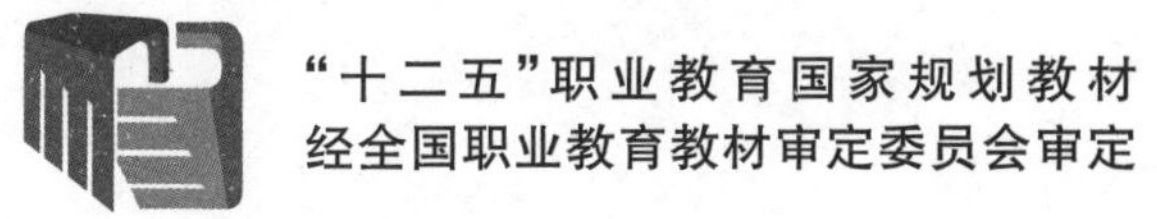

学前美术基础与创作

主　编　张文军　　宿高峰

副主编　刘美芙蓉　诸葛蔓　黄　强

华东师范大学出版社

·上海·

图书在版编目(CIP)数据

学前美术基础与创作/张文军,宿高峰主编. —上海:华东师范大学出版社,2014.1
ISBN 978-7-5675-1682-3

Ⅰ.①学… Ⅱ.①张…②宿… Ⅲ.①学前教育—美术教育—高等职业教育—教材 Ⅳ.①G613.6

中国版本图书馆 CIP 数据核字(2014)第 020102 号

学前美术基础与创作

主　　编　张文军　宿高峰
策划编辑　朱建宝
项目编辑　王瑞安
审读编辑　王　红
责任校对　王丽平
封面设计　陆　弦
封面作品　董银姣

出版发行　华东师范大学出版社
社　　址　上海市中山北路 3663 号　邮编 200062
网　　址　www.ecnupress.com.cn
电　　话　021-60821666　行政传真 021-62572105
客服电话　021-62865537　门市(邮购)电话 021-62869887
地　　址　上海市中山北路 3663 号华东师范大学校内先锋路口
网　　店　http://hdsdcbs.tmall.com

印 刷 者　上海市崇明县裕安印刷厂
开　　本　890×1240　16 开
印　　张　15.25
字　　数　392 千字
版　　次　2014 年 8 月第 1 版
印　　次　2023 年 10 月第 18 次
书　　号　ISBN 978-7-5675-1682-3
定　　价　38.00 元

出 版 人　王　焰

目录

前言

在现代教育里，学前教育占有相当重要的地位。学前教育不仅是基础教育，也是每一个公民接受教育的起点。学前儿童的教育是否成功，不仅关系到个体精神、身体的健康发展和完善，更关系到整个社会的进步和发展。党的二十大报告指出："人才是第一资源，创新是第一动力"，这为新时代学前美术教育高质量发展指明了前进的方向。学前美术教育正是培养全面建设社会主义现代化国家创新人才的有效途径。

美育是教育方针的重要组成部分，幼儿师范教育的美术课程，是培养幼儿师范生综合素质和能力，造就创新型的幼儿教育人才的重要课程之一，是幼儿师范教育的必修科目。长期以来此课程在教育教学中一直是以素描、色彩、手工、玩教具制作这些相对独立的课程内容、教材来进行教学的。这种课程结构形式对于高职高专培养目标与教学的要求、特色有非常大的差距与不适应性。

党的二十大报告指出，要"加强教材建设和管理"。教材是我国教育中的重要阵地，应紧扣时代的脉搏，将党的二十大精神落实到教材中，为加强教材建设和管理作出贡献，本教材也不例外。《学前美术基础与创作》是为了适应现代学前教育形势的需要，推动高等师范教育类学前教育专业的发展和完善编写的。本书以突出专业特色、服务于高等教育的学前教育专业人才培养目标为指导思想，根据教材所属专业的培养目标与规格、专业的需要，结合现代学前教育教学改革的新理念、新思维及新的课程整合构架。本书体现了与本科专业不相同的、有其较强的自身特色的课程结构内容，强调突出特色、适应教学、整合优化、更新内容和技能训练，注重创造性思维能力的培养和对学生实践能力、方式、方法技能的训练。

《学前美术基础与创作》教材根据幼儿师范高等教育的特点和规律，设有以美术鉴赏、素描、色彩、中国画、装饰画、线描画为主的美术鉴赏、造型常识性的内容，和以简笔画、图形创意、手工制作、环境创设为主的幼儿园综合美术应用内容。每个单元编写的体例包括：1. 单元目标与导读；2. 原理、法则；3. 技法、步骤；4. 作品范例；5. 知识拓展与幼儿园教学应用；6. 思考与练习。各内容之间既相对独立又有紧密的相互联系。这套教材力求通过大量的信息，融科学性、知识性、趣味性为一体，图文并茂，有较强的针对性和实用性，既能适用于幼儿师范高等专科层次教育的美术教学，也能适用于各类职业教育美术教学。

《学前美术基础与创作》教材是根据幼儿师范高等教育教学的规律与特点，有从事幼教工作多年、美术教育教学经验丰富的教师参加编写。本教材以第一章　美术鉴赏（梁富一编写）、第二章　素描（黄强编写）、第三章　色彩（黄强编写）、第四章　线描画（周倩编写）、第五章　装饰画（刘美芙蓉编写）、第六章　中国画（钟楠编写）为主的基础鉴赏、造型常识性内容、和以第七章　简笔画（岳帅编写）、第八章　版式设计（苏丽绚编写）、第九章　泥工（宿高峰编写）、第十章　纸艺（李丹编写）、第十一章　儿童版画（诸葛蔓编写）、第十二章　综合材料（欧龙明编写）、第十三章　玩具设计（宿高峰编写）、第十四章　幼儿园环境创设（陆海莲编写）为主的幼儿园综合美术应用两大部分内容组成。

编者

2023 年 9 月

第一章　美术鉴赏

目标与导读

- 了解：中国和欧洲古代美术的发展历程及 17 世纪至今的美术风格与流派。
- 理解：美术的分类、美术作品的形式美、美术及美术鉴赏的教育意义。
- 掌握：美术的基本构成要素及表现风格。
- 应用：运用所掌握的美术基本知识鉴赏美术作品。

艺术是人类的天性。艺术是一种使我们达到真实的假想。没有油画、雕塑、音乐、诗歌以及各种自然美所引起的情感,人生的乐趣会失掉一半。艺术并不是真理。艺术是谎言,然而这种谎言能教育我们去认识真理。美术是揭示真理的谎言。美到处都有,对于我们的眼睛来说,不是缺乏美,而是缺乏美的发现。从美的事物中找到美,这就是审美教育的任务。"我欠你的绘画真理,我将在画中告诉你。"我们要善于从油画的后面,感觉到跳动着的画家的脉搏;在塑像之中,触摸到呼吸着的雕刻家的灵魂。

第一节 概 述

美术鉴赏是人们运用自己的视觉感知与已有的生活经验、审美知识等对美术作品进行感知、体验、联想、分析、判断的欣赏与鉴别的过程,是鉴赏者获得审美享受、提高审美能力、陶冶情操、理解美术作品和创作的过程。美术鉴赏既涉及美术作品本身的艺术魅力和审美价值,又涉及鉴赏者的知识、能力、修养和复杂的心理过程。可以说,美术鉴赏受到主客体两方面的制约。这两个条件即美术鉴赏的客体条件(美术作品)与主体条件(鉴赏者)。美术鉴赏的客体条件是指被鉴赏的美术作品,如果客体不具备一定的审美价值与艺术价值,便失去了鉴赏的意义与价值。同样,审美主体(鉴赏者)也必须具有一定的对美术作品的感知能力与审美能力,否则美术鉴赏活动就不能进行。

因此,深入了解美术的发展历史对提高美术鉴赏能力、增强审美感受具有极其重要的意义。正如马克思所说,如果愿意欣赏艺术,你必须是一个有艺术修养的人。在油画的后面,跳动着画家的脉搏,在塑像之中,呼吸着雕刻家的灵魂——里尔夫。

一、中国古代美术的发展

对于古代美术的发展,不同民族有着很大的区别:不仅审美创造的表现方式各有侧重,而且发展进程也各不相同。大约自公元前一万年开始,我们的祖先就已经进入了新石器时代。美术创造的最高成就是审美与实用高度结合的工艺品——陶器的发明与产生。彩陶和黑陶展现出中国古代美术创造上的第一个高峰(图 1-1)。

图 1-1 彩陶器皿、黑陶器皿

进入先秦时代,为礼教服务的青铜器艺术勃兴,成为中国古代继彩陶艺术之后又一具有独特民族风格和鲜明时代特点的艺术门类。青铜艺术作为铸造工艺的艺术化生产,广泛应用于社会生活:无论是礼器、乐器、兵器,还是工具及车马器等都很时兴。青铜器除了具有实用性和观念象征性之外,它的造型与装饰也显现出特定时代的审美情趣。其风格演变,经历了由简朴到繁缛,由凝重到生动的发展过程。(插图:司母戊大方鼎)与此同时,玉石雕刻、彩漆木雕、宫殿庙堂壁画、墓室帛画与漆画、书法与篆刻都已初露曙光(图 1-2)。

图 1－2　兵马俑、玉雕

东汉末年，随着佛教的传入，佛教美术成了这一时期最主要的美术活动形式。佛教美术大致包括建筑、雕塑和绘画三个方面。其中，佛教建筑包括佛寺、佛塔和石窟；雕塑则为石窟造像与造像碑；绘画主要指描绘佛教经典故事的石窟壁画(图 1－3)。

图 1－3　佛塔、石窟佛像、佛像壁画

隋唐时期，时逢“贞观之治”和“开元盛世”，美术获得了难得的发展机遇，它在发扬秦汉、魏晋南北朝美术优秀传统的基础上，融汇印度、波斯等外来美术风格，产生了许多杰出的美术家和优秀作品，尤其在绘画方面迎来了空前的繁荣——直接描绘贵族现实生活的人物画和道释人物画达到了完美的境界。同时，石窟造像亦有新发展。其中，精美绝伦的唐三彩陶俑显示出强烈的艺术魅力(图 1－4)。

图 1－4　唐代贵族画卷、唐三彩

五代宋元时期是继唐代之后中国绘画史上又一灿烂辉煌的鼎盛时期。就绘画本身而言，山水、花鸟画充分发展，尤其是山水画异常兴旺(图 1-5)。

图 1-5　宋代山水画

图 1-6　《石涛：淮扬洁秋图》

进入明清时期，文人画持续发展，并在清代形成两股旨趣相异又相互补充的流派：一派强调复古，以集古人之大成为能事，强化笔墨趣味的传承性；一派强调师造化，重视抒发个性，努力张扬艺术独创精神(图 1-6)。

图 1-7　梁又铭抗战时期绘画

现代美术的发展大致可以分为五个历史阶段。第一阶段(辛亥革命到 20 世纪 30 年代)主要是西方美术的大量引进，以及改造民族传统绘画与捍卫民族传统绘画对垒；第二阶段(抗战时期至新中国成立之前)主要是以美术为武器投身抗日救亡运动，创造出具有真挚情感的革命大众化美术(图 1-7)。

二、欧洲古代美术的发展

真正意义的欧洲美术从古希腊开始。希腊美术的地理范围以爱琴海为中心，因此被视为爱琴美术的延续。雪莱曾在诗中吟道："我们都是希腊人。"希腊是欧洲文明的发源地和摇篮，没有希腊，我们无法想像欧洲文明会是什么样子。今日西方世界无处不遗存留着希腊文明的传统。

希腊民族是爱美、创造美的民族。希腊本土气候宜人，阳光充足，温度适中，在这样的自然条件下适宜于户外裸体锻炼比赛。由于裸体运动，人们的观念改变，不以露体为耻，反以健美身体为光荣，这引起了美学家们的关注和艺术家的表现，美学家们发现人体美，艺术家们创造美的人体。

希腊人在民主自由和激烈竞争的环境中不仅发现、孕育和创造了美，而且也创造了神。在希腊人的心目中最完美的人就是神，因此希腊人尊重人，把人提高到神的高度加以肯定，神和人是同形同性，希腊人把强健的身体看成是一切善与美的本原，而把希腊神话视为艺术的精神本源，正如马克思所指出的："希腊神话不仅是希腊艺术的宝库，而且是它的土壤。"所以希腊艺术主要成就表现在神与人合一的雕刻和神庙建筑。希腊美术的主要特点是无所不包的和谐与规律性，还有庄严与静穆。它的主要标志是人体美，希腊人为人类贡献了高不可及的艺术典范之作(图 1-8)。

5 至 17 世纪的基督教美术包括拜占庭美术、爱尔兰—撒克逊和维金美术、奥托美术、加洛林美术、罗马美术和哥特式美术等。受基督教禁欲主义与来世思想的影响，这种美术排斥古希腊罗马美术传统，而采用夸张、变形等手法，极力强调表现所谓的精神世界，因此往往流于概念化和公式化，缺乏真实性。但由于地域及社会性质等的差异，也形成不同的美术风格。

图 1-8　古希腊时期绘画作品

位于东方的拜占庭美术，在一定程度上成为古希腊美术的保存者与传播者，并与当地民族美术相融合而自成体系。西欧其他诸国基督教美术也都带有本民族原始艺术的明显烙印。由这些各自相对独立的美术风格共同构成的中世纪美术，在欧洲美术史上显示出独特的美学价值。

中世纪美术最重要的成就是建筑的发展。适应宗教需要的大型纪念性建筑拔地而起，无论是拜占庭式教堂高大的圆穹，还是哥特式教堂火焰般的尖券，既充分显示出封建宗教的权威，也体现出当时工匠们的创造才能。同时与教堂建筑一起应运而生的装饰性雕塑、镶嵌壁画与彩色玻璃窗画，以及圣经、文学作品的插图画和各种小型艺术等，又赋予中世纪美术以丰富多彩的面貌(图 1-9)。

图 1-9　中世纪时期建筑艺术作品

文艺复兴时期的画家，由于这时期倡导以重视人的价值为核心的人文主义，美术家们的思想逐渐从长期的基督教神学的桎梏中解放出来，敢于探索：一方面从希腊、罗马的古典艺术中汲取营养；另一方面通过实践和科学的探索，发明了透视法，解决了在平面上真实地表现三度空间的问题；同时，改革了油画材料和技法，大大地提高了油画的艺术表现力，使西方绘画描绘客观对象的技巧得到了空前的提高，产生了波提切利、达・芬奇、米开朗琪罗、拉斐尔、乔尔乔涅、提香、扬・凡・埃克、勃鲁盖尔、丢勒、荷尔拜因等一批成绩卓著的画家(图 1-10)。

图 1-10　文艺复兴时期绘画作品

文艺复兴运动之后，欧洲美术在17世纪和18世纪相继进入了巴洛克和罗可可时代。

“巴洛克”一词的原义，含有不整齐、扭曲、怪诞的意思，大约是18世纪古典主义者奉赠给自己不太赞同的前辈艺术的一个称号。从时间上说，巴洛克流行于17世纪至18世纪初，所以有人把整个17世纪各国的艺术——意大利、西班牙、弗兰德尔、荷兰、法国……都列在巴洛克范围之内。

巴洛克的特点一是豪华，既有宗教特色又有享乐主义的色彩；二是它是一种激情艺术，非常强调艺术家的丰富想象力；三是极力强调运动，运动与变化是巴洛克艺术的灵魂；四是关注作品的空间感和立体感；五是具有综合性，强调艺术形式的综合手段，例如在建筑上重视建筑与雕刻、绘画的综合，此外，也吸收了文学、戏剧、音乐等领域里的一些因素和想象；六是浓重的宗教色彩；七是大多数巴洛克的艺术家有远离生活和时代的倾向，在一些天顶画中，人的形象变得微不足道；八是优雅与浪漫(图1-11)。

图1-11 巴洛克风格艺术作品

罗可可(Rococo)最初指的是始于路易十五世时代的室内装饰。用贝壳、石子等作假山(Ro-caille)，用以装饰室内；虽有点混杂的感觉，不过当时认为潇洒风雅，颇为人们所好尚。后来，按石子或贝壳作的装饰稍加以变形，作成涡形纹样或花饰之类的东西用于装饰。而按照Ro-caille风的意思，将这种装饰称之为罗可可。

罗可可绘画从它的主题来说，和巴洛克一样，都是贵族的，都是国王和贵族的肖像画，也有关于宫廷生活的作品；但这些肖像都是豪华纤细的，即使是男人的肖像，也似乎有些女性化，看着有些纤弱(图1-12)。

图1-12 罗可可风格艺术作品

第二节 美术的分类

传统意义上的美术主要包括绘画、雕塑、工艺美术和建筑艺术，它是指人们借助一定的工具和物质材料，利用平面或空间，创造出具有可视性的艺术形象，进而能给人以美感的客观对象，故它又被称为造型艺术。随着科技的发展和社会生活的迅速变迁，美术的生产方法与观念不断突破，不仅在实用美术领域中，由最初手工制造的传统工艺美术逐步扩展，出现了现代化工业生产的艺术设计，而且在纯美术领域里，欧美发达国家最先兴起并广泛流行，诸如装饰艺术、影像艺术、行为艺术和观念艺术等，与传统美术大相径庭的新样式。

一、绘画

绘画是美术中最主要的一种艺术形式。它使用笔、刀等工具，墨、颜料等物质材料，通过线条、色彩、明暗及透视、构图等手段，在纸、纺织品、木板、墙壁等平面上，创造出可以直接看到的、并具有一定形状、体积、质感和空间感觉的艺术形象。这种艺术形象，既是现实生活的反映，也包含着作者对现实生活的感受，反映了画家的思想感情和世界观，同时还具有一定的美感，使人从中受到教育和美的享受。

从绘画的种类、形式来讲，绘画在整个艺术门类中是最丰富多彩的艺术形式之一。从画种来分，它可以分为中国画、油画、版画、水彩画，水粉画、素描、速写等。其中有些画种因为使用的物质材料、工具或表现技法不同，又可分成不少样式。例如，中国画可以分成壁画和卷轴画两大类。从表现特点上又可以分成工笔画、写意画和兼工带写三种。版画可以分成：木刻（图 1－13）、铜版画（图 1－14）、石版画、丝漏版画、胶版画等。其中木刻又可以分成黑白木刻、套色木刻。由于木刻的制作技法不同，又有水印木刻、油印木刻之分。

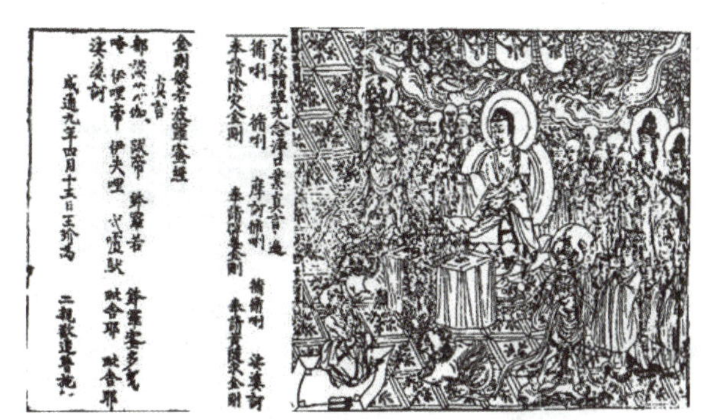

图 1－13 《金刚般若波罗密经》卷首图

图 1－14 （德）丢勒《四骑士》

如果按照绘画的社会作用和它采取的表现形式，习惯上又分成宣传画（招贴画）、年画、漫画、连环画、组画和插图等绘画体裁，这几种绘画可以不限于运用某一种物质材料和工具。例如，可以用油画、水粉画作宣传画，也可以用中国画、版画等画种来画宣传画。其他也是如此。

如果再从绘画表现的题材内容来分，一般习惯把绘画分成肖像画、风俗画、历史画、风景画和静物画等几种。同样的，这几种绘画也不限于使用某一种物质材料和工具，即油画可以画肖像画、风俗画、历史画、风景画和静物画，其他画种也大都可以用来画上述几种题材的绘画。具有悠久传统的中国画，除了上面一些区分方法外，还根据它独特的装裱形式分为手卷、挂轴、册页等几种。

绘画，不仅种类和形式丰富多彩，而且由于各个国家和民族在社会政治经济和文化传统等方面的差异，世界各国的绘画在艺术形式、表现手段、艺术风格等方面存在着明显的区别。一般认为，从古埃及、波斯、印度和中国等东方文明古国发展起来的东方绘画，与从古希腊、古罗马绘画发展起来的以欧洲为中心的西方绘画，是世界上最重要的两大绘画体系。它们在历史上互有影响，对人类文明做出了各自的重要贡献。

但是，不管是东方绘画，还是西方绘画，它作为一种重要的艺术形式，有其共同的特点。这主要表现在它是通过可以直接看到的、有形有色的具体的艺术形象来反映生活和抒发画家对客观现实的感受的。在塑造具体的而且可以直接看见的艺术形象这一点上，它比小说、诗歌显得具体和形象，更易为广大群众所接受。但是，由于一幅绘画一般只能表现一个相对静止的瞬间，不能像小说、诗歌、电影、戏剧那样表现人物和事件的发展过程，也不能像小说、戏剧那样可以从人物的对话，或者通过概括的说明来介绍人物和事件，所以，它又有一定的局限性。为了克服这种局限性，优秀的绘画作品善于选择人物或事件最富有概括性和表现力的瞬间。这种瞬间形象在画面上虽然是固定不变的，但由于绘画提供的人物形象是具体的而且可以直接看到的，只要刻画得好，就同样可以具有引人入胜的艺术魅力。古今中外的许多名画都可以说明这一点。

二、雕塑

雕塑又称雕刻和塑造，是雕、刻、塑三种创作方法的总称。雕塑是用可雕刻(如木材、石头、金属、玉块、玛瑙、铝、玻璃钢、砂岩、铜等)和可塑造(如石膏、树脂、黏土等)的物质材料制作出具体实体形象，塑造出占有一定空间的可见、可触的各种具体艺术形象，借以表达艺术家的审美感受、审美情感和反映现实生活的一种艺术形式。与建筑、工艺美术相比，雕塑一般不注重实用性，而突出强调观赏性和精神象征性；与绘画和现代影像艺术相比，雕塑有一定的重量，不仅可视，而且可触摸。

从表现形式来分，雕塑可分为圆雕、浮雕两大类。

圆雕是指那种不附着任何背景，能让人从多角度观赏的，完全独立的雕塑(图 1－15)。圆雕作为公共艺术的大型城市景观雕塑、园林雕塑以及各种充满情趣的小型陶塑，广泛受到人们的青睐。

图 1－15　霍去病墓石雕《伏虎》、米开朗基罗《大卫》

浮雕是在具有背景性质的实体平面上雕出凸起的主题形象的雕塑品类，也称浅雕、凸雕。因其依托于其他实体(如纪念碑、建筑物、用具器等)，故不能让人环绕四周进行全面观赏，而只是一个观赏面。依照雕刻立体形象凸出厚度的不同，可分为高浮雕、浅浮雕、薄浮雕三种。而镂空底板的高浮雕称为透雕。佛教石窟中的壁龛雕饰、唐代昭陵六骏、现代天安门广场人民英雄纪念碑浮雕，都是广为人知的实例。

三、工艺美术

工艺美术是美化生活用品、工业产品和生活环境的造型艺术种类，是一种集装饰、绘画、雕塑为一体的空间性的综合艺术。工艺美术是指日常生活用品经过艺术化处理以后，从而具有强烈的审美价值的产品，是与人的物质生活、精神生活以及生产技术密切相关的一种美术形式。

按照工艺美术的用途来看，工艺美术可以分为实用工艺美术和陈设欣赏工艺品。实用工艺美术是整个工艺美术的主体和基础，是经过审美加工的实际生活用品。这类工艺品包括经过装饰加工的茶餐具、灯具、木器家具、绣花制品、曹竹编织品等，甚至服装、环境布置、出行工具的造型等都在这个范畴之内。实用价值是这类工艺品的主要价值，审美价值作为辅助价值而存在。陈设欣赏工艺品是指那些摆设、观赏功能为主的工艺品，这类工艺品以审美为其首要价值，手工技艺性很强，实用价值已不明显或完全消失，如玉器、金银首饰、象牙雕刻、景泰蓝、漆器、壁挂、陶艺等。

案例分析　太平有象

2012年9月9日下午，“张同禄大师景泰蓝艺术大展暨张同禄十大经典作品发布仪式”在中外首工美术馆开幕。[①] 活动现场展出了张同禄54年来创作的50余件景泰蓝艺术珍品，是作品数量最全、展示规模最大的一次展览。现场还发布了张同禄54年来最具特色的“十大经典作品”。专家评委通过艺术性、独特性、奖项与荣誉、收藏鉴赏价值等标准，提名作品名单，按照每件作品的大众投票率确定入选作品。最后入选的作品为《吉祥计时仪器》、《鸟杯》、《太平有象》、《万代吉祥葫芦》、《双福锦》、《九龙献瑞》、《钢花瓶》、《吉羊宝灯》、《喜凤瓶》和《华冠万年灯》。

图1-16　太平有象

中国工艺美术大师霍铁辉表示，张同禄对于景泰蓝造型工艺上的突破，是革命性的。“比如钢花瓶的纹样结合时代特点，艺术地表现了我国工业生产的场景，这打破了以往景泰蓝不能表达现实生活的局限。”他的作品承袭数百年的皇家气质并且在此基础上突破创新，以奇妙的构思、丰富的釉色变化、多样的工艺融合不断地超越传统，使作品题材广泛、造型多彩多姿，风格清逸新颖、超凡脱俗，并以新、巧、俏、美、雅及强烈的时代感形成了自己鲜明独特的艺术风格，自成一派，被人誉为“景泰蓝第一人”。

工艺美术品是以美术的技巧制成的各种与实用相结合，并有欣赏价值的工艺品。它是因人们的实际生活要求而产生的、与人们的日常生活有极密切的关系。因此，它通常具有双重性质：既是物质产品，又具有不同程度精神方面的审美性。

---

① 中国新闻网. 转引自 http://www.chinanews.com/cul/2012/09-09/4169905.shtml.

四、建筑艺术

建筑是建筑物和构筑物的统称，是基于人类劳动实践和日常生活遮风雨、避群害的使用目的产生的。因此，建筑是人类为自己创造的物质生活环境，即人类生活所必需的居住和活动的场所，也是为满足人们生活、生产或从事其他活动而创造的空间环境。建筑的艺术性主要是通过空间实体的造型和结构安排、不同材质与色彩美感的发挥以及它与自然环境的有机联系表现出来的审美特色。同时，合理的实用功能和先进的技术手段也会造成一种功能美与技艺美。

建筑艺术的范围极广，包括城乡建筑环境，各种类型房屋、陵园、园林、纪念性建筑、政治性建筑、宗教性建筑、旅游性建筑和其他公共建筑等。以其功能性特点为标准，建筑艺术可分为纪念性建筑、宫殿陵墓建筑、宗教建筑、住宅建筑、园林建筑、生产建筑等类型。按其风格来分有哥特式建筑、罗马式建筑、中国式建筑、日本式建筑等。总体而言，建筑艺术与工艺美术一样，也是一种实用性与审美性相结合的艺术。

建筑的造型美感主要由几何形的线、面、体协奏生成，它要求造型的各个组成部分在总体中形成和谐的有机整体。“事实上，只要洞穴一旦换上茅屋或像北美印第安人那样的小屋，建筑作为一种艺术就开始了，与此同时，美的观念也就牵涉于其中了。”古罗马建筑学家维特鲁威在200多年前曾提出建筑的三个经典要素：实用、坚固、美观。直到今天，无论是宏大的纪念性建筑还是一般住宅仍然沿用这一标准。同时，公共建筑还往往通过隐喻、象征等手法，营构艺术气氛，表现特定时代、民族、地域里的人的审美理想，并赋予其精神寓意。

案例分析 **胡夫金字塔**

世界最著名的埃及胡夫金字塔[①]，也称大金字塔，建于公元前2560年，塔高146.5米，因年久风化，顶端剥落10米，现高136.5米。塔身用230万块石料堆砌而成，大小不等的石料重达1.5吨至160吨，塔的总重量约为684万吨，它的规模是埃及迄今发现的108座金字塔中最大的。

图1－17　胡夫金字塔

胡夫金字塔是一座几乎实心的巨石体，成群结队的人将这些大石块沿着地面斜坡往上拖运，然后在金字塔周围以一种脚手架的方式层层堆砌。100000人共用了20年的时间才完成这一人类的奇迹。这座金字塔建成后被用作陵墓。古埃及人相信死后永生，金字塔内的墓穴起初堆满了黄金和各种贵重物品。

五、艺术设计

艺术设计亦称设计美术。它随着人类科学技术和文化艺术的发展，已成功地渗透到人类生产、日常生

① 转引自中国网. http://www.china.com.cn/travel/txt/2009－09/21/content_18565857.htm.

活和社会生活的各个领域。包括工业设计、平面设计、环境艺术设计、戏剧美术设计、服装设计等类别。

工业设计是以工学、美学、经济学为基础对工业产品进行的设计，它是 20 世纪初工业化社会的产物，其设计理念从产生之初的"形式随机能"发展到现今的"在符合各方面需求的基础上兼具特色"。随着以机械化为特征的工业社会向以信息化为特色的知识社会迈进，工业设计也正由专业设计师的工作向更广泛的用户参与演变，用户参与、以用户为中心成为设计的关键词，并展现出未来设计的趋势。

平面设计主要包括封面设计，包装设计，壁饰，插图设计，招贴海报，标志设计，文字设计，陶艺设计等，只要是平面都是平面设计。

图 1-18　平面设计

环境艺术设计主要包括室内设计、公共场所设计、展示设计等，只要是规划一个区域的具体样子的都属于环境艺术设计(如公园、室内、地铁站等)。

图 1-19　园林设计

戏剧美术设计主要包括舞台灯光，舞台设计，影视美术设计等。

图 1-20　影片设计

服装设计主要包括人物服装、化妆，发型设计等。

图 1 - 21　人物化妆、发型设计

六、书法与篆刻

书法与篆刻是中国传统艺术中独有的艺术门类。书法是文章书写的艺术。篆刻则是书法与雕刻相结合的产物，以篆书可刻出极富古雅之趣的印章。书法既有语言文字所具备的实用价值，也具有欣赏性的艺术价值。

中国古代书法，按其字体的不同分为篆、隶、草、楷、行 5 种基本类型。其中，出现最早的篆书见于商代，而出现稍晚的楷书和行书则发端于汉代。中国书法作为一门艺术，主要是在秦汉时代确立起来的。

图 1 - 22　书法作品

书法作为艺术，是建筑在文字基础上的艺术化和个性化。真正的书法作品，不仅仅是外在形式的创造，它还显示出作者的思想意趣和精神气质。通过书法所书写的文字内容，可与人交流思想感情，传递知识信息，宣扬道德观念，从而赋予书法明确的思想内容。同时，书法又通过文字的点画间架、分行布白、运笔的轻重疾徐等法则，显示出各种各样的形式感、节奏感、韵律感，取得高深隽永的美学趣味，形成书家独特的个性、风格，从而给人以艺术美的享受。

篆刻作为篆书的雕刻形式，源自殷商时期的玺印。篆书包括大篆和小篆。大篆包括甲骨文、金文、籀文和通行六国的文字。小篆又称秦篆。将篆书刻成玺印，只是造出一种权力和信用的凭证，用于文书，简牍及物品封存、转移等场合，故篆刻最初主要为实用而存在。只有到了宋元以后，以元代画家王冕自己动手刻印代替匠人刻印为标志，文人、书画家加入刻印行列，并让印书与书画创作相结合，篆刻才真正上升为一门独立的艺术。

图 1－23　大篆(金文)、篆刻作品

篆刻的艺术性建立在篆法、章法与刀法的巧妙运用和紧密配合上。其中，刀法是篆刻艺术创造过程中最关键的环节。因为只有通过心手相应的刀法妙用，才能最终制作出或古拙，或秀逸，或沉稳，或圆润的成功之作。

第三节　美术风格与流派

崇高风格到了紧要关头，像剑一样脱鞘而出，像闪电一样把所碰到的一切劈得粉碎，这就把作者的全副力量在一闪耀之中完全显现出来。[①]

一、17 世纪至 19 世纪末的美术流派

艺术风格既具有多样性，又具有一致性；在某种风格一致的基础上，形成了一定的艺术流派。艺术的风格和流派，本质上就是艺术美在多种形态上的表现。因而关于风格和流派的问题，直接关系到艺术的丰富与繁荣，具备如何满足人们审美需要的多样性的实际意义。

艺术风格作为一种表现形态，犹如人的风度一样，它是从艺术作品的整体上所呈现出来的代表性特点，是由独特的内容与形态相统一、艺术家的主观方面的特点和题材的客观特征相统一所造成的一种难以说明却不难感觉的独特面貌。具有鲜明的独创风格的艺术作品，能够产生出巨大的艺术感染力。它不只给人留下强烈的印象，而且使人们从这样的作品中发现其他任何作品所不能替代的美(图 1－24)。

图 1－24　雕塑作品

艺术风格是创造个性的自然流露。所谓创造个性，就是一个艺术家区别于其他艺术家的主观方面各种具有相对稳定性的显著的特征；它存在于艺术家身上，而通过他所创造的艺术作品表现出来，即所谓“诚于中而形于外”。别林斯基说：“一个诗人的一切作品无论在内容和形式上怎样分歧，还是有着共同的面貌，标志着仅仅为这些作品所共有的特色，因为它们都发自一个个性，发自一个统一而不可分割的我。”艺术家能够成功地反映到他的作品中去的东西，只能是在他所特有的思想、情感、个人气质、生活经

---

① 《论崇高》第一章，转引自朱光潜. 西方美学史[M]. 北京：人民文学出版社，2002，110.

验、审美理想规定的范围内，能够为他所深刻感受、体验和引起他的创作冲动的东西。真正的风格，是创作主体的艺术家的主观性与他的作品对现实的反映的客观性两者的统一。

从另一个角度来看，风格类型也就是艺术流派。一个艺术流派可以包括从事不同艺术类或一种体裁内部的某些艺术家。当一个流派比较突出地反映了某一时代的社会思潮和审美理想，并在表现方法上有所创新时，它就可能成为在该时期占统治地位的流派。例如：西方17世纪以来的古典主义、浪漫主义、现实主义、自然主义等等。

(一) 古典主义

古典主义产生于17世纪初期的法国，它的基本特点是推崇理性，崇尚自然。以古希腊、罗马的艺术为最高典范，以庄严崇高的风格为最佳风格(图1-25)。

图1-25　17世纪古典主义绘画作品

古典主义在它产生和发展的过程中曾起过积极作用，它借用古希腊、古罗马传说中的英雄故事表现新兴资产阶级革命的理想和热忱，在追求风格的庄严崇高的美这一方面取得了重要的成就。但是，古典主义到了末期，逐渐流入僵死的公式主义，脱离了丰富生动的现实生活，终于在18世纪末到19世纪初被突起的浪漫主义流派所取代。

(二) 浪漫主义

浪漫主义是在同已经僵化了的古典主义的斗争中发展起来的，它鼓吹创作自由，主张大胆表现艺术家的个性、理想和热情，形成了一种和古典主义不同的崭新的风格，是当时艺术发展中的一次解放和革新(图1-26)。

图1-26　浪漫主义绘画作品

浪漫主义在新的历史条件下捍卫和表现了资产阶级反封建的进步理想，以充满鲜明的个性和奔放的激情的新风格，给艺术带来了一种新的美。但是，由于受到资产阶级不可避免的阶级局限和历史局限，浪漫主义所追求的理想带有脱离现实的抽象空间的弱点；后来越来越陷入理想与现实的不可解决的矛盾之中，流入神秘主义和悲观主义，或成为肤浅平庸、矫揉造作的“理想化”。

（三）现实主义

时至19世纪中叶，现实主义流派在反对日益衰颓的浪漫主义流派中日益兴起，进而成为占有主导地位的流派。这个流派以面向日常生活、冷静地分析批判现实为特征，极大地发展了精神地再现现实的艺术手法，产生了一系列不仅具有艺术审美价值，而且具有历史文献价值的优秀作品（图1－27）。

图1－27　现实主义绘画作品

但是，它对于现实的批判是从资产阶级和小资产阶级的民主主义立场出发的，因而超不出资产阶级狭隘的视野，看不到决定人类历史发展的客观物质原因，不懂得人类历史发展的规律性。因此，竭力探求社会生活本质的现实主义在其发展过程中逐渐蜕化为自然主义。

（四）自然主义

自然主义产生于19世纪后期的法国，它用生物的观点看待人，把人看作是消极地被环境和遗传所决定的动物。因此，文艺应该像自然科学研究生物那样，只限于纯客观地观察和记录事实，而不应对生活作主观的分析和评价。它把艺术家对生活的分析和评价同艺术对生活的客观的、真实的反映互不相容地对立起来，实际上就是把生活现象的记录视为唯一的真实（图1－28）。

图1－28　自然主义绘画作品

尽管自然主义者中的个别人物（如左拉）也曾写过某些有一定价值的作品，但总的来看，自然主义潮流的出现，标志着企图深入探求社会生活本质的现实主义流派的衰落。

二、20世纪以来的美术流派

在近代文艺史上产生过重大影响的流派，主要就是以上所说的古典主义、浪漫主义、现实主义、自然主义。20世纪以来，在西方资产阶级文艺中产生了以各种主义命名的名目繁多的流派。仅就绘画而言，在印象主义之后，20世纪以来的流派就有所谓野兽主义、立体主义、表现主义、超现实主义、抽象主义等等。对于这些流派，我们应作具体的历史的分析，不宜作简单化的肯定或否定。对于表现了资本主义腐朽性的一面必须加以批判，对于符合现代的审美趣味的发展和具有合理、进步因素的一面则不能一概否定。

（一）野兽派

野兽派即野兽主义(Fauvism)，是自1898年至1908年在法国盛行一时的一个现代绘画流派。它虽然没有明确的理论和纲领，但却是一定数量的画家在一段时期里聚合起来积极活动的结果，因而也可以被视为一个画派。野兽派画家热衷于运用鲜艳、浓重的色彩，往往用直接从颜料管中挤出的颜料，以直率、粗放的笔法，创造强烈的画面效果，充分显示出追求情感表达的表现主义倾向。

野兽主义继续着后印象主义文森特·梵高、P·高更、P·塞尚等人的探索，追求更为主观和强烈的艺术表现。画风不再讲究透视和明暗、放弃传统的远近比例与明暗法，采用平面化构图、阴影面与物体面的强烈对比，脱离自然的摹仿。

野兽派最主要的代表画家包括马蒂斯、弗拉曼克、德兰等，他们三人在1905年至1908年之间的创作均具有野兽派的特质，个性的表现极为勇猛。其中马蒂斯最足以称为野兽派的一代宗匠。他的画多以女人作为主题，影响他最深的就是女性的美，他反复画女人的形体，注意韵律的和谐与优美。《奢侈·静寂·逸乐》和《裸妇》即为其代表名作。此外，马尔凯、卢奥、芒更、卡莫昂、杜菲以及荷兰的唐元等也都是野兽派画家。①（图1-29）

图1-29　马蒂斯绘画作品

野兽主义的主要原则是通过颜色和光的作用达到空间经营的效果，全部采用既无造型、也无幻觉明暗的平涂，手段要净化和简化，运用构图，在表达与装饰之间，即动人的暗示与内部秩序之间，达到绝对的一致。马蒂斯说过："构图，就是以装饰的方法对画家用以表达自己感情的各种不同素材进行安排的艺术。"

野兽主义画家们广泛利用粗犷的题材，强烈的设色，来颂扬气质上的激烈表情，依靠结构上的原则，不顾体积、对象和明暗，用纯单色来代替透视。马蒂斯的老师莫罗曾对他说过："你必须使绘画单纯化。"所以作为野兽主义始终的代表马蒂斯顽强地使色彩恢复它本来具备的力量、单纯和表现的意义。

---

① 中央美术学院美术史系外国美术史教研室.外国美术简史(修订版)[M].北京:高等教育出版社,2006.12.

(二) 立体主义

立体主义(Cubism)是西方现代艺术史上的一个运动和流派，1908年始于法国，又译为立方主义。立体主义的艺术家追求碎裂、解析、重新组合的形式，形成分离的画面——以许多组合的碎片型态为艺术家们所要展现的目标。艺术家以许多的角度来描写对象物，将其置于同一个画面之中，以此来表达对象物最为完整的形象。物体的各个角度交错叠放造成了许多的垂直与平行的线条角度，散乱的阴影使立体主义的画面没有传统西方绘画的透视法造成的三维空间错觉。背景与画面的主题交互穿插，让立体主义的画面创造出一个二维空间的绘画特色。

不断寻求创新的艺术家，布拉克与毕加索，开始寻找新的画中主题及空间的表达模式。他们受到了保罗·塞尚、乔治·秀拉、伊伯利亚雕塑、非洲部落艺术(即便布拉克驳斥这种说法)，以及野兽派的影响。立体主义画家接受了P·塞尚关于创造视觉立体形象的观念，进而转向一种对心理的立体形象的追求。立体主义的艺术家追求碎裂、解析、重新组合的形式，形成分离的画面——以许多组合的碎片型态为艺术家们所要展现的目标(图1-30)。

图1-30 立体主义流派绘画作品

立体主义创作的主要特征，即在画面上将一切物体形象破坏和肢解，然后再加以主观的拼凑、组合，以求所谓立体地表现出物体的不同侧面。就是在平面上表现出二度和三度空间，甚至表现出肉眼看不见的结构和时间(四度空间)。与狂野的野兽派完全相反，它代表唯理的倾向。认为印象派、野兽派的绘画都是在模拟自然，基本上是表现性的艺术作品。它的意义在于空间处理的新观念，它实际上是主宰20世纪艺术中抽象的和非具象的绘画流派的直接源泉。与表现主义风格的浪漫特性相比较，立体主义风格可以说是古典的和形式主义的。

尽管立体主义受到世人的极端仇视，它毕竟具有划时代的意义。它成为未来几十年许多画家的灵感来源和与传统分离的标志。这场运动的勃勃生机、累累硕果，与毕加索和布拉克的密切合作是分不开的。立体主义在反传统的口号下有浓厚的形式主义倾向。立体主义美术运动的鼎盛期虽仅有7年，但却造成了极其广泛的影响，立体主义在艺术形式上的探索，在20世纪的最初10年影响了全欧洲的艺术家，并激发了一连串的艺术改革运动，如未来主义、结构主义及表现主义等等，尤其鲜明地反映在对现代工艺美术、装饰美术、建筑美术等注重形式美的实用艺术领域不小的推动作用上。

(三) 表现主义

表现主义(Expressionism)作为现代重要艺术流派之一，20世纪初流行于德国、法国、奥地利、北欧和俄罗斯。是指艺术中强调表现艺术家的主观感情和自我感受，而导致对客观形态的夸张、变形乃至怪诞处理的一种思潮，用以发泄内心的苦闷，认为主观是唯一的真实，否定现实世界的客观性，反对艺术的

图 1-31　表现主义流派绘画作品

目的性，它是 20 世纪初期绘画领域中特别流行于北欧诸国的艺术潮流，是社会文化危机和精神混乱的反映，在社会动荡的时代表现得尤为突出和强烈。

1901 年，法国画家朱利安·奥古斯特·埃尔韦为表明自己绘画有别于印象派而首次使用此词。后德国画家也在章法、技巧、线条、色彩等诸多方面进行了大胆地“创新”，逐渐形成了派别。后来扩展到音乐、电影、建筑、诗歌、小说、戏剧等领域(图 1-31)。

表现主义是艺术家通过作品着重表现内心的情感而忽视对描写对象形式的摹写，因此往往表现为对现实扭曲和抽象化的特点。这个做法尤其用来表达恐惧的情感，因此，主题欢快的表现主义作品很少见。

(四) 超现实主义

超现实主义画派于 1924 年产生于法国，由法国作家布列顿(Andre Breton)发起。他在巴黎先后发表两次《超现实主义宣言》，形成了超现实主义画派。他认为“下意识的领域”，如梦境、幻觉、本能等是创作的源泉，主张从潜意识的思想实际中求得“超现实”。作品主要描写潜意识领域的矛盾现象，把生与死、过去与未来、真实与幻觉统一起来，具有恐怖、离奇、怪诞的特点。代表人物有米罗·恩斯特等。

如果说现实主义处理色彩是在真实的基础上力求发挥色彩的表意作用的话，那么，超现实主义色彩处理则十分强调主观色彩的运用，只求色彩的表意功能，不再考虑色彩处理的真实性。

(五) 抽象主义

抽象表现主义(Abstract Expression)又称抽象主义或抽象派，是二战后直到 20 世纪 60 年代早期的一种绘画流派。抽象派这个词首次运用在美国艺术上是在 1946 年由艺术评论家罗伯特·寇特兹(Robert Coates)所提出的。“抽象表现主义”用以定义一群艺术家所做的大胆挥洒的抽象画。他们的作品或热情奔放，或安宁静谧，都是以抽象的形式表达和激起人的情感(图 1-32)。

图 1-32　抽象主义绘画作品

它是第一个由美国兴起的艺术运动，也是二战之后西方艺术的第一个重要的运动，享有的地位无与伦比。它是战后漫长风格实验的开端，标志着一个新的时代的到来。自此之后的一段时期里，西方现代艺术的中心从巴黎转移到了纽约。

本章小结

本章从历史的角度简要梳理了中国及欧洲古代美术的发展轨迹，介绍了美术的分类及其表现形式。同时，对17世纪至今的美术风格与流派进行了系统分析。

教学做合一

说一说美术鉴赏对幼儿学习生活的作用。

第二章　素描

目标与导读

● 了解:素描工具、表现形式这两部分内容只需大概了解就好,不需花过多精力。

● 理解:比例、比例关系的形式美感需要透彻理解,比例关系涉及观察方法和画面的整体对比关系,不可轻视。比例关系的形式美感,是把画面各因素的比例关系作为一种绘画语言或画面形式进行研究,使画面各因素的比例关系形成独特的视觉美感,需要认真理解。

● 掌握:形体、结构、透视、明暗关系是素描练习中重要的内容,因为画素描就是观察和表现这几个因素,如果其中某个方面掌握得不够熟练,将直接影响到整个画面的最后效果,甚至决定了一张画成功与否,因此需要熟练掌握。

● 应用:能否掌握并在写生和创作中灵活运用形体、结构、透视、明暗关系等方法进行结构素描、全因素素描,是衡量素描课教学成果的重要标准。

不管是结构素描还是全因素素描，形体、结构、透视、明暗关系这几个因素都是不可或缺的，差别就在于二者的侧重点不同。结构素描是把物体的结构关系当作研究对象，而忽视光影因素的影响效果。全因素素描则是以还原对象为目的，以我们的视觉真实为标准，根据需要充分表现各个因素。

第一节　概　　述

素描：指仅用单一颜色（不仅限于黑白）来表现对象造型的绘画方法，而造型则包括了对象的轮廓、结构、光影、空间、体积、质感等基本要素。素描不仅是现有一切造型艺术的基础，而且还可以作为一门独立的艺术，具有独特的艺术价值。

素描的历史可以追溯到人类历史的远古时期，是人类最早的绘画形式和最古老的艺术语言。但是素描的表现魅力到 15 世纪欧洲的文艺复兴时期，才被人们发现和广泛传播。在这一伟大的历史时期，透视学、人体解剖学和构图学原理相继被发明并广泛运用于素描中，使素描在表现物体的立体感、空间感时更有说服力和真实感，同时也促进了人们对素描的深层认识（图 2-1—图 2-2）。

图 2-1

图 2-2

中国的白描也属于素描的一种表现形式。我国的敦煌、麦积山及永乐宫壁画，都证明了古代中国的素描造型水平已达到相当高的程度。与西方传统素描相比，白描更侧重追求线条的趣味性和物象神韵与意趣的表达，而轻视对象的立体造型的真实再现，较少受光线、空间、质感等因素的影响（图2-3—图 2-4）。

图 2-3

图 2-4

西方传统素描是西方传统绘画的基础，注重对象的真实还原与再现。

利用特定的环境、光影和物体的透视、结构在二维的平面上真实再现对象的三维空间，很大程度上，西方传统的写实素描是以人的视觉感官真实为依据，这也是素描写生的基本要求。因此，素描更易受到外部客观因素的影响和制约。

要培养一个人正确的观察方法、手绘能力和提高一个人的审美能力，学习素描是最有效的途径。只有具备了观察对象、概括对象、表达对象、熟练掌握素描语言的能力，我们才能更容易进入其他造型艺术领域。

为了方便大家更好地学习素描，我们把本节内容以了解、理解、掌握、应用四个层次做了主次划分，以便大家提高学习效率。

一、素描工具

（一）铅笔

画素描所用的是绘画专用的铅笔，市面上的绘画专用铅笔有许多种品牌，不同的品牌有各自的特点，大家可根据自己的喜好选择。这些铅笔根据绘画时的需要及笔芯硬度的不同分为 B 和 H 两种型号。“B”型笔硬度较低，画出来的线条较浓、较黑。根据硬度变化，B 型笔又分有 B——12B 十二个级别，其硬度从 B 至 12B 逐级降低。其中 12B 最软，画出来的线条最黑；H 型笔硬度较高，画出来的线条较淡、较浅。常用的 H 型铅笔只有 H——6H 六个级别，其硬度从 H——6H 逐级升高，6H 最硬（图 2－5）。

图 2－5　铅笔

图 2－6　素描纸

（二）素描纸

素描纸有全开、半开、四开、八开等规格。平常练习时使用的素描纸一般为四开和八开，厚度不宜太薄，120 克或 160 克最合适（图 2－6）。

（三）橡皮

橡皮也是一支笔，一支白色笔。当我们需要修改或提高画面明度时，橡皮无疑是最好的工具。把橡皮切开，用锋利的边沿可以擦出细微的形体变化或高光。在表现暗面的反光时，更离不开橡皮。橡皮的选用不宜太硬，一般的画材店里都能买到较专业的橡皮（图 2－7）。

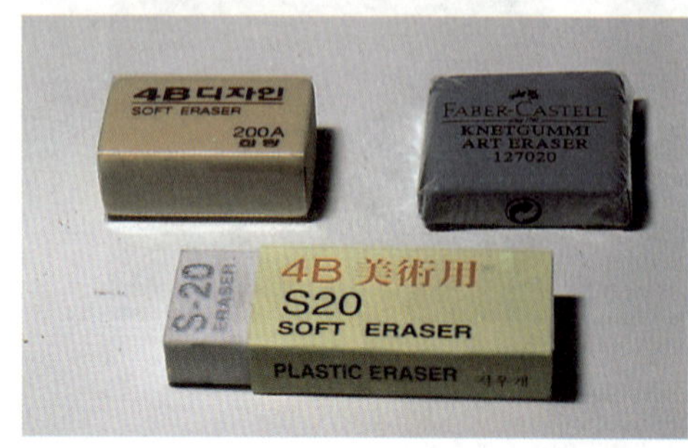

图 2－7　橡皮

图 2－8　画板

（四）画板

画板其实就是一块四方平整的木板，根据纸张的规格，分为全开、半开、四开和八开，为了方便携带，平时写生时一般用八开或四开的画板（图 2－8）。

(五) 夹子

夹子的主要作用是画画时把纸张固定在画板上，使纸张紧贴画板，便于作者能准确地表现写生对象（图 2-9）。

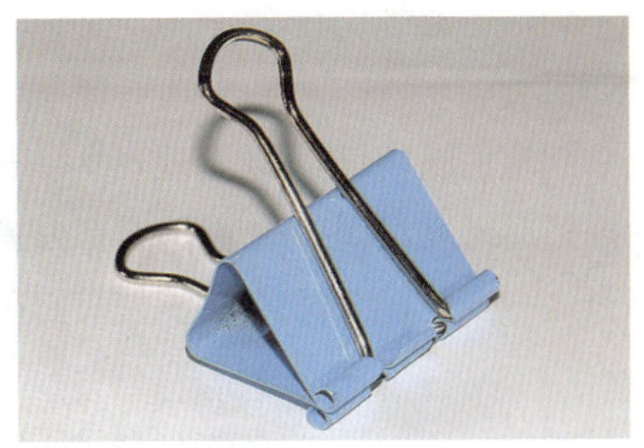

图 2-9　夹子

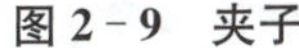

图 2-10　美工刀

(六) 美工刀

美工刀主要用于裁切纸张和削铅笔。当然，其他利器也可以用作裁纸和削笔（图 2-10）。

第二节　素描基础知识

一、形体

形体是绘画的最基本因素，包含了“形”和“体”两方面。形，就是外形，指物体的外轮廓；体，就是体积，物体都有各自的结构组合形式，由此形成自身的空间立体关系。外形是物体内部结构的外在表现，外形变化完全取决于其内部结构特征；而物体的体积和空间特征则必须通过外形体现出来。

任何物体的形体结构都可以并且应该概括为几种最基本的几何形体，如：圆柱体、立方体、圆锥体、圆球体（图 2-11—图 2-14）。复杂的物体可以概括为若干几何形体的组合（图 2-15—图 2-17）。

图 2-11

图 2-12

图 2-13

图 2-14

图 2-15

图 2-16

图 2-17

在写生过程中，我们应首先注意观察写生对象整体呈现的基本外形。只有把握住对象的基本外形，才能抓住其形体特征。能准确地把握物像的形体特征是我们学习素描的基础。

(一) 打形练习

1. 步骤一　观察

当我们确定写生对象后，我们首先要做的不是马上拿起笔去画，而是先认真地观察一下对象的外形特征。如图 2－18 所示，对象整体由三朵蘑菇和底部的椭圆形组成，其中每一朵蘑菇都由三角形和长方形组成；而对象的整体外形呈不规则的倒梯形。只有经过这一步的仔细观察，才能使我们在绘画过程中能更快、更准确地概括出对象的外形特征、比例和结构。

图 2－18

图 2－19

2. 步骤二　外形概括

经过第一步的观察，我们可以大胆地用长线概括对象的外形(图 2－19)。这一步主要是从大的整体出发，试探性地把对象大概的比例、外形特征做粗略的规划，定出对象的最高点、最低点、最左点和最右点。在这一步，切记不可用短线描绘细节。许多初学者往往不注意这一点，他们一开始就从最不起眼的局部出发，描绘一些无关紧要的细枝末节而忽略了对象大的外形特征和比例关系。这种方法不利于培养初学者正确的观察方法，也不可能提高他们的概括能力。

3. 步骤三　外形分解与组合

定出对象大的外形后，还是用较长的线条，将对象的结构进一步细分(图 2－20)，把对象的每朵蘑菇大概位置画出来；用三角形概括蘑菇顶部。每一朵蘑菇都有各自的特征，即使概括成三角形也要体现各自的特点；茎部用长方形概括。这时要注意三朵蘑菇之间以及蘑菇与底部椭圆形的比例关系、前后空间关系。

图 2－20

图 2－21

4. 步骤四　精确刻画

有了前面三个步骤的铺垫，现在我们可以用短线描绘对象轮廓的细节了（图 2－21）。这一步力求把对象各部分的特征明确；每一段外轮廓的起伏变化都要仔细描绘。例如蘑菇的伞的边缘呈现出不规则的弧形，局部还有锯齿状；茎部的长方形也不规则，大蘑菇与底部连接处呈现圆弧形等等，这些细节都需要作者花一定的精力和心思去完成。

（二）案例

这幅学生打形练习的观察方法不正确，画面的形体存在严重问题(图 2－22)。

图 2－22

观察：这位同学应该是一位初学者，他的观察方法存在很严重的问题。我们根据画面可以看出他一开始就从局部的细节画，忽略了对象大的形体特征，正所谓因小失大。所以画面陶罐的形体特征、比例关系都不准确，与对象相差甚远。

概括：由于这位同学不懂得整体观察方法，因此在打形的最初就没有用长线把陶罐概括为几何形。我几乎无法在画面上看到长线，这是学绘画的大忌。

对比：初学者在没有养成对比的习惯前，往往是看到哪里就画到哪里。所以画面中陶罐灌口的透视与灌身根本不符。而且左右两只灌耳的大小比例有很大出入并且不对称。

二、比例

比例是指数量之间的对比关系，或指一种事物在整体中所占的分量。比例早在 14、15 世纪的西方文艺复兴时期就已经盛行，当时许多艺术家都关注对比例的研究，他们把比例称为“神圣比例”。在那个年代，人们认为比例法则不仅是为了使作品符合实际，而且是美感的基础，“美感完全建立在各部分之间神圣的比例关系上”。被广泛应用于绘画和建筑中的比例就如同音乐中的和声。因此，达·芬奇认为绘画初学者必须先学比例。

在素描造型绘画中，比例指物体与物体之间或物体各部分之间的大小、长短、高低等关系。是在特定的视觉角度下，针对特定的物体组合，所形成物体间空间位置的综合关系。一件作品中各物体间或单个物体的各组成部分之间的比例关系是否准确，是以我们现实生活中正常的视觉习惯作为基本的判断依据。例如：铅笔没有啤酒瓶粗；苹果没有砂锅大；远山没有近树高；瓶口没有瓶底宽；壶盖没有壶身大。由此可见，物体的比例关系可分为物体各部分比例和物体间比例关系。

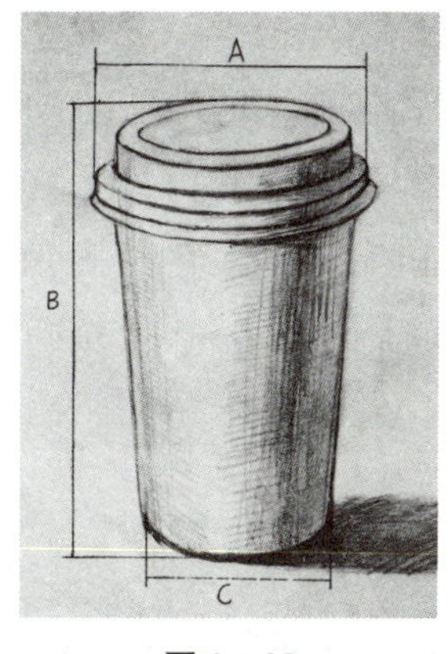

图 2－23

（一）物体各部分比例

物体各部分比例是指在特定的距离和特定的视觉角度下，构成物体的各部分相互之间的大小、长短、高低、宽窄等对比关系(图 2－23)。

（二）物体间比例关系

物体间比例关系是指在特定的物体组合、特定的距离和特定的视觉角度下，由于各物体自身体积大小差别和与作者的距离不同，相互间产生大小、长短、高低、宽窄等对比关系。

观察与表现比例关系有个较好的方法，如先抓住对比关系因素的两极，再确定中间部分，依次分割下去，就可以确定出任何复杂的比例关系(图 2－24)。首先，我们需要明确画中最靠近我们和离我们最远的人物的比例关系；再根据前后人物比例关系确定处于最后的人物(纤夫队伍的最后一个人)比例；然后我们就可以确定纤夫队伍中间人物的比例，依次确定其余人物的比例。

图 2－24

三、透视关系

透视现象是我们的视觉错觉。在现实生活中并不存在透视，是我们为了在二维平面上塑造三维立体空间的视觉错觉感而把透视附加在画面上。透视是美术史上的重大创新和发现，在许多较专业的学术著作中被称为“短缩”。透视法是写实造型的重要依据，只有正确掌握透视基本原则才能准确观察，真实表现物体的空间感和立体感。

透视现象有以下几个特点：

(一) 近大远小

相信大家都有过这样的经历：当你在公交车站或汽车站候车时，旁边的大巴士与你相比是如此的硕大无比，简直就是个庞然大物，而你却是那么渺小；但是当这辆笨重的大家伙驶离车站，离你越来越远，它的身躯随着距离的拉远而逐渐缩小。当它开出一公里以外，这时你再看那庞然大物，它已经变成了小火柴盒般大小的四方盒子如图 2－25 中近处的女士与远处的人的大小关系。

图 2－25

(二) 近高远低

在我们居住的城市、我们的校园，或者你在田间地头辛勤劳作，只要你留意身边街道的建筑物、校园的路灯和田野上屹立的高压电线杆，就不难发现，当我们向它们走近，它们就变得越来越高大；而当我们背对它们而去，它们则变得越来越矮小，即使它们身处远山的最高峰，我们仍然觉得它们的大小与日常使用的铅笔盒、钢笔或牙签无异(图 2－26)。

(三) 近长远短(近宽远窄)

站在铁路的铁轨中间就能容易理解这一点。我们的童年多姿多彩，难忘的地方、难忘的事情很多。

图 2 - 26

图 2 - 27

铁路在我们的童年里留下过无限美好的遐想。想象远方的远方是何处；遥远的城市、遥远的人们总令我们好奇。但是低头看看脚下比自己还宽好几倍的枕木和铁轨，它们无奈地伸向远方，越来越窄，直至消失在天边，这时仍旧看不到我们向往的地方，于是只好捡起书包，迎着母亲的呼唤回家去（图 2 - 27）。

(四) 近实远虚

这里所说的“实”简单地说就是指看得清楚；“虚”就是指看不清楚。要理解这一点最好面对大自然，因为在城市，我们的视线被高耸的建筑所阻隔，无法触碰到远处的景物，也就没有对比了。在田野、郊外则不同，四周视野开阔、一马平川。在我们眼前的是哪一种草？开的什么颜色的花朵？叶子是什么形状？我们都看得一清二楚，还可以用手去采摘；远处则灰蒙蒙一片，只有隐约的形状可见，无法辨别是什么树木，更别说看清花和叶子了（图 2 - 28）。

图 2 - 28

透视是一门较复杂的科学，这里作一些简单的介绍说明。

视点：作者眼睛的位置。

视线：视点与观察对象之间的连线。

视域：视点确定后，60 度视角范围内所看到的区域。

视平线：向前平视，和视点等高的一条水平线。

视平线与图像的关系：高于视平线的看到底面（仰视）；低于视平线的看到顶面（俯视）。

视平线处于物像中间则底面与顶面都看不见。

透视可分为以下几种：

1. 平行透视

平行透视是指对象形体正面与画面平行时所呈现的透视关系。此时，与画面平行的线和面不会产生透视角度变化，只会产生远近的大小变化。而且只有一个垂直于画面的消失点（图 2 - 29）。

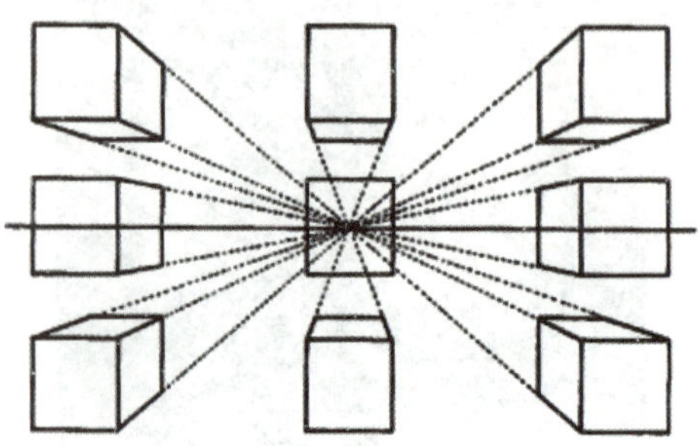

图 2-29

2. 成角透视

对象形体的任何一个块面都不与画面平行而与画面成一定角度，这种透视称为成角透视。成角透视中，垂直的线条是与画面平行的，其他向画面纵深延伸的线条将会分别消失于左右两边的点。因此，成角透视也可以称为两点透视(图 2-30)。

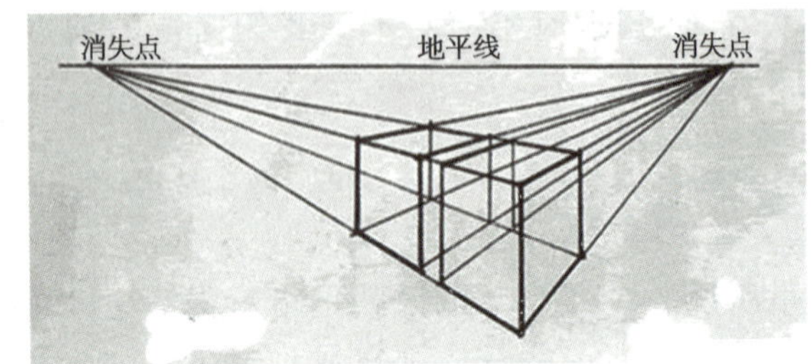

图 2-30

透视练习

观察身边的建筑和生活用具，用线条画出他们的透视关系和空间关系。

案例

常见的透视问题分析

(1) 观察方法不正确，没有整体观念，从局部开始观察。

(2) 对透视规律的理解不到位，未能在实际练习中灵活应用透视规律。

(3) 不懂得用透视规律去判断自己作品的透视关系是否正确。

四、结构

在素描中，结构指物体的内部构成关系，是决定外轮廓特征的内在依据。而在写生时所进行的绘画，对物体结构关系的把握，主要以面体现物体基本形体特征，这样便于理解和把握复杂的结构关系和对对象体积感的塑造。

素描通过把握物体体积块面塑造对象的立体空间关系，除了把复杂的对象概括为若干个几何形的组合外，还应该把这些几何形理解为若干块面的组合，这就是素描对物体结构的分析。要想在二维的平面上塑造三维的立体错觉，必须画出至少三个互相连接但朝向不同的块面，否则很难表现对象的立体空间关系。以最简单的正方体为例，如图 2-31 中只有一个块面；图 2-32 中也只有两个块面。显而易见，这两张图中根本没法表现立方体的立体感。而图 2-33 似乎已经画出三个块面，但这三个块面的朝向并没有明显的区别，因此同样也无法表现出立方体的立体感。我们再看图 2－34，图中已具备三个朝向不同的块面，但这三个块面并没有互相连接，所以仍然无法形成一个完整的立体的物体；只有像图 2－35，同时具备三个互相连接并且朝向不同的块面，才可以体现一个完整的、立体的立方体。

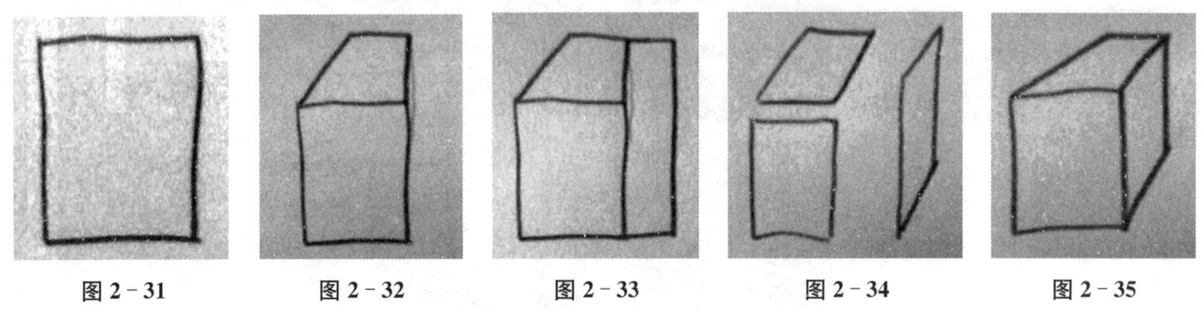

图 2－31　图 2－32　图 2－33　图 2－34　图 2－35

由于构成物体体积的块面相互间朝向不同，因此形成了形体的转折，在这些块面与块面之间，存在着一根明显的交界线，称为“形体转折交界线”。这根线可以表现块面的范围、边界、形状，是物体结构变化的直接体现，因此这些交界线对于表现物体的结构特征、立体空间至关重要，在绘画过程中我们一定要特别关注这些交界线，要认真、仔细地观察体会它们的转折与变化。

（一）结构练习

1. 步骤一　外形概括

仔细观察啤酒瓶的外形特征，瓶颈是较长但不尖的圆锥；瓶身呈较长的圆柱。同时注意啤酒瓶整体的长、宽、高比例。用长线定出啤酒瓶大概高度、宽度及中线。因为啤酒瓶是左右对称的物体，观察的时候要注意左右整体对称关系。只是粗略地画出对象大概的外形特征，具有试探性和不确定性，所以此时的线条不宜画得太实，否则不便于修改（图 2－36）。

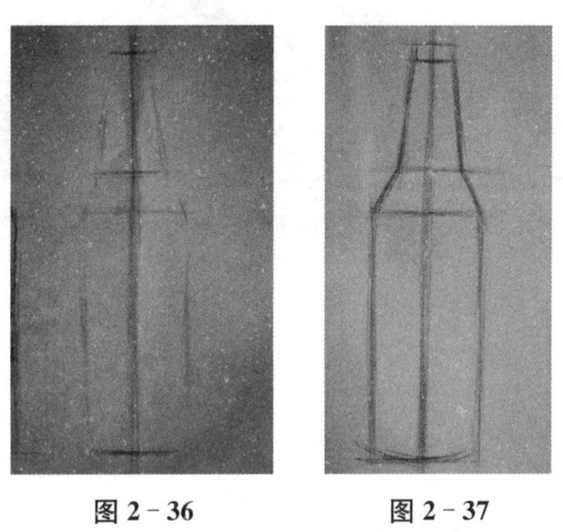

图 2－36　图 2－37

2. 步骤二　外形确定

在第一步的基础上逐步确定啤酒瓶的外轮廓。注意瓶颈和瓶身上下两部分的外形特点、大小、长短比例及两部分衔接处的形体变化。尤其是瓶口的细节，由于瓶口和瓶底椭圆透视的微妙变化较难把握，在观察和下笔的过程中要格外细心。此时画面中啤酒瓶的特征、整体比例关系应尽量接近写生对象（图 2－37）。

3. 步骤三　块面与转折交界线

大概地定出啤酒瓶瓶颈和瓶身的转折交界线，由于啤酒瓶是由圆柱的瓶身和接近圆锥的瓶颈组成，其转折交界线较含蓄，需要我们仔细观察、理解、体会。但在瓶颈和瓶身交接处的转折交界线较明显，可大胆画出来（图 2－38）。

图 2－38

图 2－39

4．步骤四　形体结构准确刻画

根据啤酒瓶的结构变化，把整体的转折交界线画明确、画准确。瓶口形体变化较为丰富，此处的转折交界线要仔细刻画。同时强调整体的主要交界线，弱化次要的交界线，使画面整体的空间对比关系更强烈（图 2－39）。

（二）案例

常见的结构问题：块面朝向与转折交界线（图 2－40）；块面理解（图 2－41）；转折交界线主次不分明（图 2－42）。

图 2－40

图 2－41

图 2－42

五、明暗关系

明暗关系是素描绘画重要的基本要素之一，是表现物体立体感、空间感和质感、真实感的重要手段。

任何物体在光的作用下都会呈现出一定的明暗关系。光的强弱、距离、角度的变化，都会使物体呈现出不同的明暗关系。而物体的制作材料也会影响明暗关系的变化。

我们经常能看到物体在光照下，会形成受光部和背光部两部分。其实只要我们仔细观察就不难发现，物体的明暗层次非常复杂和丰富。但在绘画中必须把复杂的光影变化概括为“三大面”、“六大调”，这样我们才能更好地整体把握对象的形体和空间。

三大面：在特定的光源照射下，物体由于自身的结构特点和受光程度的不同，呈现出丰富的明暗关系。在写生的时候，我们必须把这些复杂的光影变化概括为亮面、灰面、暗面（白、灰、黑）三大区域

(图 2-43)。

六大调:为了充分表现对象的立体空间关系、质感、细节,在写生时对象的“三大面”又可再细分为“六大调”,即:高光、亮面、灰面、明暗交界线、暗面、反光。

高光:高光指物体整体色调中最亮的或物体被光源垂直照射的区域(图 2-44)。

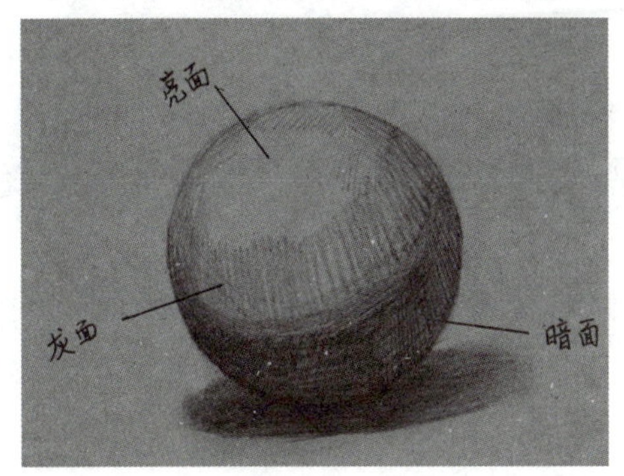

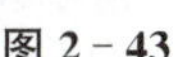
图 2-43

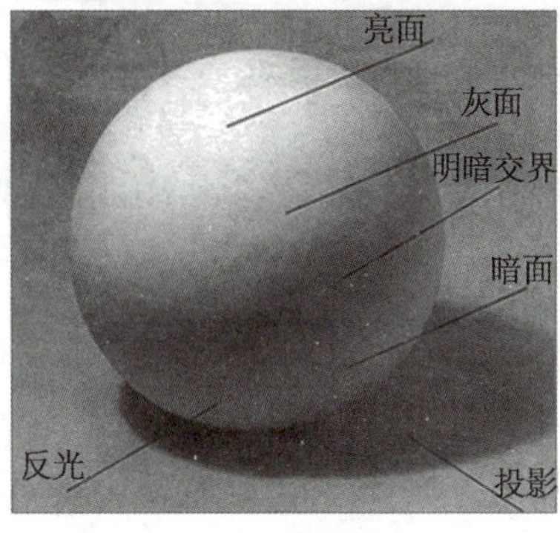

图 2-44

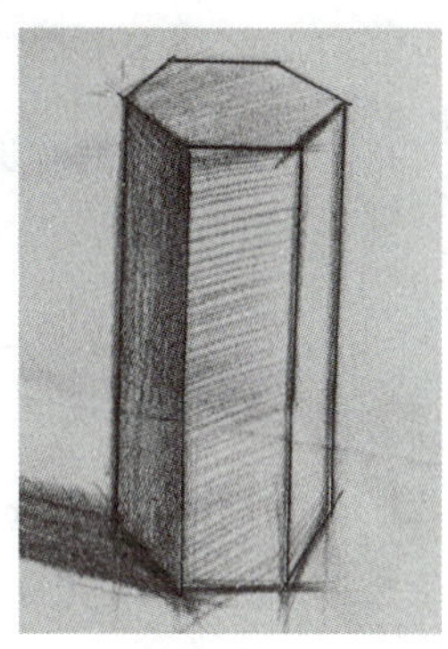
图 2-45

明暗交界线:在亮面和暗面相交的位置通常会出现一条色调较暗的区域,准确地说,这一区域处于灰面与反光之间。明暗交界线出现的位置和形状,往往与物体的结构、块面有密切的联系。在某些情况下,明暗交界线就是形体转折交界线,二者重合的现象经常发生(图 2-45)。

反光:在物体的背光面(暗面),经常受到所处环境反射的光的影响,因此在明暗交界线与物体投影之间会出现一块比明暗交界线稍微亮但又比亮面的灰面要暗的区域,这就是反光区。材质表面光滑的物体反光效果最为明显。

(一) 排线练习

画素描所使用的工具是铅笔和素描纸,铅笔与国画所用的毛笔、画油画所用的油画笔有很大的不同。毛笔和油画笔可以画出较宽的面,而铅笔画出来的是一根单薄细长的线条。如果用铅笔表现块面,则必须把线条密集排列在一起才能形成块面;国画和油画通过调和墨色的浓淡、油彩的深浅表现黑白色调的变化。素描则通过画线条时力度的轻重和线条的重叠来表现黑白灰色调。学习素描首先要熟练地掌握各种线条的画法,才能运用这些线条表现我们所要描绘的事物,因此在进行素描的色调练习前,必须先进行排线练习。

首先要改变我们习以为常的握笔方式(图2-46)。改变我们的握笔方式是为了我们能更方便地画出各种线条。

通常线条的练习分为平行排线和渐变排线。平行排线有直线(图 2-47)、横线(图 2-48)、斜线(图 2-49)、交叉线(图 2-50)。渐变排线是指具有由浓变淡(图 2-51)、由淡变浓(图 2-52)。

图 2-46

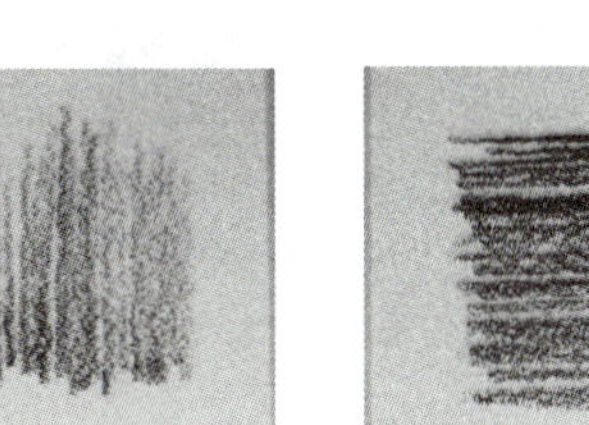
图 2-47

图 2-48

图 2-49

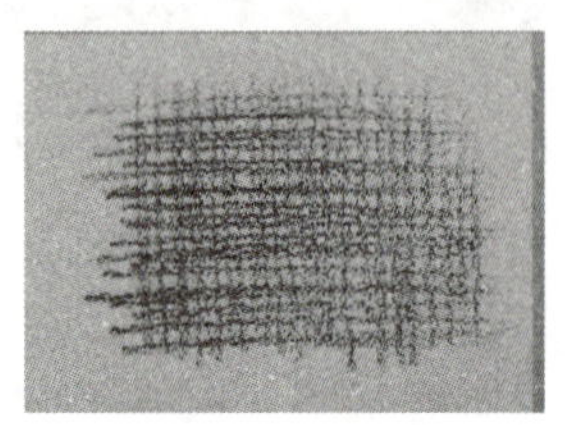

图 2-50

图 2-51

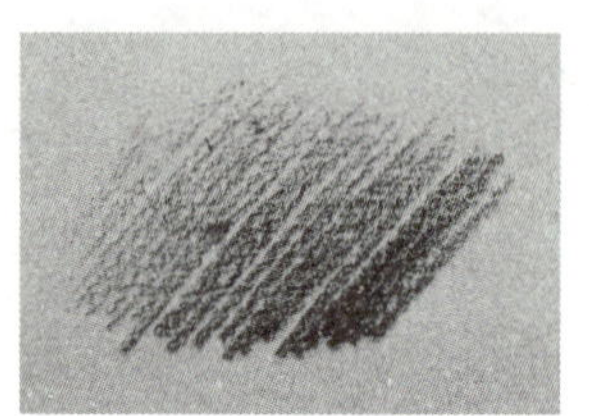

图 2-52

（二）明暗色调练习

步骤一　外形概括　整体观察对象的外形特征，用长线把对象概括为简单地几何形。注意对象各个局部的比例关系（图 2-53）。

步骤二　外形确定　不对象的形体进一步细分为若干小的几何形，这一步同样不能进入细节的刻画，还是以大的外形特征为主要的观察重点（图 2-54）。

步骤三　形体块面与结构　仔细观察对象的形体变化，尽量准确地描绘对象的特征细节。粗略地画出对象的转折交界线和明暗交界线（图 2-55）。

步骤四　整体黑白灰大关系　画出对象大的黑白灰关系，强调明暗两面的黑白对比，粗略地表现对象的大体积及感和空间感（2-56）。

步骤五　完善六大调、深入刻画　仔细深入刻画对象的形体变化、光影、质感等细节，充分表现对象的空间立体感（2-57）。

图 2-53

图 2-54

图 2-55

图 2-56

图 2-57

第三节　表现形式

一、全因素素描

全因素素描就是指在素描写生过程中，画面各个因素都得到相对充分表现的一种素描表现形式。如光影、结构、空间感、质感等。这种素描表现形式力求最大程度地还原对象的真实空间感和质地感，给人一种以假乱真的错觉（图 2-58）。

图 2-58

二、结构素描

结构素描是指在写生过程中，作者主观强调素描造型的结构关系，把写生对象的结构关系作为一种绘画形式语言，单纯提取出来研究，同时减弱甚至忽略其他绘画因素。由于这种表现形式过于强调物体的结构组合关系和形体转折关系，使画面的真实感大打折扣，但却是一种很好地理解对象形体和塑造画面空间的训练方法(图 2－59)。

图 2－59

图 2－60

三、表现性素描

表现性素描打破传统的素描绘画原则，不再以描摹和再现写生对象为目的，不再遵循以视觉真实为衡量标准的绘画原理；转而强调作者主体对写生客体的主观感受和追求素描材料的材质美、画面的形式美。是作者对客体个性化的认识与表现，其核心是培养学生的创新思维和原创精神(图 2－60)。

本章小结

素描是其他艺术形式(油画、国画、版画、雕塑、水彩、装饰画等)的基础，这已经是不争的事实了。因此，从古至今，大部分艺术者在接触各种绘画前，都或多或少地进行素描基本功的练习。就连文艺复兴时期的天才——达·芬奇——也花了三年学画鸡蛋，以提高素描造型能力和观察能力，素描的重要性由此可见。

本章简单地介绍了素描的基本术语、概念和基本规律。其中外形与结构关系、比例关系、透视关系、明暗色调是学习和掌握素描的关键。外形与结构是对象的本质；透视与明暗色调是塑造对象的辅助手段。在透彻理解物体体积和结构的前提下，以透视和色调强调对象的立体空间感，初学者应当深刻铭记本质与手段的关系，才能达到事半功倍的学习效果。

思考与练习

通过写生练习，强化结构决定色调、色调表现结构的认识。深入思考在结构不变的情况下，怎样改变光影色调，强调物体体积和空间。

(1) 打形练习

(2) 结构素描练习

(3) 色调练习

第三章　色彩

目标与导读

● 了解：表现形式，根据学前教育专业学生的就业需求、幼儿园教师技能要求，色彩教学课应该使学生能了解水粉、彩铅、油画棒这几种绘画材料的特性。

● 理解：色彩基础知识，是否正确理解色彩基本知识，决定了一位学生的色彩表现能力和绘画能力，而且也直接影响着学生对其他艺术形式的学习。

● 掌握：调色、色调，学习绘画必须具备一定的调色能力，学生能根据有限的颜色调出自己喜欢的颜色；同时也要具备一定的画面色调控制能力，是学生能主动地控制整体画面的色彩关系。

● 应用：水粉画技法、油画棒技法、彩色铅笔技法，幼儿园美术教学要求幼儿教师能够熟练运用水粉、油画棒、彩色铅笔等绘画材料进行绘画教学，要求学生必须具备较强的手绘能力。

我们生活的环境是一个绚丽缤纷、五彩斑斓的世界。在人类物质文明和精神文明发展的历程中，色彩始终焕发着神奇的魅力。从人类最早的绘画作品到21世纪的现代广告、服装、建筑、家居等方面，色彩都是人们最关注的视觉因素之一。我们的先人不仅运用他们的智慧观察、发现、欣赏大自然的色彩，还通过长期的经验积累，不断深化和完善着对色彩的认识，进而运用色彩创造美丽的世界。

第一节 概 述

色彩在绘画中的运用可以追溯到大约一万八千年前，位于现在西班牙和法国南部的拉斯科洞窟的原始壁画。那时的原始人就已经学会用天然的有色矿石，在石壁上描绘他们的图腾和用于进行原始宗教仪式的符号标志。后来希腊人用色彩给大理石雕塑涂上颜色（虽然我们现在看到的希腊雕塑都是雪白的大理石，但它们在那个年代里都是色彩艳丽的），给原本冰冷的石头赋予了生命；虽然罗马的庞贝城在维苏威火山的火山灰掩埋下沉睡了近两千年，我们依然可以根据庞贝的壁画推断，当时的艺术家已经能熟练运用色彩表现人物造型和空间；到了距今近一千年左右，在基督教盛行的中世纪，色彩被大量地运用于宗教壁画的绘制和哥特式教堂的玻璃花饰窗格上绘制圣经故事。当太阳光穿透教堂五彩的玻璃窗格，如同圣经中描绘的圣境降临凡间，耶稣基督舍己渡世的教义震撼心灵……工业革命时期，科学技术得到前所未有的飞跃发展，光学的进步使人们对色彩的认识进入了全新的时期。

人们认识和运用色彩的过程，使色彩知识逐渐体系化。借助人所独具的抽象思维能力，人们将纷繁复杂的色彩印象加以总结、分析并予以规律性的揭示，从而形成色彩的理论和法则。

（一）常用的色彩工具

1. *水粉颜料*（图3－1）

水粉画就是用水调合粉质颜料来作画的一种绘画形式。水粉颜料是以水作为媒介，这一点，它与水彩画是相同的。所以，水粉画也可以画出水彩画一样的酣畅淋漓的效果。但是，它没有水彩画透明。它与油画的共同特点，就是它们都有一定的覆盖能力。但油画是以油来作媒介，色彩比较稳定，画面色彩在未干时与完全干透几乎没有变化。而水粉画由于是以水作为媒介，色彩干湿前后变化很大。水粉画在湿的时候，它颜色的饱和度和油画一样很高，而干后，由于粉的作用及颜色失去光泽，饱和度大幅度降低。我们常用的水粉颜料有18色或24色。

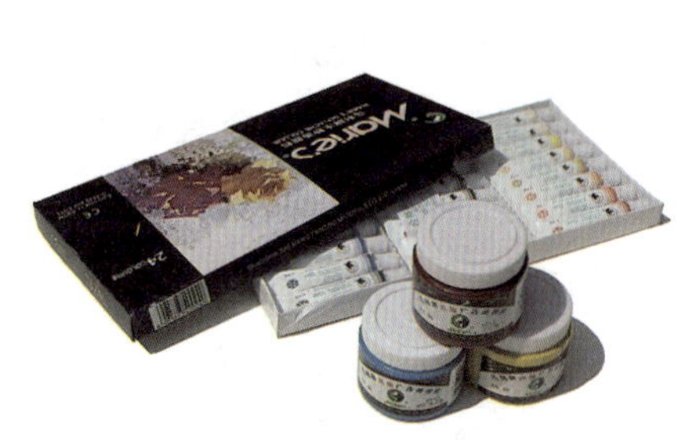

图3－1

图3－2

2. *水粉笔*（图3－2）

现在市场流行的水粉笔有三大类：羊毫、狼毫及尼龙毛笔。羊毫的特点是含水量较大，蘸色较多，优点是便于涂出大面积色彩，缺点是由于含水量太大，笔触容易浑浊，不太适合于细节刻画；狼毫的特点是含水量较少，比羊毫的弹性要好，适合于局部细节的刻画；尼龙笔是用工业合成的材料做的笔，弹性好，但不耐用。在选择尼龙毛笔的时候，要特别注意它的质地，要软且具有弹性，切忌笔锋过硬。因为笔锋过硬往往很难蘸上颜料，使画面上下两层颜色互相混合，使覆盖力大为降低。

3. 调色板(图 3－3)

其实只要是用以调色的板块都可以称为调色板。为了调色的准确性，我们通常会选用白色的原型塑料板调色。

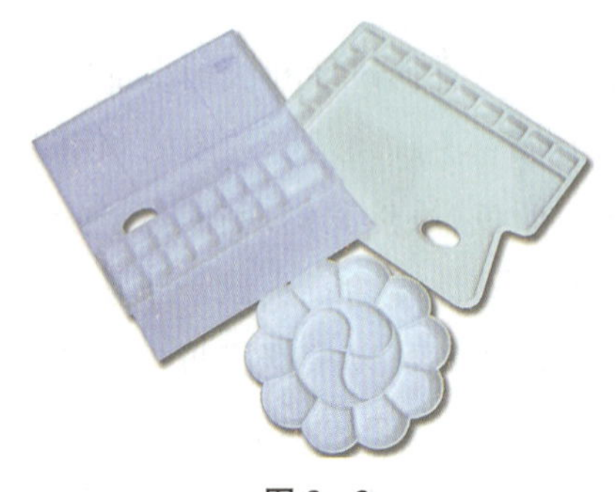

图 3－3

图 3－4

4. 调色盒(图 3－4)

调色盒主要用以装填我们作画时作用的未经调和的颜料。一般为白色塑料材质制成的长方形盒子，内分 24 小格或 36 小格。调色盒的盖子也可以当调色盒用。

5. 水桶(图 3－5)

水粉颜料以水为媒介，所以作画时必须用水。水桶的功能就是用以盛水，同时也可以洗笔。

图 3－5

图 3－6

6. 吸水毛巾(图 3－6)

我们用的水粉笔大都有较强的吸水能力，每次洗完笔后再进行调色时，由于水分过多会使颜色稀薄而丧失覆盖力。因此需要用毛巾吸干水分，再进行调色。毛巾的材料没有特殊要求，只要有较强的吸水力就好，普通的旧毛巾、旧衣物都可以胜任。

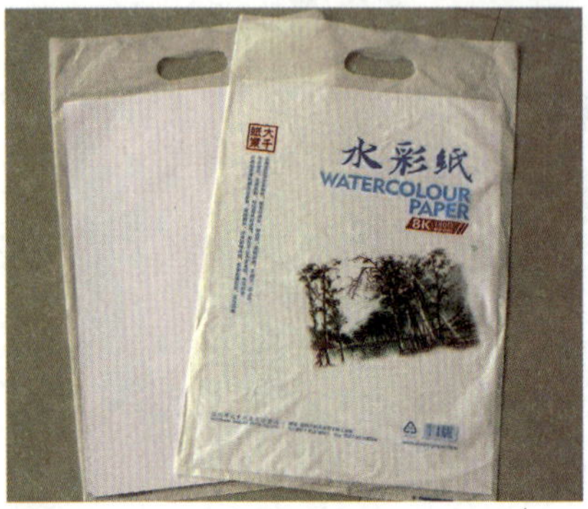

7. 水粉纸(图 3－7)

水粉纸，又叫水彩纸，相比素描纸表面比较粗糙，有明显的凹凸的纹理。市面上的水粉纸有八开、四开、半开和全开的，厚度也不同。初学者可以根据自己的喜好选择。

图 3－7

第二节　色彩基础知识

一、色彩三要素

色彩具有三个基本特性：色相、纯度（饱和度）、明度。在色彩学上也称为色彩的三要素或色彩的三属性。一种颜色之所以能与其他颜色相区别，就是因为各种颜色的特征不同，而决定一种颜色特征的就是色彩三要素。

（一）色相

所谓色相是指能够确切地表示某种具体颜色的名称，是各种颜色的首要特征。如大红、橘黄、土黄、钴蓝、翠绿等。

（二）纯度

色彩的纯度是指色彩的纯净程度。未经调和过的色彩纯度较高，当一种颜色掺入其他彩色时，纯度就产生变化，掺入的色彩种类越多则色彩的纯度也越低、越浑浊。在光谱中的各种单色光是最纯的颜色，为极限纯度。

一种颜色的纯度与明度有着密不可分的联系。当一种颜色调入白色或黑色时，不仅这种颜色的明度发生了变化，纯度也随之变化。因为白色和黑色也可以说是一种“灰”色（白色是极浅的灰色，而黑色是极深的灰色）。调入白色时，色彩的明度提高，纯度降低；调入黑色时，色彩明度降低，纯度也降低（图 3－8、图 3－9）。

图 3－8

图 3－9

（三）明度

明度是指色彩的明亮程度。首先，同一种颜色由于受光程度不同，产生不同的明度变化。又或者，同一种颜色加入的黑色、白色的分量不同，其明度也会发生相应的变化。其次，不同的颜色有不同的明度，我们可以把红、橙、黄、绿、青、蓝、紫七种颜色并列排放在一起，然后用相机拍出它们的黑白照片，我们就可以清楚地看到它们相互之间明暗程度的变化：黄色明度最高，相当于浅灰色；橙、绿、红、青、蓝的明度依次降低，而紫色则相当于较黑的暗灰色。实验证明，黄色系列明度最高，蓝紫色系列明度最低（图 3－10）。

图 3－10

了解色彩除了有色相的区别，还有明度上的区别是非常重要的。因为我们要想真实地表现对象的立体感、空间感和质感，就必须表现对象的光和色。物体之间色彩的差别形成了画面的色彩关系；而光使物体有了明暗色调的变化。

色彩的色相、纯度和明度三特征互相联系，不可分割，在写生和创造过程中必须同时考虑这三个因素。

二、色彩的冷暖属性

其实色彩并没有物理上的真实温度的冷暖的差别，而是各种色彩引起人们不同的联想，在心理上产生冷暖的感觉，因此，色彩被分为冷暖两大系统。

当我们看到红色、橙色、黄色等颜色，就会想到太阳、火焰，产生温暖、热烈的感觉（图 3－11）。

图 3－11

而当我们看到蓝色、紫色、绿色等颜色，则联想到冰雪、海洋，产生寒冷、平静等感觉（图 3－12）。

图 3－12

但是色彩的冷暖属性并非绝对的，而是相对的。只有把不同的两种颜色放在一起对比，才能判断色彩的冷暖。例如，当红色与黄色对比时，黄色相对于红色便是冷色（图 3－13、图 3－14）。当绿色与蓝色对比时，绿色相对于蓝色便是暖色（图 3－15、图 3－16）。所以一种颜色的冷暖性质，应该根据其参照的色彩，不能绝对化。

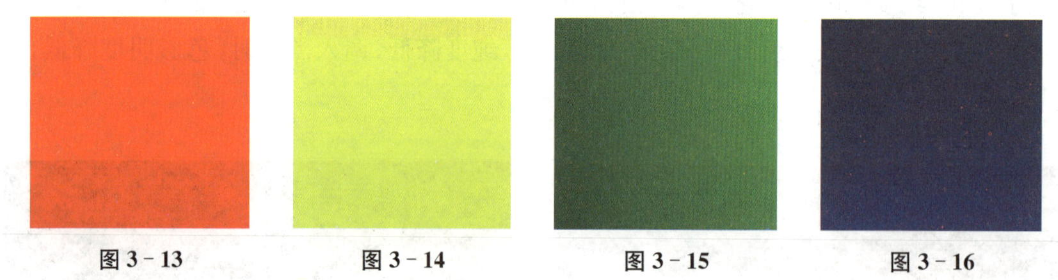

图 3－13　**图 3－14**　**图 3－15**　**图 3－16**

把复杂的色彩关系分成冷、暖两大系统，对于观察、理解、表现色彩十分重要。冷暖对立，互相依存，是色彩规律中关键的一条。

第三节　色彩基本概念

一、对比色　互补色

对比色，是我们的视觉感官所产生的一种色彩的平衡作用。当我们目不转睛地注视一块红色，再闭上眼睛时，我们的眼睛会很明显感觉到绿色出现。这就是我们的视觉感官平衡作用。在 24 色相环中相距 120 度到 180 度之间的两种颜色，称为对比色（图 3－17）。

在色相环中每一个颜色对面（180 度对角）的颜色，称为互补色，也是对比最强的色彩组合。如果我们把一组对比色或互补色放在一起，会给人强烈的排斥感，色彩对比极不和谐，而且使互为对比色的双方比单独看时显得更鲜艳，更强烈。也就是说，如果把红色和绿色并列放在一起，会使红色更红，绿色更绿。而把两种对比色混合在一起，便会调出浑浊的颜色（图 3－18）。

图 3－17

图 3－18

二、固有色

固有色，就是指抛开环境因素的影响，物体自身呈现出来的颜色。是物体固有的属性在常态光源照射下呈现出来的色彩。通常情况下，把物体置于白色阳光下，可最大程度地呈现出物体的固有颜色。在现实生活中我们是很难客观而精确地界定一件物品的固有色，因为它或多或少地受到光源、环境和我们个人视觉生理因素的影响。当我们说：那位男孩身着一件蓝色上衣。其实我们看到的蓝色已经受到天光、路面以及男孩旁边的建筑、植物等环境的影响。如果男孩旁边还有一位撑着红伞的少女，那么我们看到的蓝色就已经大大失真了。

在绘画过程中，对固有色的把握主要是能准确地把握物体的色相。

一般来说，物体受光面与背光面都不能准确地呈现物体的固有色，这两个部位都有可能因为光线过亮或过暗，使物体的固有色失真。只有受光面与背光面之间的中间部分是固有色最明显的地方，也就是画素描时的灰调子部分（图 3－19）。在这个区域内，物体受到外部环境色彩的影响较少，最接近物体本身的固有色，而且这一区域内的色彩纯度会比其他区域的高。

图 3－19

三、环境色

生活中有许多的物品，当我们看到它时，不仅仅是看到物品本身的固有色，还看到物品所处的环境对物品固有色的影响。一个物体在光的照射下，它的表面会吸收一定的光，同时，有部分光被反射到周围的物体上。如果是表面光滑的物品，这种光的反射效应会更明显。例如玻璃器皿和不锈钢器皿（图 3－20）由于我们生活中的一切事物，不可能独立存在于一个没有环境的所在，所以，每件物品都不可避免地受到环境的影响，同时也影响着环境。

图 3－20

在一件作品中，环境色能使画面主体与环境自然融合，能更好地表现空间和物体的质感。使画面色彩相互呼应和联系，也使画面色彩更富于变化。

第四节　色彩规律练习

一、调色练习

(一) 原色

原色又称为第一次色，或称为基色。原色有三种：大红、柠檬黄、钴蓝；原色的色纯度最高，最纯净、最鲜艳。三原色是不能通过其他的有色材料混拼而成的颜色，根据这三种颜色不同比例的组合，几乎可以调出所有的颜色。因此，三原色也叫基色(图 3-21—图 3-23)。

图 3-21　　图 3-22　　图 3-23

(二) 间色

任意两个原色相混合所得的新颜色称“间色”。我们把三原色中的红色与黄色等量调配就可以得出橙色；把红色与蓝色等量调配得出紫色；而黄色与蓝色等量调配则可以得出绿色(图 3-24—图 3-26)。任意两种原色等量相加产生标准的橙、绿、紫，但三个原色混合的比例不同，间色也随之产生变化。

图 3-24　蓝加黄等于绿　　图 3-25　蓝加红等于紫　　图 3-26　红加黄等于橙

(三) 复色

用原色与间色相调或用间色与间色相调而成的“三次色”是复色，复色可能是三个原色按照各自不同的比例组合而成，如红加橙得红橙、黄加绿得黄绿、蓝加紫得蓝紫。也以把任意两间色相混合所得之色，称之为“复色”。橙＋绿＝黄灰，橙＋紫＝红灰，绿＋紫＝蓝灰，等量相加得出标准复色；两个间色混合比例不同可产生许多纯度不同的复色。在饱和度上，原色最高，间色次之，复色最低。

复色是最丰富的色彩家族，千变万化，丰富异常，复色包括了除原色和间色以外的所有颜色。

案例

课堂练习：

练习内容：复色、间色辨认练习。

练习要求：了解复色、间色的调配规律。

课外练习：

练习内容：复色、间色调色练习。

练习要求：完成复色、间色调色练习各一张。

二、色调练习

在我们写生时，我们面对的写生对象纷繁复杂，色彩对比杂乱无序。为了画出和谐优美的色彩，我们必须主观地调整画面的色彩关系，营造出统一和谐的色调。虽然一幅绘画作品用了多种颜色，但总体上有一种大的倾向，是偏蓝或偏红，是偏暖或偏冷等等。而色调正是画面整体色彩对比关系的衡量标准。因此，色调不是指颜色的性质，而是对一幅绘画作品的整体颜色的概括评价，是一幅作品色彩外观的基本倾向。

在日常的生活中，我们常常有这样的经历：当我们站在山顶或者楼顶，面对夕阳，晚霞将我们眼前的一切景象都镀上了一层金色，不管它们原来是何种固有色，此时它们的色彩都统一偏向金黄色。使不同颜色的物体笼罩上某一种色彩的现象，就是我们所说的色调。

定义一件作品的整体色调，要看作品整体色彩在色相、明度、纯度、冷暖四要素中，哪一种因素起主导作用，我们就称这件作品为某种色调。如上文说到的夕阳和晚霞，我们就可以称为黄色调或暖色调（图 3－27）；如果是白雪皑皑的冬天，在千里冰封的北国，我们就可以称为白色调或冷色调（图 3－28）。回想童年时我们向往的夏天，阳光明媚、蓝天白云，这时画面是多么活泼明亮（图 3－29）。当我们表现神秘而无限宽广的宇宙夜空；深夜老师在灯下呕心沥血的背影；昏暗的灯光下，母亲慈祥的面容和洁白的鬓发；选用暗色调最能表达深沉、神秘、广博、深邃的思想感情（图 3－30）。我国的南方四季如春。阳春三月，春雨染绿了希望的田野；六月，骄阳似火，在丝丝翠柳下，婷婷的荷花、团团的荷叶；哪怕在一年中最严寒的三九天，南国依然满眼绿色。选择绿色调最能表现生机盎然的南国大地（图 3－31）。十月一日，红色的中国，隆重而喜庆，还有火红的枫叶，燃烧着北京的香山。红色是中国人最喜爱的颜色。红色调最能表现这种喜庆欢乐的气氛。

图 3－27

图 3－28

图 3－29

图 3－30

图 3－31

和谐的色调要求画面中各色块的颜色搭配要协调，出现在画面的色彩既要有变化也要统一在整体的色彩倾向中。这就要求作画者必须主动调整色块纯度、冷暖、明度、色块面积比例，主观地处理画面中不协调的色彩因素(图 3－32—图 3－37)。

图 3－32　暖调中冷色的处理:暖色分割冷色块,冷色提高明度、降低纯度,暖色占较大面积。

图 3－33　冷调中暖色的处理:冷色占面积优势,决定了整体色调。小面积暖色使冷色更闪亮。

图 3－34　纯调中灰色的处理:画面中背景是高纯度的蓝色,画面主体是灰黄色,这两种对比色运用很巧妙,作者降低了黄色的纯度,使画面更和谐,同时使背景中的蓝色更闪亮。

图 3－35　灰调中纯色的处理:纯色分量少,背景与灰紫色与主体的纯蓝色不属于互补色关系,因此画面比较协调。

图 3－36　暗调中亮色的处理:暗色块包围亮色,使画面对比强烈,同时亮色块和暗色块的冷暖对比被减弱。特别要注意的是黑白色块在画面中的平衡。

图 3－37　亮调中暗色的处理:亮色包围暗色,使亮色分外灿烂耀眼。亮色调中暗色块的出现,使画面层次丰富,同时也衬托出亮色的张力。

课堂练习：

练习内容：名作色调分析。

练习要求：了解名作中各种色调的处理方法和原则。

课外练习：

练习内容：自选大师名作若干幅，进行色调临摹练习。

练习要求：掌握各种色调中对比色的处理方法。

阅读与拓展

《文国璋色彩教程》

作　者：文国璋

出版社：天津人民美术出版社

出版时间：2005 年 8 月

本书主要论述了色彩教学的素质原则、色彩分析训练程序、关于色彩教学、色彩人体的教学、色彩的抽象意识和创造意识培养的诸多教学问题。

《色彩构成》

作　者：叶经文，王志成，成雪敏，邱大平

出版社：清华大学出版社

出版时间：2010 年 9 月 1 日

《色彩构成》遵循理论联系实际的原则，分为七章，对色彩构成概述、色彩的基本原理、色彩的推移、色彩的对比与调和、色彩构成的综合训练、色彩的生理和心理效应、色彩构成的应用技术等方面进行了较系统、详尽的论述。论述中结合了经典的设计作品对色彩原理进行诠释，具有代表性；同时也使用了不少学生作品，让学生在色彩构成训练中有样可依，具有较强的针对性。另外，《色彩构成》在编写过程中非常注重与后续课程的衔接，使色彩构成真正成为艺术设计的基础。

《色彩构成》可作为高等艺术院校艺术设计类专业用书，也可作为艺术设计工作者和艺术爱好者的自学参考书。

第五节　色 彩 心 理

色彩对人的性格、情绪有明显的影响，已经是不争的事实了。早在 19 世纪中叶之后，心理学的发展逐渐从哲学转入科学的范畴，心理学家开始试图通过实验来验证色彩对心理的影响效果。心理学家发现，处在一个被红色环绕的环境中，人的情绪比较兴奋；而处在蓝色环境中，情绪比较平静。还有科学家发现，红色使人警觉，蓝色使人放松。色彩的冷暖属性也是依据人的心理反映对色彩所进行的物理性分类。

色彩对人们内心的影响，因地域、文化、历史、民族、风俗习惯等因素的不同而有所差别，从而使世界各地区、各民族对色彩形成了自己独特的理解。例如，在西方，人们的婚礼以黑色和白色象征婚礼的庄重严肃和纯洁的爱情，而在中国，黑色和白色则流行于葬礼；传统中国用红色营造欢乐喜庆的气氛，而西方人见到红色会感觉到紧张和危险。因此，以下有关各种色彩心理的描述，有可能与某些地区和少数民族的理解大相径庭，这是不可避免的。

一、黑色

很多人认为黑色不算色彩，但许多画家都运用黑色进行创作。黑色也大量地出现在中国的民间艺术作品中。例如蒙克的《中国年画》、《凤翔泥塑》。

黑色象征死亡、黑暗、恐怖，可营造悲观消极的气氛；也象征权威、执着、冷漠、防御。画面大量使用黑色使人产生压抑、沉闷的感受。

在中国民间传统艺术作品中，黑色起到了极其重要的作用，它能使画面鲜艳、浓烈的色彩关系得到恰到好处的协调，使作品的色彩看起来既绚烂活泼又协调沉稳(图 3-38)。

图 3-38

二、白色

白色与黑色一样，在我们的日常生活中，很难被归为色彩的范畴。当我们面对一张空白的画布时，任何人都会说画面没有任何色彩。但是如果世界美术史缺少白色，那么我们现在看到的许多伟大作品的色彩都将会大打折扣。

在西方，白色象征光明、纯洁优雅；但在中国文化中，白色与红色相反，是一个基本禁忌词，是枯竭而无血色、无生命的表现，象征死亡、凶兆。在绘画中，白色可以协调画面，使画面明度提高。在绘画过程中添加白色进行调色，可调出丰富而变化微妙的色彩。

三、蓝色

图 3-39

蓝色是三原色之一，是极冷的色彩。蓝色常常使人感觉到静谧、幽深、清廉；也可以使人产生悲伤、寂寞的感觉。它象征着忠诚、权威、务实。蓝色应用得不恰当会给人呆板、没创意、缺乏趣味的印象(图 3-39)。

四、褐色(咖啡色系)

图 3-40

褐色，是处于红色和黄色之间的一种颜色，其明度较暗淡，纯度较低。褐色也可以称为棕色、赭色、咖啡色等。可以用少量红色和绿色、橙色和蓝色、黄色和紫色调和而成。

褐色给人以随和、平易近人、亲切、低调等感觉，可以使人情绪稳定、安定。当然有时也会让人感到沉闷、缺乏活力(图 3-40)。

五、红色

图 3-41

红色代表危险。这是我们很早就知道的基本常识。在我们的生活中红色被广泛运用。阅读时为便于记忆，我们常用红笔划出重要的要点；老师批改作业时的红色大叉；还有在上学路上的警示标语等。在中国古代，红色表示喜庆，比如婚礼和春节都喜欢用红色来装饰。红色有驱恶辟邪的功能。许多警告标记都使用红色，是由于红色容易引起人们的注意。

红色象征热情、性感、自信、高调、引人注目；不过也会给人血腥、危险，暴力、忌妒、恐怖的感觉，造成心理上的压抑、紧张(图 3－41)。

六、粉红色

图 3－42

粉红色是一种明度较高而纯度较低的淡红色，可由红色加入白色混合而成。粉红色让人感觉可爱、浪漫。这是一种很素雅的颜色，富有幻想色彩。通常女生都比较喜欢粉红色，喜欢幻想关于自己美好的一切事情(图 3－42)。

粉红代表浪漫，可使浮躁的心得到安抚，使矛盾软化，可化解不安的心情和紧张气氛。它象征温柔、闲散、甜美。

七、橙色

图 3－43

橙色是一种金碧辉煌的色彩，是所有暖色中最温暖的颜色。让人联想到丰收的快乐，幸福而甜美，热烈而活泼。橙色能给人庄严、尊贵、奢华等感觉。也会给人以热心、坦率、亲切、开朗的感觉(图 3－43)。

八、黄色

图 3－44

黄色是所有颜色中最亮的颜色，给人轻快、光明、富裕、充满希望和活力的印象，但正是由于黄色过于明亮，也会使人产生低级、衰败、轻薄、过于张扬等感觉。黄色在中国古代是一种高贵的颜色，只有皇宫贵族才能使用。

黄色的明度很高，过于刺激大脑和视觉，容易使人焦虑；并且黄色具有提醒、警告的效果，适合在热闹欢快的场合使用(图 3－44)。

九、绿色

图 3－45

绿色既不属于冷色，也不属于暖色，而是属于居中的颜色，它代表希望、安全、平静、清新、舒适，在绿色环境中能提高人的情绪、活力和愉悦感。色彩心理学家早就指出，在充满绿色的环境中会使人产生平静的感觉，当情绪低落与消极时，绿色能让我们的内心得到舒缓，使我们的情绪积极。而在红色和黄色的环境下会使人兴奋和激动。

绿色象征和平、舒适、清新、活力、快乐；绿色也象征隐藏、被动(图 3－45)。

十、紫色

紫色是用三原色中的红色和蓝色调合而成。是许多年轻少女喜欢的一种颜色，她们多愁善感，常常因为感情而感到忧郁、孤独。

紫色象征高贵、神秘、忧郁，又代表权威、优雅。在中国就有“紫气东来”的说法。北京的故宫以前就叫“紫禁城”。

紫色给人感觉神秘、压迫、恐怖。有时还会使人产生高傲、矫揉造作、轻佻等感觉。

喜欢紫色的人意志坚定、锲而不舍，为实现目标对自己极为苛刻。他们追求完美而又喜欢交朋友，凡事总是先考虑别人(图 3 - 46)。

图 3 - 46

第六节　色彩归纳训练

色彩归纳是较理性地运用色彩原理对客观物象的色彩进行夸张、概括、简化的训练，具有较主观、理性的特点。色彩归纳是绘画教学系统之中重要的一个环节，它训练的不仅是我们的色彩感觉，同时训练我们的理性思维方式，以及训练我们处理色调的能力。

一、静物色彩归纳的基本原理

在准确把握其色彩关系的前提下，以有限的颜色去表达丰富的色彩变化，对丰富微妙的色彩、层次进行归纳或限定。其中包括明暗素描关系的概括和色彩冷暖的归纳，是二者的统一。即对每一个单体的物象首先确定亮、灰、暗等区阶的明暗或色彩。每一区阶的色彩纯度、明度突破此阶区的界限，并把此阶区丰富的色彩层次，概括为一个整色。例如对象中色彩的明度差若为九级的话(其中 1 为最暗，9 为最亮)，九级中包括着 1 到 9 个丰富的多级差别的层次。而在画面中，我们只须用 1—5—9 三个级别差别来表现 1—9 个级数的关系，这 1—5—9 的关系就是从九个级数中提炼出来的。这种以少胜多、以一当十的提炼方法，可使形象主体更突出、更集中，从而增强色彩的表现力和感染力。

(一) 明暗关系归纳

参照物象在光照下产生的“三大面”(受光面、侧光面、背光面)、“五调子”(亮、灰、明暗交界线、反光、投影)的明暗变化规律，根据需要把对物象丰富的明暗变化采用减法进行归纳(图 3 - 47)。

图 3 - 47

图 3 - 48

(二) 色彩冷暖的归纳

将对物象繁杂的明暗和色彩关系加以归纳梳理，强调亮面暗面的冷暖对比，再用三到五个层次表现出来，这些色彩层次的明度变化应该与明暗关系的归纳相符(图 3 - 48)。

苹果的画法：

步骤一：仔细观察苹果的外形特征及三大面关系，画出苹果的外形、投影；根据苹果的三大面、五大调关系，用线条概括出苹果的几大块面的范围(图 3－49)。

步骤二：从苹果的暗面开始画，暗面的明度非常低，初学者一定要敢于用重色，否则画面的黑白灰关系将失去张力(图 3－50)。

步骤三：根据所观察到的苹果的三大面、五大调关系，逐一画出苹果从最暗到最亮的色彩变化，此时苹果的色彩关系一定要尽量与三大面、五大调关系相符(图 3－51)。

步骤四：通常情况下，我们很少会单独画一个独立的物体，因此，需要一些背景衬托。背景的色彩最好选择与主体形成对比关系的色彩，这样可以使主体更加突出，但是一定要降低其纯度以达到与主体的和谐(图 3－52)。

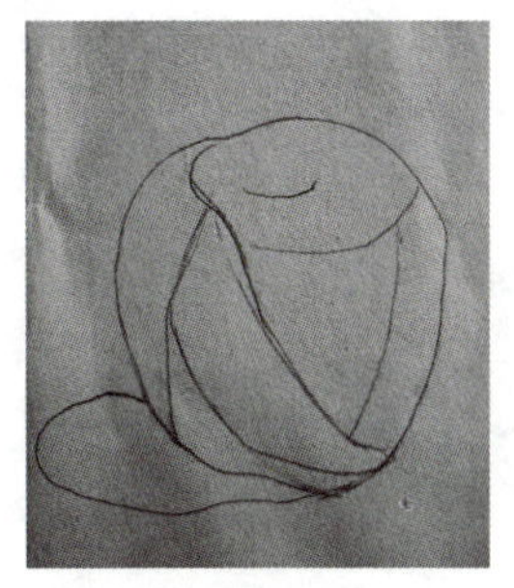
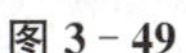

图 3－49

图 3－50

图 3－51

图 3－52

案例

静物组合写生练习：

步骤一：整体观察对象选定构图，仔细观察各个物体的外形特征及比例关系，画出各个物体的外形；用线条概括出大块面的范围(图 3－53)。

图 3－53

图 3－54

步骤二：整体入手，从暗面开始画，同时把衬布的布纹的暗面也一起画出，此时根据整体色调的需要，注意画面主体和衬布的色彩对比关系，明确主体和环境的色彩倾向，初步确定整体画面的色调倾向(图 3－54)。

步骤三：根据观察逐一概括出各个物体从最暗到最亮的色彩变化，此时陶罐的体积和衬布的空间关系已经大概明确，整体深入刻画，强调环境色(图 3－55)。

步骤四：深入刻画衬布的布纹，强调衬布上的条纹，适当调整画面冷色块的纯度、明度以及面积。用较细的黑线勾画主体的轮廓，使画面装饰感更强(图 3－56)。

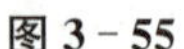

图 3 - 55

图 3 - 56

阅读与拓展

《现代艺术设计丛书——色彩归纳教程》

作者:朱旗　王贤培

出版社:苏州大学出版社

出版时间:2010 年 9 月 1 日

本书借鉴了古今中外色彩归纳的各种形式、风格及理念,开阔学生的眼界,启发其思路,提高其审美能力;书中有明确的写生归纳实例,并附有实景的原型照片,同时还提供了许多学生作品供参考,通俗易懂,由浅入深,且实用性强;除此之外,我们还特别弥补了以往教材范画中风景色彩归纳图例的不足之处,不仅充实了风景色彩归纳教学内容,还编入了大量的风景图例,使教材更具实用性。

《色彩归纳写生》

作者:孙为平

出版社:北京工艺美术出版社

出版时间:2004 年 1 月 1 日

本课的色彩归纳写生不亚于有些相关院校或相关专业设计基础阶段所开设的同一名称的课程。我们力图避免课程内容的专一性和表现形式的模式化。以同一自然物象为参照物,本课设定写实怀归纳、理面性归纳和意象性归纳三个课题,循序渐进,逐一展开。在对色彩的客观性概括中,从尊重其体积感和空间关系入手,到淡化体积感和空间关系由此做出平面化的艺术表现,进而转入画面主观的自由表现,及其形式风格的独特追求。这种客观性概括带来造型观念的转变、创新意念的不断萌生、创造性思维的运用,以及更高层面对美学取向的追求,这些对于专业学习和今后的设计来说是至关重要的。

增设色彩归纳写生内容的水粉课是根据现代设计基础的需要,对传统教育理念和教育内容的更新,也是在诸多课程改革中的一项大胆尝度和重要举措。

本章小结

色彩与素描相比明显自由得多，因为色彩不必像素描一样严谨，即使没有形体空间，色彩也能引人入胜，让人流连忘返。

本章结合学前专业学生的专业特点和就业需求，简单概括了色彩的基本常识和规律，其中调色能力、画面色调控制能力是我们学习的目标。

同时通过色彩心理的学习，使学生在未来的工作岗位上能灵活运用色彩营造不同的气氛、布置相应的教学环境。

思考与练习

思考：色彩归纳练习与素描的黑白灰色调练习有何内在的练习与区别；色彩归纳塑造对象的形体空间的规律与素描相比最大的不同在哪方面。

练习：先用水粉材料进行黑白色调归纳的静物写生练习，再进行色彩归纳练习。

第四章　线描画

目标与导读

- 了解：线描的发展历史；观赏利用这种艺术表现形式的艺术大师们的作品，学习如何欣赏它独特的艺术魅力。
- 理解：线描是如何利用线条进行艺术表达的。
- 掌握：通过写生及创作练习，熟悉并掌握线条的表现规律，了解不同线条的特点。
- 应用：学会用线条表现绘画对象，能够将线描与后期学习相结合。

学前教育专业美术基础课的线描，是美术学习初级阶段的基础部分，注重培养学生对于线条的感觉，以及对所画对象的平面化的表现。本章由线描发展历史开始，介绍了线描表现形式、基本工具材料、线描写生与创作等内容，每节设置有针对性的练习，并在文中穿插大量中外优秀线描作品进行辅助说明。在进行线条绘画训练的过程中，帮助学生掌握最基本的相关美术知识，提高审美能力与实际运用能力，为后期学习打下坚实基础。

第一节 概　　述

线描，又称白描，即用单纯的线条来描绘事物。在线描中，由线条制造出各种变化，如长与短、粗与细、曲与直、疏与密、轻与重、刚与柔等等。用线描方式来描绘事物不仅可以勾画出静态的轮廓、表现动态的韵律，还可以用线与空白谱写出一支和谐流动的线的协奏曲。线描是人类最古老最原始的绘画方式，自古以来一直都是艺术家们的绘画手段。在世界各地，少年儿童也在运用这种简单的绘画方式来表达自己的主观想象，不但从小养成他们的观察分析事物的良好习惯，也使他们在感知上得到一定的培养。儿童在线描画艺术里舒展自己的内心意欲和情感，陶冶美德情操，健全他们的完美人格。

儿童线描画有着独特的视觉效果，非常适合儿童的身心特征，是少儿美术教育中的重要组成部分。运用简单的线条创造出丰富多彩的画面，表达对美的感受，线描是最直接、最简单、最适合儿童的绘画方式。线描练习对于培养儿童的动手动脑能力、记忆能力、想象能力和创新能力，以及在实现以培养审美为主线的美术文化素质的目标中，都发挥着重要作用。

第二节 线描画的发展

中国绘画源远流长，具有悠久的历史。线描艺术是绘画的基本要素之一，它的起源可以追溯到远古时期。原始人类的岩彩画、彩陶纹样、古代的瓶画、壁画、帛画等等，都以线为主要的造型手段，战国时楚国的《人物御龙帛画》(图 4－1)、东晋顾恺之的《洛神赋》(图 4－2)、《女史箴图》都是很好的代表，其线条均匀细致，富于韵律感。到了唐代，随着政治、经济、文化的全面发展，我国的绘画艺术也得到了全面的发展，在这个时期，艺术家们吸收了一些外来民族中的绘画元素并将其运用到自己的画中，从而使这一时期的线描表现力更加丰富多样。如阎立本的《历代帝王图卷》(图 4－3)、张萱的《捣练图》(图 4－4)，通过运用浑厚圆滑的线条描绘了当时在活动中的不同人物的情态、仪容和性格。到了两宋时期，线描艺术仍然处于蓬勃发展的状态，北宋以李公麟为代表，线条流畅奔放，遒劲有力，代表作《五马图》(图 4－5)；

图 4－1

图 4－2

图 4－3

南宋时期画家梁楷在线条用笔上则以浑厚干练为主(图 4-6)。元、明、清这几个时期,线描艺术发展停滞,仍然保持因循守旧的技法。随着时代与社会的发展,到了 20 世纪 80 年代至 21 世纪初,中国的线描艺术呈现了复兴的趋势,艺术家们创作出大量的线描艺术作品,传承了中国画传统的白描艺术,并结合世界各国线描艺术之特长,创造出了新时代的线描艺术(图 4-7、图 4-8)。

图 4-4

图 4-5

图 4-6

图 4-7

图 4-8

第三节 线的观察和表现力

一、观察

线描绘画可以随时随地进行,可对物象进行简洁概括的速写,也可以细致入微地刻画;既是造型训练,亦可作为表达情感的表现方式。想要画好线描,首先要学会观察,从生活中、自然界中的线开始。

(一) 线状的物体

如人的头发、绳子、毛线、电线、蜘蛛网、树桩的年轮、水的旋窝、树藤、面条、五线谱、铁轨、弹簧等(图 4-9—图 4-11)。

(二) 依附于物体的线

在观察物体时我们会看到各种“线条”,比如轮廓线(门框、叶子、花瓣的边沿、城墙等)、物体结构变化处的边缘线(如布纹褶皱、脸上的皱纹、耳廓上的凹凸等)(图 4-12—图 4-15)。

图 4－9

图 4－10

图 4－11

图 4－12

图 4－13

图 4－14

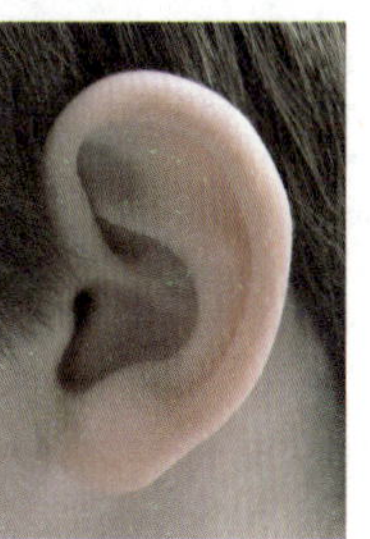
图 4－15

(三)“线”其实无处不在，需要通过观察总结来发现

线条在观察过程中要有目的地去找，研究对象的生长规律和组织结构规律，理解线条的走向、组合方式；找出构成物象体积的线条；多角度对所描绘的对象进行观察和了解，主观忽略光影视觉效果。将所观察的物体进行比较，求同存异，通过理解掌握线条出现的基本规律。

课堂练习

仔细观察右面足球图片后默写(图 4－16)。观察时需注意，我们可以看到多少个面，其中多少个是黑的，多少个是白的。画好后跟图片对比，有哪些地方是忽略了或画错的？

图 4－16

二、线的表现力

一根线条可以成为一幅画中的重要因素之一。它可以有它自己的一种生命，一种表现力，以及它自己的个性特征。

——保罗・克利

(一) 线条的种类和表现力

线的种类大体可分直线和曲线两类。直线有垂直线、水平线、斜线、折线等；曲线有弧线、波浪线、螺旋

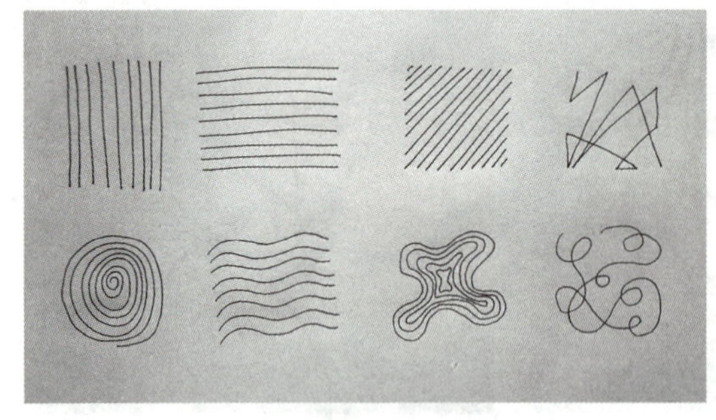

图 4－17

线等(图 4－17)。直线适合表现物体坚硬平滑的质感,曲线则显得柔软松散。水平线具有平和、安定、静止的感觉。斜线则富有变化、运动、紧张和不安的感觉。规则的曲线使人感到明朗、整洁、圆滑、有序。自由的曲线则显得活泼、柔美、生动、柔和。一副好的线描作品中可以看到作者运用了线的疏密、是非、曲直排列变化来表现对象。

(二) 绘画作品中的线条表现力

吴冠中作品《大江东去》(图 4－18)中所用的折线表现出山石的嶙峋曲折,画面底部的自由曲线则表现出江水缓缓流动,两种线条产生了不同质感。图 4－19《香港的街头》中画出了城市密集的高楼和广告牌,多用垂直和水平线,体现出这座城市繁忙而有序。

图 4－18

图 4－19

图 4－20

梵高的速写(图 4－20)采用分组的曲线表现收割的作物,杂乱里有秩序。田地里的残留秆部用短斜线表示,形成不同质感的对比。整幅作品所用线条密集而蕴含动感,生气勃勃。

为了进一步感受线条的表现力,可以选择一些笔触明确的油画,如梵高的作品《星空》(图 4－21),进行临摹练习。图 4－22 是在刮画纸上的线条练习,产生了意想不到的效果。

图 4－21

图 4－22 《星空》临摹

试一试

从下面名家作品中选取5张进行临摹(图4－23—图4－32)。

图4－23 图4－24 图4－25

图4－26 图4－27 图4－28 图4－29

图4－30 图4－31 图4－32

要求：

工具不限，篇幅A4纸。

通过练习体会线条的表现力。不需要太执着与原作的相似性，抓住线条特点

第四节　线描画的基本工具

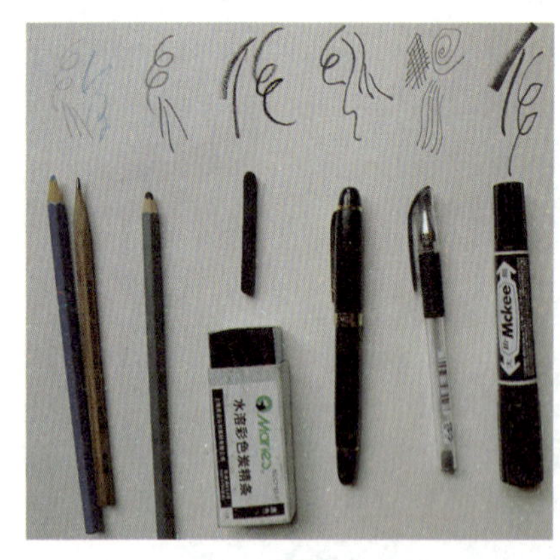
图 4－33

适合线描的工具有很多种，使用不同的工具材料会产生不同的画面艺术效果。常用的工具有铅笔、炭笔、炭精条、钢笔、签字笔、记号笔等(图 4－33)。

在儿童绘画初期，孩子们的小手对于笔的掌握还不熟练，除了需要注意绘画工具的安全性，还应选用易上色、可水洗的笔或颜料。通过不同工具的线描训练可以使幼儿熟悉绘画工具及材料的使用方法，同时也提高儿童的手指协调能力。因此在练习过程中，需要熟悉掌握上述工具材料的特性，既是为了后期的美术学习，也为学前教育工作打下基础。

第五节　线描画的基本技法

在我们生活的自然界当中，无论什么，只要是看得到的物象，都可以用线条加以描绘出来。如五彩艳丽的花海、奇思妙想的世界、繁星点点的夜空等等，这些都能通过各种线条排列组合以美好的画面呈现出来。不同的线条的组合对于画面有着不同的视觉效果：长与短、粗与细、曲与直、浓与淡、疏与密等等。从古人总结的人物服饰衣纹“十八描法”，可见线描艺术技法发展的多样性。

儿童线描画的教学需根据儿童的年龄特征，本着可操作的目的，是从简单到复杂的绘画过程，从临摹到想象的过程。对于每个年龄阶段的儿童来说，需要运用不同的技法来表现。幼儿绘画时，以临摹的形式引导，用单纯的线条勾勒出物象的外轮廓以及少许细节；年龄适中的儿童，开始引导他们学会观察事物，临摹与写生交叉进行，培养其观察力、记忆力和创造力；年龄稍大的儿童，注重发掘他们的创造潜能，在观察力、记忆力的基础上培养他们的想象力和创造力，让画面的事物可以在他们的笔下更加生动活泼、美观大方。

一、单线表现

线条在绘画当中是最简单，最容易描绘物象的表现形式。抓住物体的形象特征，用单纯的线条进行骨架和轮廓的归纳，再添加一些细节，就可以把物象描绘得惟妙惟肖。线条可以用铁线描描法。从头到尾都用一种均匀、饱满的线条；也可以用粗细有变化的线条，在转折的时候强调变化，使物象看起来有侧面的感觉，这样画面的主题看起来会更生动活泼(图 4－34、图 4－35)。

图 4－34

图 4－35

二、点线表现

线层在画面中的出现，不但增加画面的元素，还使画面更有层次感。线可分为长线、短线、虚线、直线、曲线等等。在画面中，单纯的线条可以快速地描绘出物象的特征，线层的表现就是将画面的物象添加更多的线条装饰元素，整齐有序地排列在一起，增加画面的层次感，让画面看起来更有意思(图4－36、图 4－37)。

图 4－36

图 4－37

三、点线面综合表现

在描绘物象的时候，我们不但可以用线，也可以用点线面结合的方式表现物象，线在画面中有方向性，点在画面中有运动、活泼的感觉，能使整个画面层次丰富，显得更有活力(图 4－38、图 4－39)。

图 4－38

图 4－39

第六节　线描画的基本步骤

一、发现线

在我们生活的空间里，有很多事物都是线的构造，可以说线条是无处不在。它变化多端，轻巧灵活，在视觉上，有速度感、延伸感、不稳定感等等。通过举例引导学生，让他们对生活中的事物进行观察，然后收集资料，最后举一反三，举例说明。这样有利于提高小朋友的观察能力和归纳能力。如人的头发、吃的面条、五线谱、树的年轮、蜘蛛网、电线杆、电线、爸爸的皮带等等(图4－40、图 4－41)。

图 4-40

图 4-41

二、表现线

线的三种表现方法步骤：

(一) 单线表现

(1) 苹果：第一步先用简单的线画一个苹果的外形，第二步画苹果的小把子，第三步给小苹果画上一片或两片小叶子和叶脉，让它看起来更生动(图 4-42)。

(2) 鱼：第一步画鱼的身子，用给一个三角形来表现，第二步画鱼的尾巴和眼睛，第三步画鱼鳞，用波浪线来描绘，一层一层的(图 4-43)。

(3) 狮子：第一步画狮子的头，第二步画鬃毛，第三步画眼睛、鼻子和嘴巴，第四步是身体，第五步是手和脚，第六步是尾巴，一只狮子就出现了(图 4-44)。

(4) 小车：第一步画车子的车型，第二步画轮胎，第三步画车头和车窗，第四步画车灯、雨刮、后视镜等。一辆豪华的小车就完成了(图 4-45)。

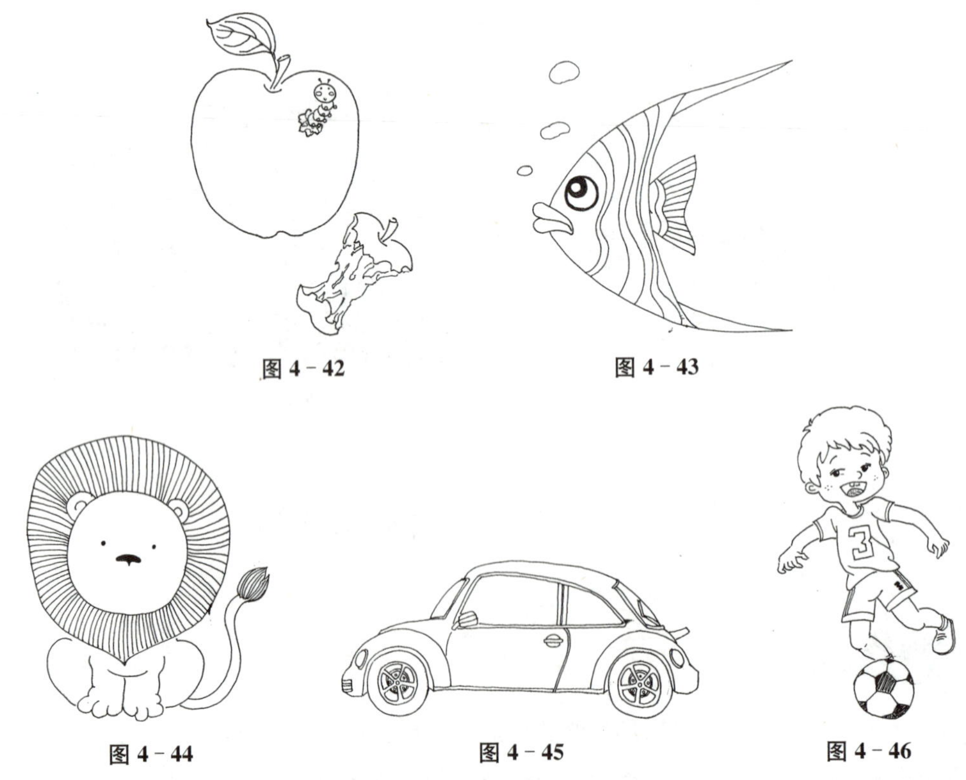

图 4-42　图 4-43

图 4-44　图 4-45　图 4-46

(5) 小男孩踢足球：第一步画小男孩的脸和耳朵，第二步画头发，第三步画眼睛、鼻子、嘴巴，第四步画上身，第五步画手和腿，第六步画足球服和足球鞋，第七步画足球，一个奔跑中的小男孩就完成了(图 4-46)。

(二) 点线表现

(1) 苦瓜:第一步画苦瓜的外形,第二步画苦瓜的纹路,第三步画苦瓜上面的疙瘩(图 4-47)。

(2) 树:第一步画树干,第二步画树叶外形,第三步画树叶和果,第四步画树干的纹理(图 4-48)。

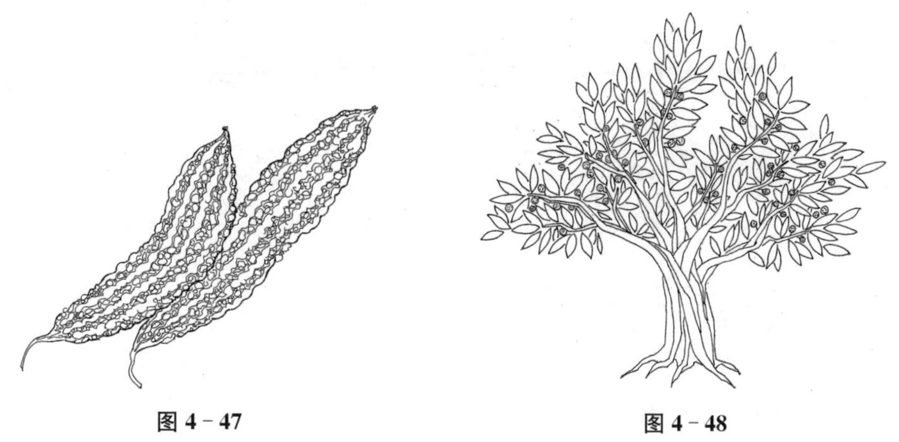

图 4-47　　图 4-48

(3) 鸭子:第一步画鸭子的头、身子,第二步画鸭子的脚,第三步画鸭子的嘴巴、眼睛,第四步画鸭子的羽毛(图 4-49)。

(4) 向日葵:第一步画花心,第二步画花瓣,第三步画枝干,第四步画叶子和叶脉,第五步画花心和花瓣的细节(图 4-50)。

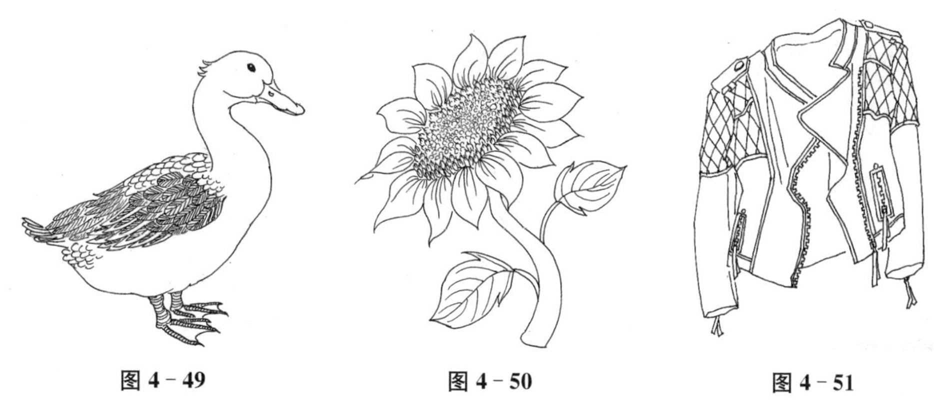

图 4-49　　图 4-50　　图 4-51

(5) 外套:第一步画外套的领子、肩膀和主体,第二步画外套的袖子,第三步画外套的细节,口袋和拉链(图 4-51)。

(三) 点线面综合表现

(1) 菠萝:第一步画菠萝的外形,第二部画菠萝的凸起,第三部画菠萝顶部的叶子(图 4-52)。

(2) 长颈鹿:第一步画长颈鹿的身体,第二步画头部和腿,第三步画斑点,第四步画鬃毛、眼睛(图 4-53)。

(3) 切开的辣椒:第一步画辣椒的形状,第二部画出辣椒的厚度,第三部画辣椒籽,第四步画辣椒的小把子(图 4-54)。

(4) 蝴蝶:第一步画蝴蝶的头、身体,第二步画翅膀、触角,第三步画身子上的花纹(图 4-55)。

(5) 跳舞的小姑娘:第一步画脸、耳朵,第二步画头发,第三步画眼睛、鼻子、嘴巴,第四步画上身、手、手绢,第五步画裙子、腿、鞋子,第六步画裙子的细节、发饰等细节,一个可爱的姑娘跳着美丽的舞蹈(图 4-56)。

图 4－52　　图 4－53

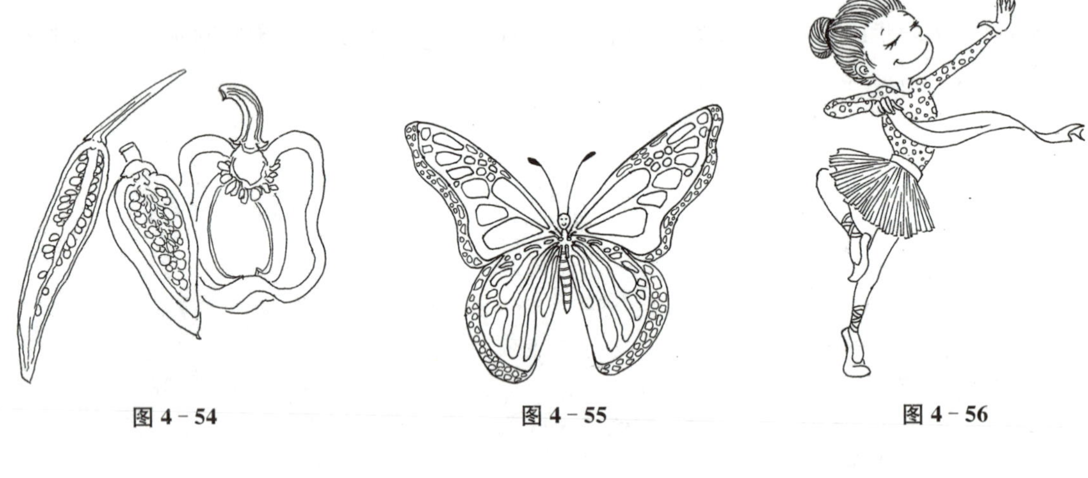

图 4－54　　图 4－55　　图 4－56

试一试

参照上述绘画步骤进行线描临摹练习。

要求：工具不限，篇幅 A4 纸。

通过练习掌握线描的基本技法和绘画步骤。

第七节　线描写生与创作

写生，是我们学习线描过程中至关重要的一步，可以体现出绘画者的观察能力，同时锻炼对线条的掌控能力。尤其是在学前教育美术学习初期，不要求写实性，要敢于用线条对所画对象进行表现。

一、线描写生

线描写生，应该是我们在观察过后，以线条的形式来表现我们对所画对象的理解，可以是具象的，也可以是抽象的，重点是在表现对象的特征过程中学会线条的应用，为未来的美术学习打下基础。

(一) 植物写生

1. 观察

(1) 外形特征的观察。常见的植物有花草、树木、瓜果、蔬菜、菌类等。植物的外轮廓形状，如高大的杨树，树干长，树冠小，呈锥形；而荔枝树树干短而曲折，树冠呈伞状。

(2) 研究植物结构、生长规律。例如树木，一般都由根、茎、叶组成，要观察它的树枝是如何从树干上长出来的；叶子是对生的还是互生的；花朵长的位置和是否繁密；果实是如何长在枝干上等。

图 4－57

(3) 细节特征观察。植物的枝干表面是粗糙还是光滑；叶子边缘有锯齿还是平滑，叶脉是否清晰；花是单瓣或是复瓣等。

2. 写生步骤(图 4－57)

(1) 起形，用铅笔画出植物的大致的轮廓。轻轻在纸上画出痕迹，可以把主要结构也简要表示出来(这一步可以省略)(图 4－58)。

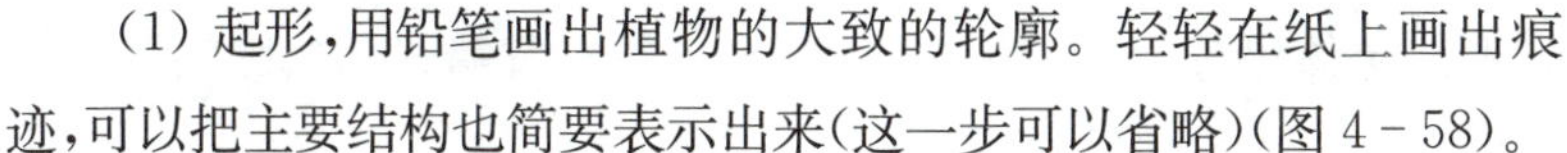

(2) 刻画。为了锻炼对线条的掌控，建议使用不可更改的签字笔或水彩笔。选择你对植物最感兴趣的部位入手，直接在纸上画出肯定的线条。我们已经对所画对象进行了详细的观察，因此不用每画一笔都抬头去看(图 4－59)。

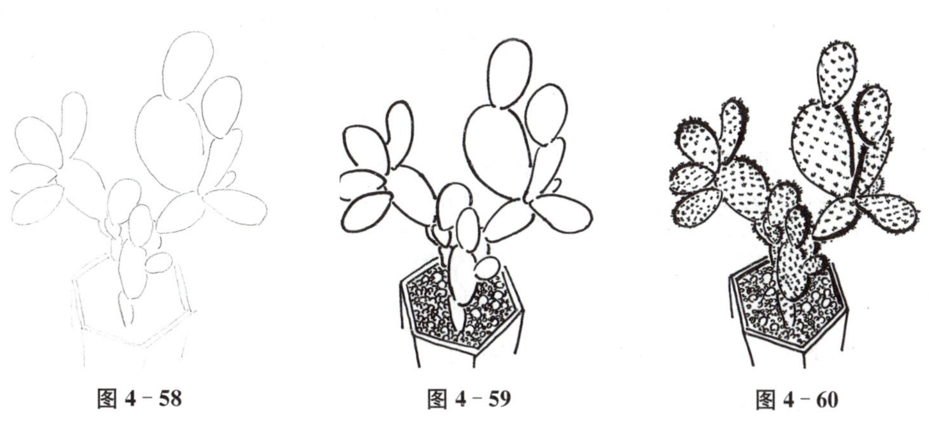

图 4－58　　图 4－59　　图 4－60

(3) 不要求将植物的每个细节都表现出来，也不用完全按照所看到的来画，抓住在观察时留下的感觉印象来进行处理。比如说，繁复的叶子、花朵，可以将形状简化处理，画成圆形、三角形。

(4) 线条的组织。根据厚度、质感要有意识地选择线条进行描绘。如，薄的叶子边缘或枝条用单线，粗的枝干用双线。硬的部位如树干、树根用明确有力的线，长叶片、花瓣等软的部位用多变的弧线(图 4－60)。

(5) 检查和整理。一旦开始写生就要尽量画完，不要半途而废。画完后要检查自己的作品，需要补充的要填上，画的不满意的地方在下次写生时尽量避免。

试一试

写生：切开的卷心菜(图 4 - 61)

要求：

工具使用签字笔或水彩笔，A4 纸。

仔细观察切开的卷心菜的特征，叶片如何从根茎部长出，如何互相包裹的。

可以不完全按照所看到的每片叶片来画，但线条要抓住叶片扭曲褶皱的特点。

图 4 - 61

(二) 动物写生

1. 观察

大自然中的动物千差万别，即使是同一种类，也有可能外形相差甚远。因此，需要仔细观察后表现出其特点。

(1) 动物外形特征的观察。常见的动物有畜兽、禽鸟、鱼虫等。畜、兽的主要结构有头、颈、躯干、四肢和尾巴。禽、鸟的头部和躯干都呈卵形。鱼体可分为头、身、尾三部分，一般有背鳍、胸鳍、腹鳍等。昆虫的形体结构一般分为头、胸、腹三部分。

写生要选常见动物，如猫、狗、鸡、鸭、金鱼、蚂蚱等，因为比较熟悉，更容易抓住动态特征着手表现。

(2) 研究动物结构、动态。与植物不同，动物写生还需要对动态的观察。

畜、兽躯干包括肩、腹、臀三个部分，四肢和躯干均可产生动态变化。禽、鸟翅膀在背部的前方，腿足生于腹部的下方，尾巴生于躯干最后部，其动态主要由颈部和翅膀体现。鱼体主要由鳍和尾巴产生动态。

(3) 细节特征观察。畜、兽的毛有长有短，四肢、脚爪由于功能不同，外形也不同(如狗爪和牛蹄)。禽、鸟的区别除了体形，主要在于喙、翅膀和尾巴。昆虫头顶有触角，有的有两对翅膀，左右对称。

2. 刻画

(1) 用什么样的线条要在画前先想好，根据不同动物的形态和身体特征进行选择，如小猫外轮廓用虚而轻的曲线更能表现其毛茸茸的特点。如巴西龟有圆形的壳，应用较硬而肯定的线条，背部有不规则的花纹，花纹应用较轻的曲线表现(图 4 - 62)。

(2) 在仔细观察外观和动态后，从一个身体部位着手，可以是头，也可以是躯干，可以先细节再整体，也可以先整体再局部(图 4 - 63—图 4 - 64)。

图 4 - 62

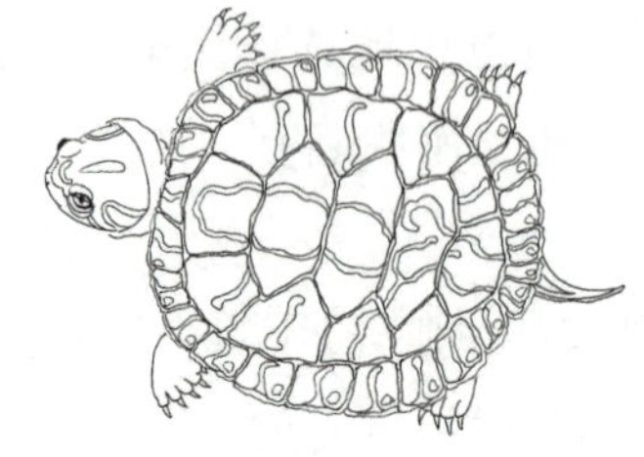

图 4 - 63

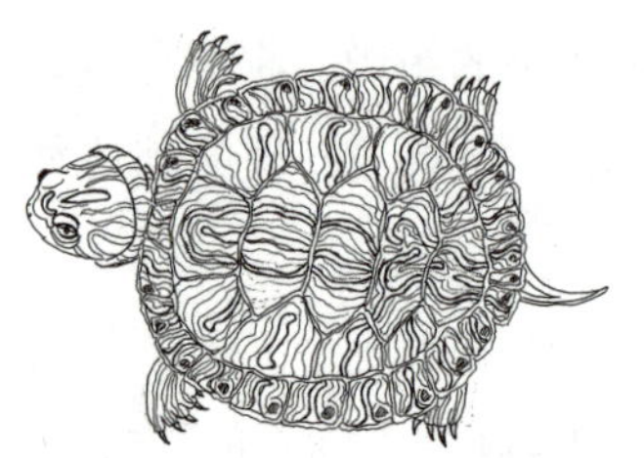

图 4 - 64

（3）不要求写实，但要表现出所画动物的特点，可以用略夸张的办法把动物画得更可爱。如把头部画大，耳朵画长等。

试一试

写生：坐着的花猫（图 4－65）

要求：

工具使用碳笔或油画棒，A4 纸。

仔细观察小猫的动态，躯干和四肢及尾巴所呈的角度。

斑纹不用涂黑，可以线条形式随意添加。

图 4－65

（三）人物写生

1．观察

（1）外貌、形体特征的观察。对人物的观察要从年龄、性别、身材着手。如幼儿头大身短，额头高，五官相对集中，没有腰身，手脚也非常小。成年男子肩部宽、臀部窄，躯干呈倒三角形。成年女子躯干呈“8”字，腰部较细。身材肥胖的人特征是小腹隆起，有双下巴。老年人脸上的皱纹，多出现在眼周、额头、鼻翼、脖子等。

（2）不同年龄的人有不同的动态特征。儿童天性好动，可选择一个较为稳定的动态进行观察。成年人以姿态挺拔为美，而老年人，由于衰老会产生弯腰、驼背等特点。

（3）服饰特征的观察。不同性别、年龄层次的人衣着打扮风格各不相同，这也是绘画表现中需要仔细观察的。如果所画的是少数民族，则要仔细研究该民族服饰的特点，如苗族服饰特点在于银饰。衣纹多产生于关节部位，在人体突出部位相反的方向密集，束扎部分的衣纹多而短促。

2．刻画

（1）构图要求不高，以全身像或半身带手为主（图 4－66）。

（2）逐步深入，由整体着眼，由局部入手，大胆下笔，用线要肯定。注意人物的身体比例特征（图 4－67）。

（3）在人物线描写生中要进行细致的面部、手部的刻画，脸部区分人物性别年龄的重要特征，而手则是表现人物动态的重要部位。画老人时注重皱纹的表现，以体现年龄，画年轻人和儿童时则尽量避免在脸上出现纹路（图 4－68）。

图 4－66

图 4－67

图 4－68

(4) 协调整理。通过线条疏密产生对比丰富的画面。尤其是少数民族服饰，可画出花边花纹或饰品使上衣和下装产生对比。绘制衣纹时尽量避免平行或交叉线。

试一试

1. 老人头像写生

要求：

工具使用签字笔或水彩笔，A4 纸。

抓住人物相貌、年龄、性别特征，不强调写实性。

2. 人物半身带手写生

要求：

工具使用签字笔或水彩笔，A4 纸。

注意人体比例特征、头发、衣物等细节表现。

[小结]

总之，写生并不意味着看到什么就画什么，需要对所画对象在画面中呈现的内容进行主观取舍。还有，固然“线条”是线描作品的主要组成部分，但实际绘画过程中也需运用“点”、“面”处理方法，以增强画面的表现力。“线”变得足够短时就成了“点”，“点”变得足够粗时就成为“面”。

阅读与拓展

学生作品分析：

以下两幅作品(图 4－69、图 4－70)为头像写生，作者不同。通过对比可以看出所画是同一个模特，衣领、发型和部分皱纹表现均有相似。区别在于左边作品对于老人的刻画更为细致：头发按照走向进行了分组，表现得更为合理；五官的位置、比例安排得当；眼睛周围、嘴部的皱纹做了深入刻画，下颌的结构表现准确。

图 4－69

图 4－70

图 4－71、图 4－72 两幅作品各有精彩之处，左边作品人物面部刻画较简单，更注重民族服饰的表现，用带有装饰性的花纹丰富画面。整体线条柔软圆滑、清晰肯定。右边作品面部和手部的刻画更为生动、深入，面部轮廓也准确地表现了老年人面部松弛的感觉。帽子和背心用细密的线条表

现，外套基本空白，前景、背景用不规则的线条做装饰，在整幅作品中制造出疏密对比的效果。所用线条有轻重、曲直、长短之分，产生了丰富多变的画面效果。

图 4-71　　图 4-72　　图 4-73

作品图 4-73 抓住了人物的动态特征，基本符合所画对象的身体比例。五官位置安排得当，刻画得比较准确，头发进行了分组表现，层次感略微欠缺。主要衣服纹理表现得当，有前后穿插关系，注意疏密安排。尤其是领口部分、上衣上的字母、裤脚处，抓住了细节进行表现。

学生人物线描作品欣赏：

图 4-74　　图 4-75　　图 4-76

图 4-77　　图 4-78　　图 4-79

图 4－80

图 4－81

二、线描创作步骤

在培养儿童想象力、创造力过程中，艺术创作能够起到巨大的作用。儿童线描画练习中，可将写生与创作交替进行，将孩子们的奇思妙想以线描画这种简单直观的形式呈现出来。作为学前美术教育者，我们可按下列步骤进行线描创作。

（一）构思

在命题的形式下先考虑画面需要呈现的内容，在脑海中安排好这些内容的位置。

（二）构图

根据构思的内容进行构图，用铅笔轻轻起草，勾画轮廓。

（三）勾勒填充

轮廓画好后，用肯定的线条进行勾勒，刻画细节，填充图案，也可以进行黑白处理。填充线条时要根据物体的质感、肌理和色彩，应用线条的疏密、方向、粗细的变化来表现，增添形与形之间的层次感，使画面疏密有致，避免简朴化。在线描中可以利用线条的对比效果来体现美感，如粗细、长短、曲直、疏密、轻重、刚柔等。

（四）整理

检查形象特征是否准确，布局是否合理，形象的关系、虚实表现是否需要调整，如有问题，进行必要的修改。

经过写生的积累，我们已经熟悉了线条的表现技法，创作就是将这些技巧应用在图画的创作中。一张线描创作应该讲究构图，制造出画面的美感。

线描创作案例

图 4－82 作品表现了繁忙集市的场景中的两个少数民族妇女。人物动态表现生动，通过前后人物比例表达了一定的透视关系。画面装饰感强，线条圆滑肯定，疏密安排得当。对少数民族服饰的描绘运

用了点、线、面的组合,起到了丰富画面的作用。

图 4－83 为一副优秀的线描人物创作。人物动态表现准确,比例基本合理,面部与头发的处理非常出色。衣纹安排得当,注重长短、疏密对比、穿插关系,皮带和裙子上的花纹描绘细致。背景的沙发做平面化处理,细密的花纹使身着白衣的女子形象非常突出。

图 4－82

图 4－83

图 4－84 也是一副优秀的线描人物创作。画面构图安排布置合理,通过虚化的背景和精细描绘的前景制造出了纵深感。画面主体为人物组合,难度较高。人物动态表现准确生动,比例得当,面部刻画细致深入,抓住了庄稼汉饱经风霜的特点,表情安然淳朴。服饰特点鲜明,运用多种线条表现不同材质。

图 4－85,4－86 为优秀线描创作范例。

图 4－84

图 4－85

图 4－86

本章小结

线描是表现力极强的造型手段,是一种独特的艺术语言,不但可以表现极强的形式美感,而且还能反映出丰富的情感。同学们只要用心观察这个世界,加强练习,用心体会,就能掌握这种简捷而有效的艺术表现方法——线描,并从中得到快乐和满足。

反思

本章中欣赏过的很多大师作品都富含童趣，为什么在进行过专业的艺术训练后他们要回归到儿时的表达方式？这使我们在未来的幼儿美术教育中得到什么样的启发？

第五章　装饰画

目标与导读

- 了解：什么是装饰画，它在学前美术教育中的地位和作用。
- 理解：学习装饰画的特点、作用，以及学习装饰画在学前教育活动中的重要性。
- 掌握：装饰画的各种表现手法、规律。
- 应用：学会独立创作装饰画，能够结合学前儿童的心理特点开展活动。

装饰画是一种并不强调很高的艺术性，但非常讲究与环境的协调和美化效果的特殊艺术类型作品，我国大部分幼儿园的室内外装饰是由本园教师来完成的，制作玩教具更是幼儿教师的必修课，因此，作为未来的幼儿教师，高师学前教育专业的学生应该有很扎实的儿童装饰画绘画基础。

学前教育专业装饰画与传统意义上的装饰画有一定区别，学前教育专业装饰画更注重学生的主观想象和感受。学生可以根据自己的意愿和需要突破客观事物的限制，任意组合画面，主观表达重于客观描绘，联想和夸张多于分析与观察。装饰画的装饰性极强，在充分表达了本专业所具有的童趣、灵性和丰富的想象力等特点之外，还体现了画面的巧妙配置及线条变化所形成的粗细曲直的节奏与韵律之美。

第一节　装饰画艺术的演变

一、概述

装饰画是学前教育专业课程设置重要的组成部分，装饰画以精美的造型、合理的手法、独特的创意、绚丽的色彩适用于幼儿园教学活动中的各个方面。其中，装饰可以理解为美化，更深层次地讲，它不仅是美化，而且还是人类呈现自身精神需求而进行的审美创造活动。而其中的图案则是作为装饰这一审美创造活动的结果，是在历史发展过程中凝聚着时代文化精神和审美智慧的艺术追求的形式。因为它是一种进步，一种创新，更是一种新的整合活动。

（一）装饰的艺术特征

装饰具有实用性、审美性、寓意性三种特征。

1. 实用性

装饰是主观对客观事物的反映或提炼，它不是对自然的简单描摹或者完全再现，而是创作者按照实用规律和美的规律实施的一种创造。具有实用性，创作者抛开自然物的透视、光感和结构限制，通过自己对物象的独特感受，运用夸张、象征、变化、寓意等抽象艺术语言，使之产生具有形式美、结构美、装饰美的图像或图形。

2. 审美性

装饰美的构成主要由实用美和艺术美构成，其中艺术美的实现主要就是通过形式美法则，运用色彩、造型、构成等手法达到一种情感交融、赏心悦目的目的。可以说装饰的美是在应用过程和认识过程中表现出的审美性。

3. 寓意性

寓意和象征是艺术表现的一个重要手段，装饰也毫无例外，它既是现实的，又是理想的，甚至是浪漫的。这些可以追溯到远古史前艺术，人类面对自然浩瀚的神秘产生了恐惧感，为了得到生存、祈求生活的美好而创造出某种象征图案，从而实现某种沟通或精神安全，其实都是现实给人们带来的一种矛盾心理、向往理想化的生活状态，装饰的寓意主要也是体现在人们对美好生活的向往和追求。常常以动植物，甚至是以创造的意象化的装饰图案形态产生，并赋予吉祥祝福的意义和象征。如民俗“百事大吉”、“连年有余”、“福寿双全”、“凤凰游龙”、“麒麟”、“宝相花”等传统图案（图 5－1—图 5－3）。所以在形式的背后，寓意性、象征性就是设计的灵魂，这也是装饰区别于其他艺术形式的重要特征。

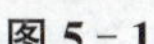

图 5－1

图 5－2

图 5－3

(二) 装饰艺术的演变

古今中外的装饰，大多都是由传统图案、图腾文化发展而来，它首先是文化象征的符号，是文化物化形态的代表。它传达着一定的文化信息和社会属性，具有鲜明的民族思维表达方式，但作为传统文化发展到一定阶段从而进入相对稳定成熟的领域时，便成为不同的文化层次、风格、类型的参照标准。

中华民族有着悠久的历史文化和辉煌的艺术成就，经过几千年的发展，先人为我们留下了不同时期的不同的思想、不同的习俗和审美趣味以及具有代表性的图案遗产，虽然它的风格各异，变化多样，但都充分展示了创造者的聪明才智和创作水平，这为现代创作提供了更多的创新思维和灵感源泉，并对民族传统文化的延续具有深远的意义。

早在五六千年前的新石器时代，我国的祖先就在原始极其简陋的条件下，创造了灿烂的彩陶文化，这是祖先贡献给世界历史文化宝库的瑰宝。陶器上的图案不仅是对生活现实态度的体现，而且也是对生活的赞美、追求和幻想。这一时期的装饰图案表现出一种自然、天真、稚拙及和谐的艺术气息，不存在任何的观念和理智的东西(图 5－4)。

青铜器在我国主要是指商、周鼎盛时期的青铜器物。它的造型雄伟，线条刚健，装饰神秘，显现出东方艺术之美。在当时的奴隶主统治时期，它不仅代表着统治者的权威和等级，而且还体现了某种神秘力量(图 5－5)。

图 5－4

图 5－5

图 5－6

春秋战国时期在中国古代社会变革时期，政治上，各路群雄争霸，分争天下；经济上，生产力继续发展，促进了手工业生活化和多样化的发展；审美上，逐步从神秘压抑的思想中解脱出来，表现出理性的、清新活泼的、具有时代特色的艺术特点(图 5－6)。

秦汉时期，国家统一，经济强盛，文化变异，以天人感应说的封建神学体系出现，帝王将相注重歌功颂德，追求吉祥瑞图。而图案逐步建立了一个象征体系，它涉及大地山川，飞鸟禽兽各个方面(图 5－7)。

在历史上，魏晋南北朝时期虽然是战争此起彼伏，政权不断更迭，但又是一个重大变化发展的时期。由于战乱所造成的人民生活贫困，很多都是反映在人们的精神领域上，其中就包括随着佛教的大规模盛行和发展，各类石窟造像、陵墓雕刻、寺庙建筑都得到了空前的发展。在此时期内，还受到其他外来文化的影响，反映在装饰图案上，就形成了以不同事物为主题的，风格独特的装饰时代(图 5－8)。

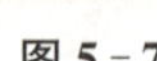

图 5-7

图 5-8

隋唐时期是中国历史发展的高度繁荣时期并且是封建社会发展的最高峰。国富民强，人民安居乐业，对外交流频繁，文化艺术璀璨夺目，佛教文化继续发展，即所谓“盛唐之音”由此产生。这一时期的图形，总体风格呈现出绚丽、舒展、华丽富贵的特征，无处不散发着大气恢宏的唐风（图 5-9）。

图 5-9

图 5-10

宋代崇尚儒学的“三纲五常”和理学的“存天理，灭人欲”的思想。图案装饰讲究单纯朴素、趣味高雅，强调深沉的理性美，形成了宋代陶瓷艺术最为辉煌的风格特征，以“五大窑”为最，其作品工艺精湛，造型优美（图5-10）。

明清时期是我国封建社会走向没落的时期，资本主义萌芽产生，商品交换频繁，工艺美术达到了一个新的发展时期。其中，瓷器进一步发展，工艺美术融入了西方的求真务实、敦厚庄重之美，器物造型上粗犷浑厚、色彩浓重、气魄宏伟（图 5-11）。

图 5-11

课堂小结

综上所述，装饰艺术的起源，实际上也是人类造型艺术的起源。人类最初的装饰艺术的产生，是人类在史前时期，面对浩瀚的大自然的生活经历便自然产生一种非自觉的艺术行为，而这种艺术行为，首先是具有实用意义的。

课后练习

请同学们上网查找收集古代原始的装饰绘画起源作品。

第二节　装饰画的构成要素

装饰画作为视觉艺术的一种，是以图形图象为主的，图形构成有着自身的特殊规律，但是图象是根据某种内容需要，通过一定的构成要素进行设计，逐步达到装饰画的目的。其构成要素包括图像的造型、色彩和肌理。一般情况下，图像的形式美感主要体现在造型上，而造型主要是由点、线、面基本设计要素构成的。在图案中让点、线、面这些原本抽象的元素发挥作用，就要通过设计师的创造力，从而与生活发生联系，得到升华。

常用的黑白装饰画造型技法有点、线、面几种，或以点绘为主，或以线条为主，或以黑白色造型为主，或各种技法并用。

一、在装饰画中，点是最基本的艺术语言之一，被广泛应用

点是所有形态之源，在所有造型元素中点是最简约、最活跃的元素，不同的点有不同的造型效果。当点具有了可视形象时，点便生动活跃起来，它具备了重要的特征，它自身的特征与所组成的整体形成了对比，使画面拥有了活力。

点在构成中具有一定的装饰性和秩序感。这种方法更具抽象意味，按照形式美的原则，构成如重复、渐变、对比等形式，使画面生动、自由，具有强烈的装饰效果(图 5－12—图 5－13)。

图 5－12

图 5－13

二、线是装饰画中不可缺少的造型语言要素

线的几何学定义是只有位置、长度、而不具宽度和厚度。它是点进行移动的轨迹。而造型设计中的线，具有位置、长度和一定的宽度，并是一切面的边缘和面与面的交界。

线最基本的功能是限定图形的轮廓，不同粗细、长短、质感的线，能表现出风格各异的画面。线通过

图 5－14

虚实、强弱、粗细、长短、曲直、顿挫、光涩等变化，能引起人们的各种联想。例如，直线简单明了，有阳刚直率之感。其中垂直线有向上、崇高之感；水平线有被动、平静之感；斜线有运动、不安之感；曲线圆滑流畅，有舒展活泼之感。一个画面中，或以直线为主，或以曲线为主，或以斜线为主，都能表达出具有个性化的主题（图 5－14）。

在装饰画创作中，先将图形的明暗关系概括为黑、白或黑、白、灰 3 个层次，再利用线（水平线、垂直线、曲线、斜线）的粗细或疏密变化来表现黑白画的明暗关系。其特征是抽象并具有构成感。

三、面和点、线一样是黑白装饰画中不可缺少的装饰语言

面具有高度概括，化繁为简，通常指画面的整体效果。面可以由点或线构成，可以用黑线或白线圈出其形状、范围，也可以用整块的黑色或白色进行表现，面形包括几何形、有机形、不规则形和偶然形等，它们具有明确、醒目、简练、大方、强烈的特点。黑白块面有规律的排列，构成的节奏与韵律是易于捕捉的样式。

以面构成的黑白装饰画，整体感强，黑白关系鲜明，视觉效果强烈。可以剪影的形式表现，表现时在注意外形形状的同时，可在大块黑中增加小的黑白变化和对比，这样画面会显得丰富柔和。另外，可以利用光影归纳黑白关系，以突出图形的立体感和起伏感，使画面生动，富有活力。

面的大小、虚实、空间、位置等不同状态，都会影响画面的空间和人的视觉心理。面的形态也是多种多样的，几何形代表明快、单纯、规整、秩序。有机形代表生机、膨胀、优美、弹性。不规则形代表着自由、偶然，具有不一定的情态、情趣。另外还有徒手形、意外形等。正负形中图在前、底子在后为正，反之为负。面的表现形态是通过形与形的组合进行创造的（图 5－15）。

图 5－15

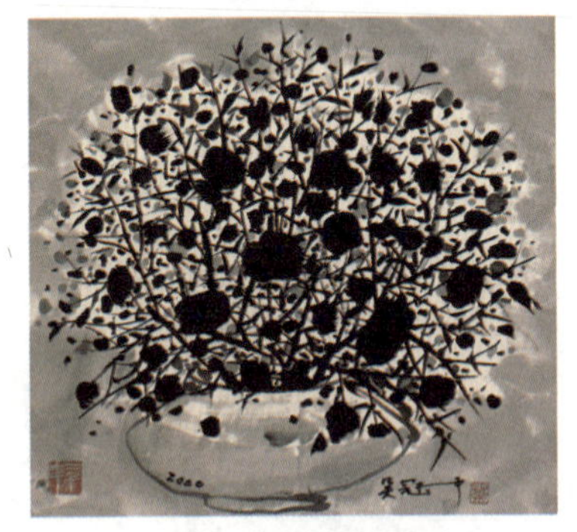

图 5－16

同一件作品中，点线面的运用要仔细推敲，它们之间的组合关系要做到尽善尽美，切忌平均使用，分量相等，没有主次。虽然它们是相辅相承，但是为了有意识地突出个性化的艺术语言，可以强调其中某一要素的分量，或以点为主，或以面为主，或以线为主等（图 5－16）。

四、黑、白、灰的丰富层次

点、线、面的综合运用或者任何两种元素的交替运用，以及在形式上的灵活处理，都使得画面产生了

丰富的黑白灰层次感。黑、白、灰是指在用装饰表现出色彩明度中黑、白、灰的比例分配关系。根据画面中黑、白两色使用面积大小比例的不同，可分为三种形式：黑色为主的黑强白弱的黑调对比，以白色为主的白强黑弱的白调对比，黑白两色各半所形成的黑白对比（图 5－17、图 5－18）。

图 5－17

图 5－18

课后练习

以树为主的命题一般要注意树与其他景物之间的主次关系，以及各种树木的表现特征。根据树木的生长形态，可以归纳、概括成点、线、面及几何纹样的装饰手法。

第三节　装饰画的形式美法则

装饰画作为造型艺术的一种，本身就具有美的形式美法则和美的造型规律。装饰绘画注重形式美法则，强调形式的表现，因为这个法则是艺术共通的美的规律，这种共通是人类通过长期生活实践总结积累出来的。当然装饰画也有其自身的要求和变化，在造型手法上讲究简练、概括、夸张、变形、解构、重构等方法，总体来说，无论怎样进行造型变化，都要遵循装饰画形式美法则，才能创作出新的形象，给人以精神上的愉悦。

一、变化与统一

变化与统一是装饰画中构成形式美的两个基本条件。变化就是在构成中突出强调自己的特点和个性。统一就是局部服从整体。画面中变化与统一相互制约。纷杂的变化会给视觉带来刺激，但如果缺少对整体的掌握，就难免会显得零乱松散、力度不足；而过分单纯地只求统一，又不可避免会出现呆板单调、缺少生气。变化与统一的关系既相互对立又相互依存。在对画面进行设计时，要力求在细节的变化中求得整体的统一，在单纯的统一中蕴含丰富的变化。形体的大小、质感、方向、色调可以是变化的因素，同样，形象特征的统一、色彩的统一、方向的统一、明暗的统一等也可以帮助我们对整体画面进行把握（图 5－19）。

图 5－19

二、对称与均衡

对称在形态上是一种等量等形的组合形式，这是一种最容易统一的基本形式。对称可分为点对称和轴对称。在点对称中，有发射对称（海星）、旋转对称（人风车）和扩大对称（同心圆）等。在轴对称中有左右对称、镜像对称等。对称往往是以一个轴心、一条轴线为中心而展开的形象，体现的是稳重、端庄的美感（图 5－20）。

图 5－20

图 5－21

均衡是一种等量不等形的组合形式。均衡是根据力的重心，将各种分量进行配置和调整，从而使整体达到平衡的状态。它在表现形式上比对称有更大的自由度（图 5－21）。

三、对比与调和

对比在装饰画中无处不在，是指利用相反的、对立的构成要素突出其各自的特性。利用形状大小的对比、方向的对比、动静的对比、冷暖的对比等方法都可以表现出对比的关系。如造型的宽窄、大小、虚实、聚散，色调的冷暖、明暗，形状的曲直、粗细、薄厚等。

调和是指画面中的各个组成部分能够达到和谐一致的关系。调和的作用就是刻画主要造型、淡化次要造型，从而使主题更加突出。达到调和的基本条件是在作品中必须有共同的因素存在，这些共同因素主要指的是形、色、质等因素。

对比与调和也是相辅相承的关系，增加对比可以使图案更加富有活力，趋向调和是为了使整体更加适度(图 5-22—图 5-23)。

图 5-22

图 5-23

四、节奏与韵律

节奏指画面中同一元素连续或重复出现所产生的运动感。节奏是一个音乐术语。韵律指有规律的节奏经过扩展和变化所产生的流动美。韵律是一个诗词术语。形象的长、短、浓、淡产生了如音乐一样的节奏美以及如诗词般的抑、扬、顿、挫的韵律美。另外,"渐变"这种构成形式和方法中最容易突出节奏和韵律的形式美。在造型中,节奏过于重复易显得单调,因此有韵律的形态才是具有魅力的画面(图 5-24、图 5-25)。

图 5-24

图 5-25

课后练习

运用所学过的装饰形式进行练习(方法自选),并灵活应用点线面、黑白灰。

第四节 装饰画的变化方法

变化是在对形象真实写生之后进行加工改造而使之具有装饰美感的一种创造性的手段。通过简化、添加、夸张、变形等一系列装饰手法,可使对象脱离自然又保存其基本特征,成为更加完美的艺术形象，从而使画面具有感染力和表现力。装饰画中的变化方法多种多样，可简单地概括为以下几种：

一、化繁就简法

化繁就简法是装饰画形象变化中最为基础的方法，它是将繁杂的客观形象作归纳的艺术处理，把呆板的变生动，把纷乱多余的省略，将其变为一种有规律可循的秩序和节奏。主要方法有影绘、光影省略、线省略（图 5－25）。所示的装饰画就是运用化繁就简法的方法画出了人物形象的大概轮廓。

二、化简单为丰富法

化简单为丰富法也叫“添加法”，指在经过简化或夸张等变形以后，在纹样上附加一些装饰、寓意。中国传统图案纹样中较多使用此法，称作“花中套花”。如在经过处理后的鱼身上添加莲花，便含有“连年有余”之意。这是一种结合纹样深化构思的装饰。（如图 5－26）

图 5－26

图 5－27

三、化写实为夸张法

夸张是装饰艺术创造中一种重要的方法，是艺术的强化，是情之所至。夸张不是对原型的简单的放大，而是在现实的基础上，对自然形态的外形、神态、习性等进行适当的夸张和强调，使其更能体现形式美，更自然得体，更富生命力。如在外形处理上，可使圆的更圆、方的更方等。夸张的方法有整体夸张、局部夸张、透视夸张等（图 5－27）。

四、拉长缩短法

拉长是为了表现物象的舒展、挺拔，或抒发一种昂扬、升华的情感，采用拉长法将所表现的物象的比例关系夸张拉大。拉长的程度则视画面效果和主观感受而定，不能一概而论。如意大利著名画家莫迪里阿尼笔下的人物均被拉长，形式感较强，给人一种新颖怪异的感觉；我国的云南画派也较多采用拉长的手法，为的是表现南国秀美旖旎的风情；另外，印度尼西亚的木雕以及我国的民间皮影戏的造型，均借助拉长法而生发出不凡的艺术魅力（图 5－28）。

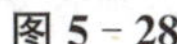

图 5－28

图 5－29

缩短是将被表现的物象比例缩短，以制造出一种短粗敦实、憨态稚拙的效果。此种造型在民间美术中被广泛运用，如民间剪纸、泥玩具、木偶等常用此法，这也比较符合我国的民族欣赏习惯（图 5－29）。

五、无中生有法

在装饰画表现中，装饰变形手法随着时代的变化与发展，观念与手法均相应地在起着变化，进入了一个虚拟的矛盾空间。无中生有的表现手法就是这种观念的体现。有时为了画面表现效果的需要，人物脸部五官画得极为简单，以至不着一笔，尽得风流，收到此时无声胜有声的效果。再如表现人物衣裙，有时只画了个人体轮廓或以空白处理，却给人以无限的遐思。在大师蒙德里安的几何画作中，将绘画的基本元素，结合几何图形的排列，组合成大大小小不同的方格，产生富有节奏的画面。单纯的造型结构，诠释出主题的活力与律动，引导我们突破旧有的形象的桎梏，释放我们的视觉，去发现生活真实的本质（图 5－30）。

图 5－30

六、颠倒黑白法

图 5－31

根据画面效果的需要，如特有的对比关系、黑白灰节律变化等，可以大胆地颠倒黑白，以获得意外的视觉效果与美感，给人以出奇制胜的感觉。用感觉的真实来取代现实的真实，用艺术的合理来替换生活的合理，使艺术产品真正成为人类精神的兴奋剂，将人类引入一个亦真亦幻、充满神奇色彩的瑰丽世界，以愉悦感官，净化心灵，满足人们的好奇心，成为人们解除身心疲劳、释放压力、重新振作的一剂良方。因此画面出人意料的表现效果会打破人们已经形成的欣赏习惯，刺激人们的视觉口味，使人们的精神世界更趋于丰富，更加充满生机与活力（图 5－31）。

七、解构法

解构法类似于构成中的打散重构，也可以称为剪拼重组。自然界中的物体经过归纳、提炼、概括处理之后，根据主观意图，可以被分解、分割、移位，然后再根据一定的规律重新组合，使之成为一个新的形象但又保留原事物的形式(图 5－32)。

图 5－32

总之，装饰画是作者从自身的主观感受出发，把对生活的理解以及对艺术风格的追求应用到装饰语言中，其感情的表达超越了客观的概括，必然会在精神上得到升华。因此装饰艺术丰富、神秘而深邃，极具表现力和感染力，当我们沉醉在那浩瀚的黑白艺术海洋中时，就能从那些黑黑白白的细节中感受到光的灿烂和色的斑斓。

课后练习

花、叶与陶罐的变形练习。

运用不同的变形方法做变形练习各 3 幅(方法自选)灵活应用黑白灰，点线面。

第五节　装饰画的色彩

装饰色彩是指利用色彩关系，如色彩的冷暖、色彩的明度和纯度以及色彩的搭配等并通过点、线、面及其综合技法来表现物象的一种手段。色彩是装饰中最具表现力和感染力的因素，它通过使人们的视觉感受产生一系列生理、心理及类似物理的反应来形成丰富的联想以及深刻的寓意和象征。装饰画中色彩的运用，是主观、心理、臆想的色彩，而非客观、科学、理性的色彩。根据情感和心理的需要，可在简洁的画面上大胆用色，直抒胸臆，无需顾及色彩的真实，使色彩呈现出鲜明的个性和特有的艺术风格。装饰性绘画的色彩是自然色彩与理想色彩的巧妙结合，更注重色彩的概括和色彩的大胆处理，这是一个特有的设计过程。色彩装饰画有其自身的艺术性，其画面内容也有自己的主题，它不是一个单独的生命个体，而是与环境紧密联系在一起的，因此个体的装饰画要服从整体空间环境营造的需要(图 5－33)。

图 5－33

一、写生色彩与装饰色彩的区别

写生色彩是从客观真实的角度来观察、分析和再现色彩关系的，色彩表现的是事物的真实性（图 5－34）。它不仅仅研究物体的固有色，而且还从整体上表现物体在光线照射下的所有的色彩关系。写生色彩重视对象的固有色和环境色之间的相互关系及光源变化对这种色彩关系的影响与作用。写生色彩的目的是提高色彩表现的能力，是对自然形象的直接描写。

图 5－34

图 5－35

装饰色彩是在写生色彩的基础上更进一步自由运用色彩的表现。它不依赖光源和自然物体的色彩关系，而是强调个人感受，突出整体画面效果的表现。装饰色彩的造型原则是不停在对客观自然色彩或者形态的客观再现，而是突破客观自然色彩和形态的约束。装饰色彩强调色彩调子和画面气氛，完全可以根据主观感受去表现，它不受客观对象固有色彩的限制（图 5－35）。

二、色彩的表现

色彩是装饰画形式美的要素之一。装饰画中色彩的表现主要体现在以下几方面：

（一）归纳自然色彩

自然表象极为丰富多彩，但常常也是杂乱无序的，归纳自然色彩的主要方法是把自然中杂乱无章、散乱无序的东西加以条理化和秩序化。自然色彩本身就有丰富的明度、纯度和色相，在道法自然的基础上进行整理、概括、提炼使之形成简洁、装饰性强的色彩表现风格。但是归纳自然遵循一定的秩序性，秩序性是指将自然状态的事物按一定条理进行排列，建立一种人为的艺术秩序，使观赏者在心理上产生一种情绪共鸣（图 5－36）。

图 5－36

（二）借鉴民间色彩

装饰画可以以民间色彩的形式来表现。民间美术形式多样，题材广泛，一般多取材于人物、动物、民俗、花鸟等并以其热烈、纯真、质朴、古拙、灵秀、自由的特征显示其自身的魅力：讲究装饰性和趣味性，注重色彩效果，追求强烈的视觉印象；构图奇美，想象力丰富，手法简练概括，用色极为大胆突出，色彩常表现为饱满、艳丽、清新，多施以纯度较高的原色，经过大红、大绿等施彩后形成强烈对比的装饰效果。民间美术多用传统手法，再现纯朴的民间气息，具有奇异独特的艺术效果和生命力。在创作过程中，多用剪纸手法，突出线条和用色，给人以强烈的视觉印象和厚重的艺术美感，达到一种纯粹的民间色彩境界(图 5－37)。

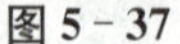
图 5－37

图 5－38

(三) 借鉴绘画大师色彩

许多装饰画广泛吸收现代艺术大师的绘画色彩，为装饰画增添了艺术绘画的效果。如表现主义大师克里姆特，其作品画面具有强烈的装饰色彩，人体扭曲变形，色彩和谐，有一种略带颓废和矫揉造作的美感，总体风格带有浓郁的伤感情调。印象派大师莫奈的作品则淡化了景物的体积感，强化了色彩因素，不再依靠明暗和线条形成空间感，而是依据光反射原理，用色彩的冷暖形成空间，表现鲜明生动的景物。所以说莫奈的景物描绘打破了“固有色”对物体的限定，诠释了“环境色”的色彩语言和风格，这是莫奈特殊色彩艺术语言的表现，充分表现出了大自然给予物体的灵动之美(图 5－38)。

图 5－39

(四) 主观色彩和客观色彩

主观色彩是绘画创作的重要组成部分，是艺术家在创作作品时不受自然界色彩的影响和约束，完全以自我的色彩感受来描绘客观事物，主观抽象地升华了色彩的个性，形成了自己独特的色彩面貌。它是艺术家个性情感的表现，是艺术家对色彩的灵感与激情的表达，也是艺术家对色彩理想世界的独特发现。主观色彩反映了艺术家对某种色彩的偏爱和理解，是经过长期的色彩磨炼和探究而形成的。客观色彩是艺术家对空间环境和人物形象诸造型色彩的真实再现，不做修饰，遵循自然，是一种写实风格(图 5－39)。

(五) 色彩的采集和重构

色彩采集是对收集的素材进行理解、变化、提炼和再创作的过程。通过对素材色彩的采集和筛选可了解不同民族的风俗人情、传统文化的精神内涵、自然环境的微妙变化等。色彩采集是装饰画创作的一个重要手段。色彩的采集范围相当广泛，一方面，可以借鉴古老的民族文化遗产，从一些原始的、古典的、民间的和少数民族的艺术中寻求灵感和创作源泉；另一方面可以从客观存在的人、自然以及那些异域风土人情、各类文化艺术和艺术流派中汲取养分。

图 5－40

色彩重构指的是将原来物象中美的、新鲜的、有价值的、可用的色彩元素注入新的组织结构中，通过加工创意等手法使之产生新的色彩形象(图 5－40)。

三、装饰画的着色手法

(一) 平涂法

图 5 - 41

平涂法是最常用的一种手法，包括两种方法：一是勾线平涂，二是无线平涂。勾线平涂是平涂与线结合的一种方法，即在色块的外围用线勾勒、组织形象，这是勾线平涂最常用的方法。无线平涂是利用色块之间的关系产生一种整体的形象感，并不依靠线来组织形象。填充颜色时将颜料均匀调和，搅匀后，力度均匀地平涂在事先限制的轮廓范围内。调色时要混合均匀，行笔时要顺势涂抹，不可来回涂抹(图 5 - 41)。

(二) 干擦法

干擦法是在有色底上用油画笔、毛笔或其他绘画工具往底色上擦出干笔的效果。运用干擦法可以取得色彩重叠、肌理丰富的笔触效果。

(三) 渲染法

在较稀薄的颜料颜色未干时，再在其上用另外一种颜色或同一色进行渲染，得到深浅不一、不同颜色的变化，或者用两支毛笔在两色交接处趁其未干调两者的中间色进行涂抹，不留出明显的界线。渲染法的特点是过渡自然，具有微妙的层次感，常用于宣纸作画(图 5 - 42)。

图 5 - 42

图 5 - 43

(四) 点画法

点画法也称点彩法，是受印象派影响的一种表现手法。各种色相的点在空间混合后会呈现出绚丽多姿、缤纷多彩、变化丰富的斑斓景象。点画法就是使用色块大小不一、或方或圆、疏密有致地点在材质上进行绘制(图 5 - 43)。

(五) 拓印法

拓印法就是用裹着棉花的纱布或其他白纹理的布料或者纸张蘸上颜料在纸上压印。力度不同，得到的肌理效果也不一样。另外，把较薄的纸张附在某种有肌理效果的物体表面，采用墨、铅笔等工具加以拓印复制，也能收到别具一格的艺术效果(图 5 - 44)。

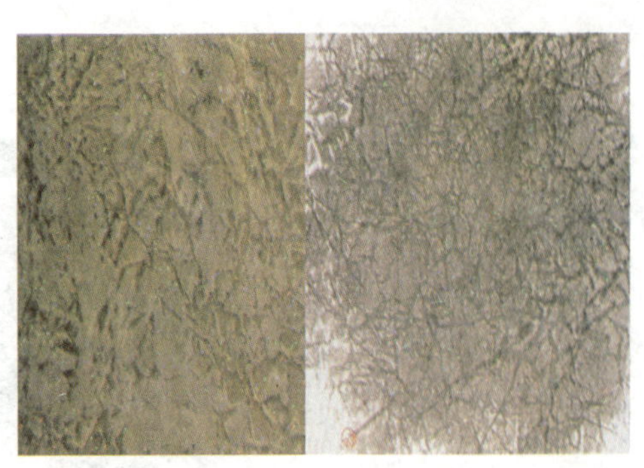

图 5-44

图 5-45

(六) 勾线法

勾线法也是最常用的方法之一。在将形体的块面填好色后，用毛笔蘸着颜料，沿着轮廓线对形体进行勾勒，把形体的外轮廓画出来。要做到用笔准确流畅、干脆利落，并且必须待第一层颜色干后才能对形体进行勾勒(图 5-45)。

四、色彩装饰画的材料工具表现

(一) 水粉材料表现

水粉画的色彩效果以鲜艳、华丽、柔润、明亮、浑厚为特点，适宜表现简明概括、鲜明强烈的画面效果。水粉画可以运用水彩画湿润的薄画法表现其轻逸与流畅的特点，也可以采用浑厚的油画技法表现出油画般的细腻与厚实。水粉颜料自身具有覆盖力较强、可以涂改、可塑性强的特点(图 5-46)。

图 5-46

图 5-47

(二) 彩色铅笔材料表现

彩色铅笔是一种非常容易掌握的涂色工具，画出来的效果类似铅笔。彩色铅笔的颜色多种多样，画出来的效果较淡，清新简洁，很容易用橡皮擦去。彩色铅笔也分为两种，一种是可溶性的(可溶于水)，另一种是不溶性的(不能溶于水)。可溶性彩色铅笔又叫水彩色铅笔，在没有蘸水前和不溶性彩色铅笔的效果是一样的。可是在蘸水之后就会变得和水彩一样，颜色鲜艳亮丽，而且色彩很柔和(图 5-47)。

(三) 油画棒材料表现

油画棒是一种棒形画材，由颜料、油、蜡的特殊混合物制作而成，使用非常简便，可以直接在画纸上画画，也可以用混色、层涂、刮除、分层等技法丰富其效果。与油画颜料和水彩颜料不同，油画棒是一种固体颜料，无需做混色或调色的准备工作，随时都可以用来创作(图 5-48、图 5-49)。

图 5 - 48

图 5 - 49

(四) 色粉笔材料表现

由颜料聚合而制成的棒状色粉笔不仅能制造出丰富的肌理，还能呈现纯而艳的色彩，从而赋予画面迷人的效果。色粉笔画类似粉笔画，但是比粉笔质地松软。色粉笔画一般具有松软、明艳的特点，视觉效果很好，但是较难保存(图 5 - 50)。

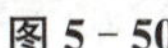

图 5 - 50

图 5 - 51

(五) 油画材料表现

油画颜料是比较常见的材料，其厚重的功能和极强的可塑性是其他材料和工具无法比拟的，它的这种特性可使油画在观感上产生能与人们思想情感共振的节奏与力度。在运笔的作用下，不单能完成造型的任务，而且也对画面的肌理效果有着直接的影响(图 5 - 51)。

(六) 水彩材料表现

水彩画具有流动的效果，因而有透明、轻快、滋润、流动的特点，因此水彩有着不同于其他画种的外表风貌和创作技法。颜料的透明性可使水彩画产生一种明澈的表面效果，而水的流动性会生成淋漓酣畅、自然洒脱的意趣(图 5 - 52 - 1、图 5 - 52 - 2)。

图 5 - 52 - 1

图 5 - 52 - 2

(七) 丙烯材料表现

用丙烯材料创作的作品与一般的油彩画相比，具有颜色鲜艳、丰满、可长期保存而不变色、色彩不易脱落等优点(图 5-53-1、图 5-53-2)。

图 5-53-1

图 5-53-2

(八) 综合材料表现

除了以上的材料以外，还可以以石、金属、纤维、陶瓷、木材、藤条、皮革和纸等材料进行装饰画创作和表现。不同材料以其自身的物质特性体现着不同的美感和视觉效果(图 5-54、图 5-55)。

图 5-54

图 5-55

课后练习

运用学过的表现形式、材料，以房子为主加小动物或小飞禽组成一幅装饰。以树为主加小动物或小飞禽组成一幅装饰风景。

规格：15 cm×15 cm。色彩：限用 4～5 套色。

要求：切合题意，描绘细致。

本章小结

在这一章中，我们向大家介绍了什么是装饰画以及装饰画的表现形式、方法以及装饰绘画的色彩等。通过对装饰画的学习，让同学们有机会尝试运用不同材料和不同制作手法，在不同表现形式的体验中丰富同学的视觉、触觉和审美经验，充分享受到了美术活动的乐趣。

装饰画广义上是指一切的装饰行为和现象，而狭义的装饰，主要是指装饰行为的结果，即"装饰艺术"之意，是图画与手工的综合，装饰画出现在高师学前教育专业中不仅仅是一种简单的艺术形式的继承，而是一种整合多因素的有着很强综合性的教育行为。装饰画课程的设置，不只是为了让同学们掌握一些基本制作知识和技法，而更重要的是把装饰画作为对孩子全面实施素质教育的一个切入点，用自己的爱心、热心、耐心和决心去探索和创新，让儿童在艺术实践活动中形成基本的美术素养并陶冶高尚的审美情操，实现体验、领悟、创新三维目标的和谐发展。

第六章 中国画

目标与导读

- 了解：什么是儿童中国画，它在学前美术教育中的地位和作用；儿童中国画的不同种类。
- 理解：儿童中国画不同类型的绘画技法。
- 掌握：儿童中国画的各种表现技法；不同中国画种类的技法和色彩的运用。
- 应用：学会独立描绘儿童中国画，能够结合学前儿童的身心特点展开教学。

中国画是我国独特的传统绘画形式，有着悠久的历史，是世界艺术宝库中的一颗璀璨明珠。在我国对于中国画的学习，应该从小学起，让学生们认识中国画，了解中国画。通过对中国画的学习，掌握一定的中国画笔墨表现技法，提高孩子们的观察力和动手能力，还可以运用拓印、喷、洒等各种肌理来表现一些特殊的画面效果，拓展学生的发散性思维。既能使学生在学习中找到乐趣，也能很好地使我国传统文化教育得到持续发展。

第一节　概　　述

中国画在古代无确定名称，一般称之为丹青，主要指的是画在绢、宣纸、帛上并加以装裱的卷轴画。汉族传统绘画形式是用毛笔蘸水、墨、彩作画于绢或纸上，这种画种被称为“中国画”，简称“国画”。中国画在内容和艺术创作上，体现了古人对自然、社会及与之相关联的政治、哲学、宗教、道德、文艺等方面的认识。

儿童中国画是我国传统的绘画艺术，让孩子接触中国画，学画中国画，可以通过学习生动的笔墨技法，提高孩子的观察能力，在丰富的色彩中培养孩子的想象力和创造力，耳濡目染，感受中华民族的古典审美情趣。

儿童中国画教育是我国少儿美术教育中的重要组成部分，对于培养儿童的观察力和实践能力有着重要的作用。同时，也是让儿童了解我国传统绘画的一种方式。写意是儿童中国画中比较常用的描绘方式，也是比较容易的表现手法。儿童在接受事物的时候是意象的，在对事物的理解上是抽象的，他们笔下的世界是概括的、单纯的、富有装饰趣味的。随着社会的快速发展，各种各样的绘画方式涌入中国，现在的儿童选择学习的绘画方式越来越多，可谓是五花八门，眼花缭乱，在这样的环境中，儿童中国画的学习是必不可缺的。

第二节　中国画艺术的发展

中国画历史悠久，远在2000多年前的战国时期就出现了画在丝织品上的绘画——帛画，这之前又有原始岩画和彩陶画。春秋战国最为著名的有《御龙图》帛画，它是在丝织品上绘画。

中国画主要分为人物、花鸟、山水这几大类。表面上，中国画是以题材分为这几类，其实是用艺术表现一种观念和思想。所谓“画分三科”，即概括了宇宙和人生的三个方面：人物画所表现的是人类社会，人与人的关系；山水画所表现的是人与自然的关系，将人与自然融为一体；花鸟画则是表现大自然的各种生命，与人和谐相处。中国画之所以分为人物、花鸟、山水这几大类，其实是由艺术升华的哲学思考，三者共同构成了宇宙的整体，相得益彰，是艺术之为艺术的真谛所在。

明代绘画流派纷呈，各领风骚。明代画坛沿着元代已呈现的变化继续演变发展，文人画和风俗画汇成洪流，并形成诸多流派；山水、花鸟题材流行，人物画衰微；水墨技法不断创新，进一步丰富了笔墨表现能力；创作宗旨更强调抒写主观情趣，追求笔情墨韵。

中国画自19世纪末以后，在近百年引入西方美术的表现形式与艺术观念以及继承民族绘画传统的文化环境中出现了流派纷呈、名家辈出、不断改革创新的局面。自五四新文化运动以后，随着西方美术的大量引入和反封建斗争的深入，改革中国画成为新的时代潮流。以留学日本、欧美的高剑父、高奇峰、刘海粟、徐悲鸿、林风眠等人为代表，倡导将西方美术的写实及近代西方美术的创作观念与传统的中国画相融合，走出了一条改革、创新中国画的新路子，使传统的中国画焕发了新的生机。徐悲鸿将西方绘画的写实手法融入传统的笔墨之中，丰富了中国画的表现性。林风眠则调和中西，并汲取民间美术的质朴与刚健，形成了自己意境深邃、形式新颖的独特风格。另外，陈之佛将中外装饰艺术中的色彩融入工笔花鸟画的创作，吴冠中用中国画的工具材料和西方现代艺术的形式、观念等表现中国画传统的诗情与境界等等，均取得了重要成就。

第三节　中国画的分类及材料

一、中国画的分类

(一) 中国画分为两类:工笔和写意

工笔画,又称“细笔画”,是中国画的一种技法类别,讲究细致的笔法制作,画面要求工整,着重线条美,一丝不苟,是以精谨细腻的笔法描绘物象的一种表现方式。

写意画,即用简练大胆的笔法描绘物象,画面墨彩飞扬,纵笔挥洒,是用心灵感受、笔随意走,视为意笔,重视意象,能更好地体现作者的内心情感的一种表达方式。

(二) 按题材可分为山水、花鸟、人物

1. 山水画

我国古代绘画的表现之一,写意山水画以线为主,用各种笔法变化来表现,用笔有中锋、侧锋、顺锋、逆锋,可以出现轻重、虚实、粗细、转折等用笔形态。作画时要根据山的结构来用笔,不能使画面杂乱无章。如黄公望的作品《富春山居图》(图 6 - 1)。工笔山水画在古代有青山绿水,其表现方式非常工整细腻,将山石树木的形态用单纯有力的线勾勒出来,然后以石色(三青、三绿等)描绘,颜色亮丽浓重,给人一种视觉上的冲击效果,画面装饰效果比较强。如林容生的作品(图 6 - 2)。

图 6 - 1

图 6 - 2

2. 花鸟画

一般表现的对象都是大自然中的树木、花草、禽鸟、走兽、虫鱼等等。写意花鸟画是运用笔墨与纸的碰撞,传达花鸟的生命力与各种不同的特性。在造型上,重视形似而不拘泥于形似,追求似与不似之间,借以实现对象的神采与作者的情意。如齐白石的作品(图 6 - 3)。工笔花鸟画始于唐代,成熟于五代,鼎盛于两宋。在描绘中,先通过白描勾勒造型,再用色彩填充,采用分染、罩染、统染、点染等技法描绘对象,产生栩栩如生、精致动人的视觉效果。如宋人小品(图 6 - 4)。

图 6 - 3

图 6 - 4

3. 人物画

人物画是中国画中最早的画种。人物画主要抓住人物的神，要求形神皆备。写意人物画可分为大写意和小写意。大写意是最大限度地发挥写意人物画技法特性，难度较大，运用简笔、泼墨、泼彩等技法。如梁凯的《泼墨仙人图》(图 6－5)。小写意则运用写意线描来描绘人物，在写意线描的基础上进一步进行笔墨训练，最后用颜色来描绘，掌握颜料的性能，用色的技巧，色墨混用的技法。如黄胄的作品。工笔人物画是以线描为主，精细入微的表现人物对象的绘画手法。然后运用色彩，通过分染、罩染、统染等技法，描绘生动的人物形象，细腻的皮肤、各种不同材质的衣服和装饰，同时还要营造出与主题相适合的画面气氛等等，以达到和谐统一的画面效果。如何家英的作品(图 6－6)。

图 6－5

图 6－6

二、中国画的材料

中国画的工具材料主要是中国传统的“文房四宝”——笔、墨、纸、砚，另外还有中国颜料、调色碟、笔架、笔洗等等。那我们作画前就需要将这些工具材料都准备好，这些材料也将直接影响到作画的情绪和表现效果(图 6－7)。

毛笔，中国画的用笔主要以毛笔为主，按照笔毛的软硬度来区分毛笔的性质，可分为：软毫、硬毫、兼毫三种。

墨，在中国绘画中有其独特的地位。常用制墨原料有油烟、松烟两种(图 6－8)。

纸，中国画在唐宋时代多用绢，到了元代以后才大量使用纸作画。中国画用的纸与其他画种不同，宣纸又分为生宣、熟宣和半生熟宣三种(图 6－9)。

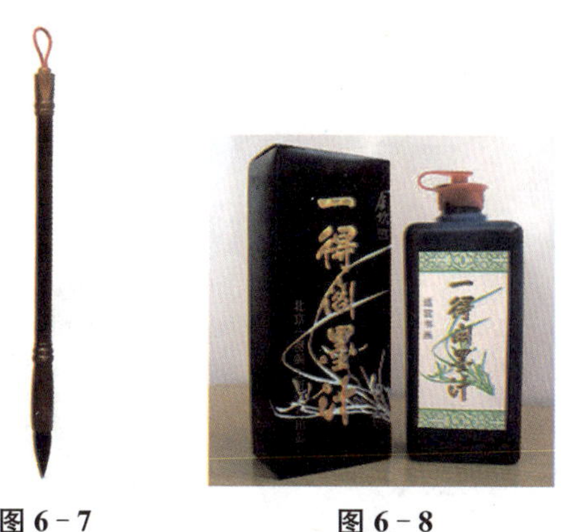

图 6－7　　图 6－8

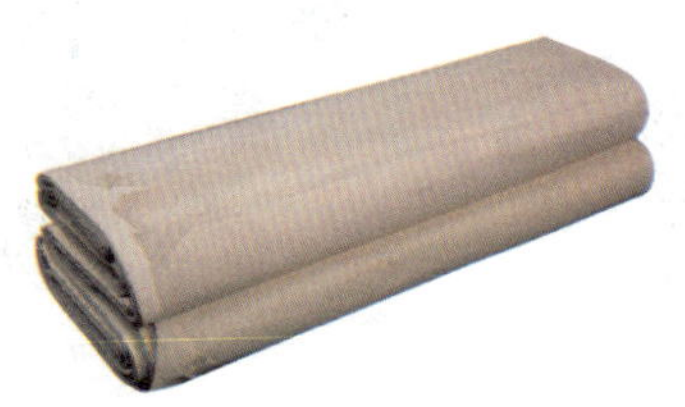

图 6－9

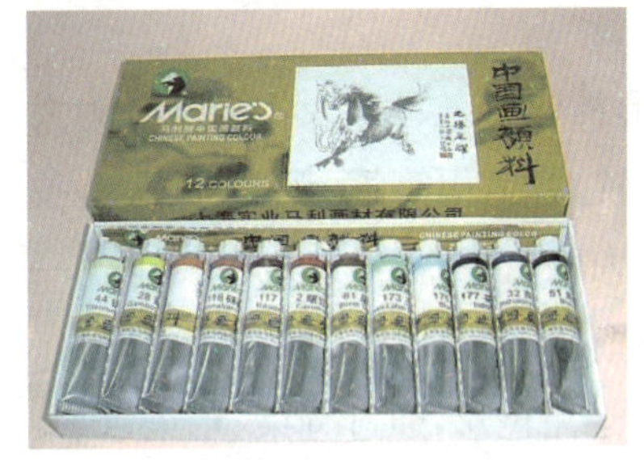

图 6－10

颜料，传统中国画颜料依其制色原料的不同，主要可分为矿物颜料、植物颜料、金属颜料、动物颜料、人工颜料（图 6－10）。

除了上述的笔、墨、砚、纸绢、颜料之外，还需准备相关的用具：

（1）调色（储色）工具：以白色的瓷器制品较佳，调色或调墨应准备小碟子数个，储色以梅花盘及层碟较理想，不同的颜料应该分开储放（图 6－11）。

（2）贮水盂：盛水作洗笔或供应清水之用，亦以白色瓷器制的较佳（图 6－12）。

（3）毛毡：衬在画桌上，可以防止墨渗透将画沾污，铺纸后画面也不易被笔擦坏（图 6－13）。

图 6－11

图 6－12

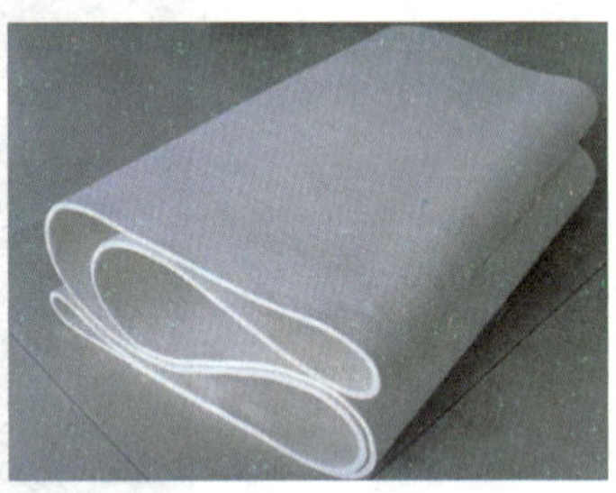

图 6－13

第四节　中国画的基本技法及步骤

在儿童中国画的教学中，教师指导儿童作画的时候要按照循序渐进，由简到繁，由易到难的方法。在课程安排上要有新鲜感，引导学生逐步了解熟悉并掌握笔墨知识，并辅以拓印、揉纸、撒水等特殊技法来丰富教学的趣味性。针对具体的中国画题材分类，教师应该利用不同的表现技法指导儿童对多种题材进行学习，提高儿童对中国画的兴趣和对不同题材的理解和表现力。要保留儿童特有的想象力，适当增加趣味性，同时传达知识，让儿童在学当中玩得开心，在玩当中可以学习中国画。以启发兴趣为宗旨，用循循善诱、寓教于乐的方式来教导。

一、植物

（1）黄瓜：第一步用大狼毫笔沾水，用笔尖沾墨，画叶子（图 6－14）；第二步，再用淡的墨画下面一片叶子（图 6－15）；第三步调颜色，用花青加少许藤黄，混合成蓝绿色，画黄瓜（图 6－16）；第四步，用同样的方法画左边的叶子和黄瓜（图 6－17）；第五步用小狼毫沾墨画藤，要缠绕在一起（图 6－18）；第六步，再画面上用淡的蓝绿色再画一个黄瓜，待黄瓜快干时，用小狼毫画黄瓜的表皮纹理（图 6－19）；第七步待叶子半干，用小狼毫占浓墨画叶脉，再画两朵黄瓜花，增加画面的层次感（图 6－20）。

图 6－14

图 6－15

图 6－16

图 6－17

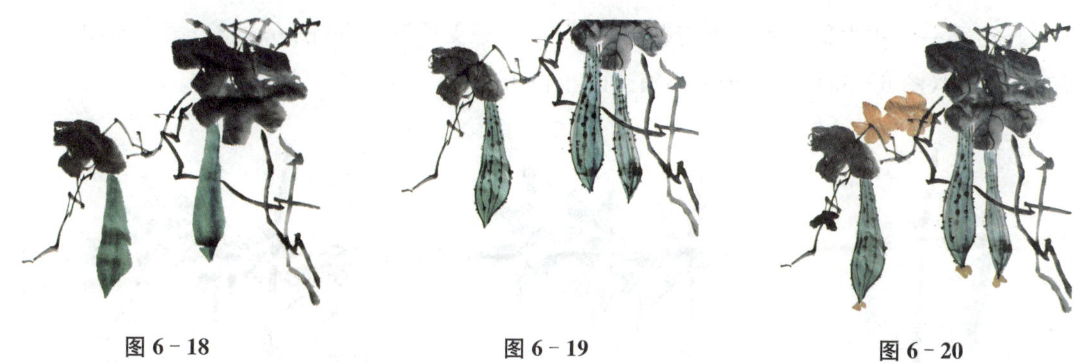

图 6 - 18　　图 6 - 19　　图 6 - 20

(2) 牵牛花:第一步用大狼毫画叶子,沾墨,使笔从鼻尖到笔肚,由浓到淡,画三片叶子(图 6 - 21);第二步;第二步用小羊毫画喇叭花,调胭脂加曙红两种颜色,由重到浅(图 6 - 22);第三步,在画面上点一些未开的花苞(图 6 - 23);第四步,用小狼毫画藤,缠绕在底部,待叶子半干,用小狼毫占浓墨勾叶脉,画上花托(图 6 - 24)。

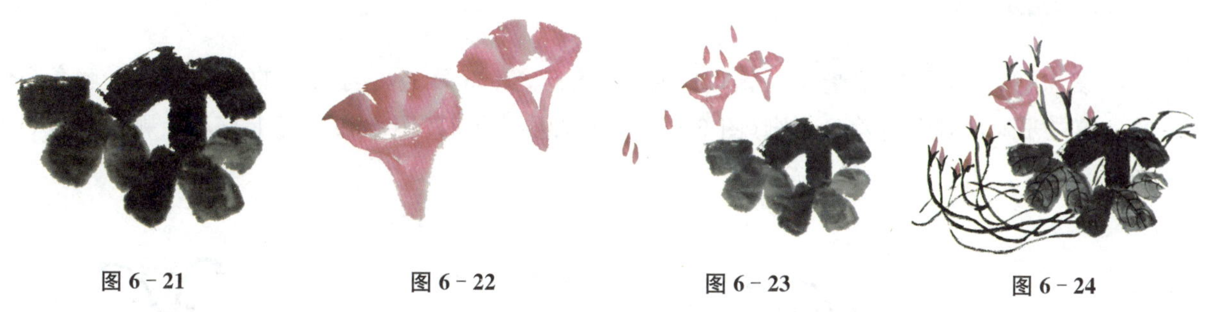

图 6 - 21　　图 6 - 22　　图 6 - 23　　图 6 - 24

(3) 菊花:第一步用中狼毫勾勒出菊花的形状(图 6 - 25);第二步用中狼毫画叶子(图 6 - 26);第三步调颜色,用藤黄加少许花青给花瓣上色,用墨色勾勒出花托(图 6 - 27);第四步等叶子半干用小狼毫沾墨勾勒叶脉和枝干(图 6 - 28)。

图 6 - 25　　图 6 - 26　　图 6 - 27　　图 6 - 28

(4) 梅花:第一步用大狼毫勾勒出枝干(图 6 - 29);第二步用羊毫笔,调胭脂加曙红画梅花(图 6 - 30);第三步用浓墨点花心和花托(图 6 - 31)。

图 6 - 29　　图 6 - 30　　图 6 - 31

(5) 竹子：第一步用大狼毫和小狼勾勒出竹子枝干，一支粗一支细(图 6 - 23)；第二步用中狼毫画竹叶，要有浓淡变化(图 6 - 33)；第三步用小狼毫画小枝干(图 6 - 34)。

图 6 - 32　　图 6 - 33　　图 6 - 34

二、动物

(1) 瓢虫：第一步用中羊毫画出瓢虫的身体(图 6 - 35)；第二步勾瓢虫的头部、眼睛、触角(图 6 - 36)；第三步勾出瓢虫的六只小脚(图 6 - 37)；第四步待干时，用墨在外壳上点上七颗小黑点(图 6 - 38)。

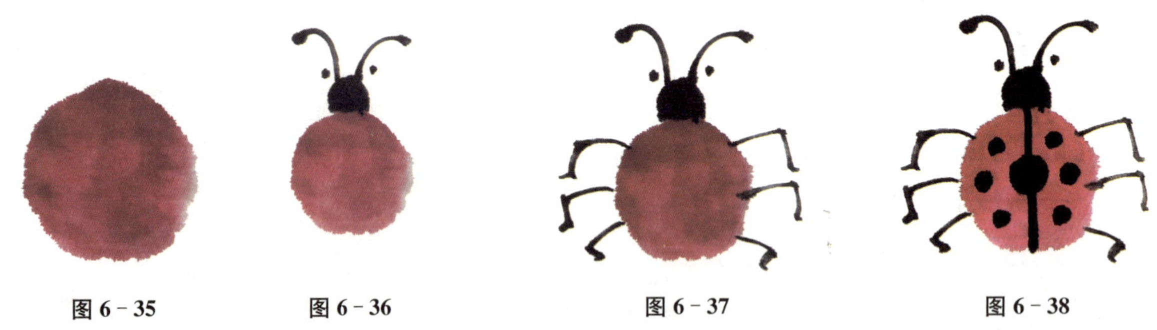

图 6 - 35　　图 6 - 36　　图 6 - 37　　图 6 - 38

(2) 青蛙：第一步用羊毫笔沾花青加藤黄，画青蛙的身体(图 6 - 39)；第二步画青蛙的大眼睛和两只有力的后腿(图 6 - 40)；第三步画出青蛙的两只前腿(图 6 - 41)；第四步等半干时，用小狼毫沾墨勾勒青蛙身上的条纹(图 6 - 42)。第五步用羊毫笔沾花青加藤黄，画一只蹲着的青蛙的身体(图 6 - 43)；第六步画青蛙的两只有力的后腿(图 6 - 44)；第七步画出青蛙的两只前腿(图 6 - 45)；第八步等半干时，用小狼毫沾墨勾勒青蛙身上的条纹(图 6 - 46)；第九步，两只活泼可爱的小青蛙就完成了(图 6 - 47)。

图 6 - 39　　图 6 - 40　　图 6 - 41

图 6－42　图 6－43　图 6－44

图 6－45　图 6－46　图 6－47

（3）金鱼：第一步用墨色画金鱼的身体，要有虚实变化，由重到浅（图 6－48）；第二步用侧峰勾勒金鱼的尾巴（图 6－49）；第三步用墨色画出金鱼的鱼鳍（图 6－50）；第四步用墨色画金鱼的大眼睛和嘴巴（图 6－51）；第五步用曙红加胭脂画金鱼的身体，要有虚实变化，由重到浅（图 6－52）；第六步用颜色勾勒金鱼的尾巴（图 6－53）；第七步用曙红色画金鱼的大眼睛和嘴巴（图 6－54）；第八步用墨色点出金鱼的眼睛，用颜色画出金鱼的鱼鳍（图 6－55）；第九步，两只活泼的小金鱼就完成了（图 6－56）。

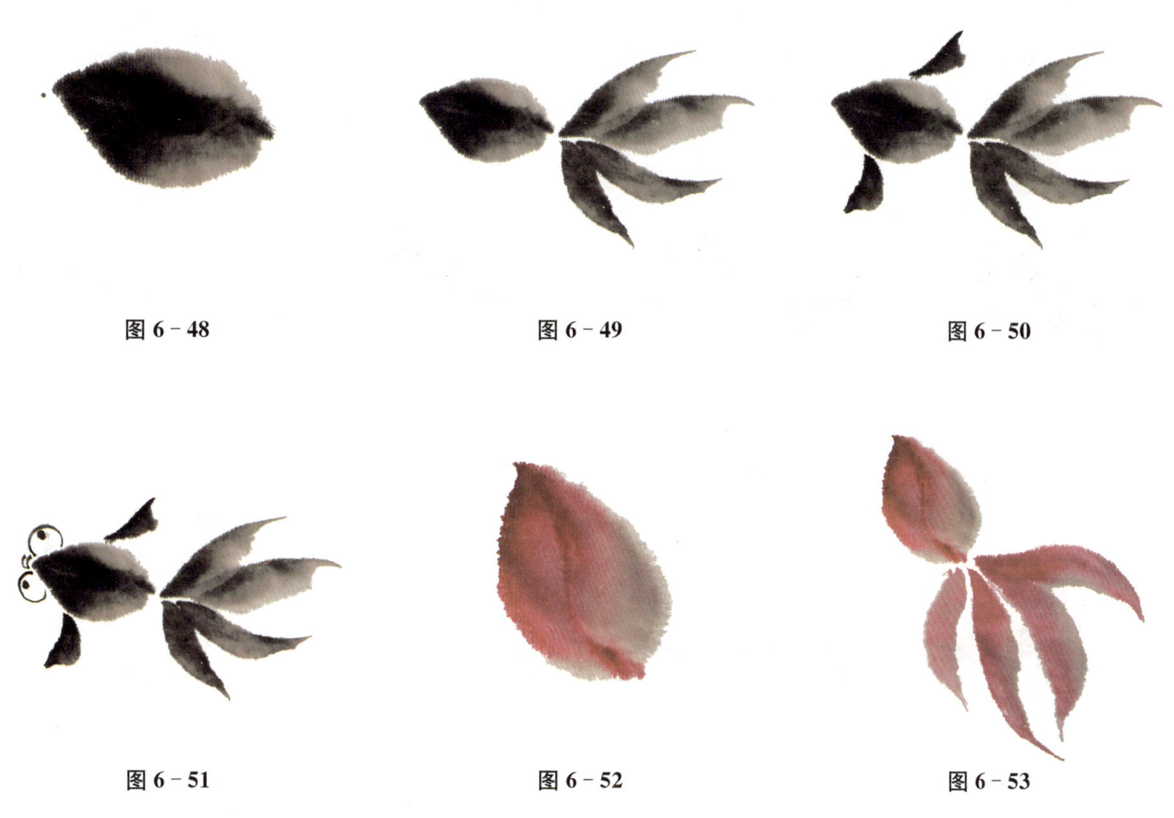

图 6－48　图 6－49　图 6－50

图 6－51　图 6－52　图 6－53

图 6-54　　图 6-55　　图 6-56

(4) 螃蟹：第一步用大狼毫画螃蟹的身体(图 6-57)；第二步用中锋勾勒出八只腿(图 6-58)；第三步画上螃蟹的大钳子和眼睛(图 6-59)；第四步，用同样的方法，用稍微淡一些的墨色画出另一只螃蟹，最后在右边画些柳枝，一幅螃蟹图就完成了(图 6-60)。

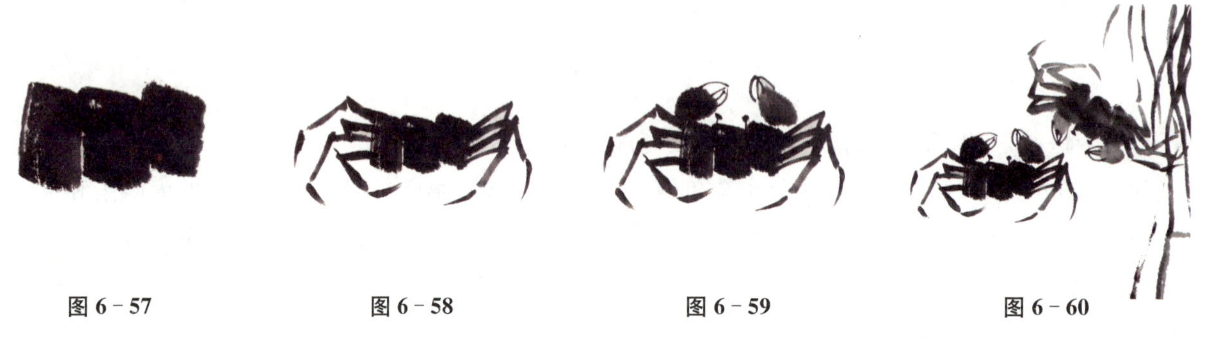

图 6-57　　图 6-58　　图 6-59　　图 6-60

(5) 虾：第一步用中狼毫画虾头(图 6-61)；第二步用 7 笔画出虾身体和尾巴，由大到小，由浓到淡(图 6-62)；第三步用笔尖画出虾腿(图 6-63)；第四步画虾前脚、须、眼睛(图 6-64)；第五步，用稍淡的墨色画出虾的头、身体和尾巴(图 6-65)；第六步画出虾的腿，前长后短(图 6-66)；第七步画虾前脚、须、眼睛(图 6-67)；第八步两只活蹦乱跳的虾就完成了(图 6-68)。

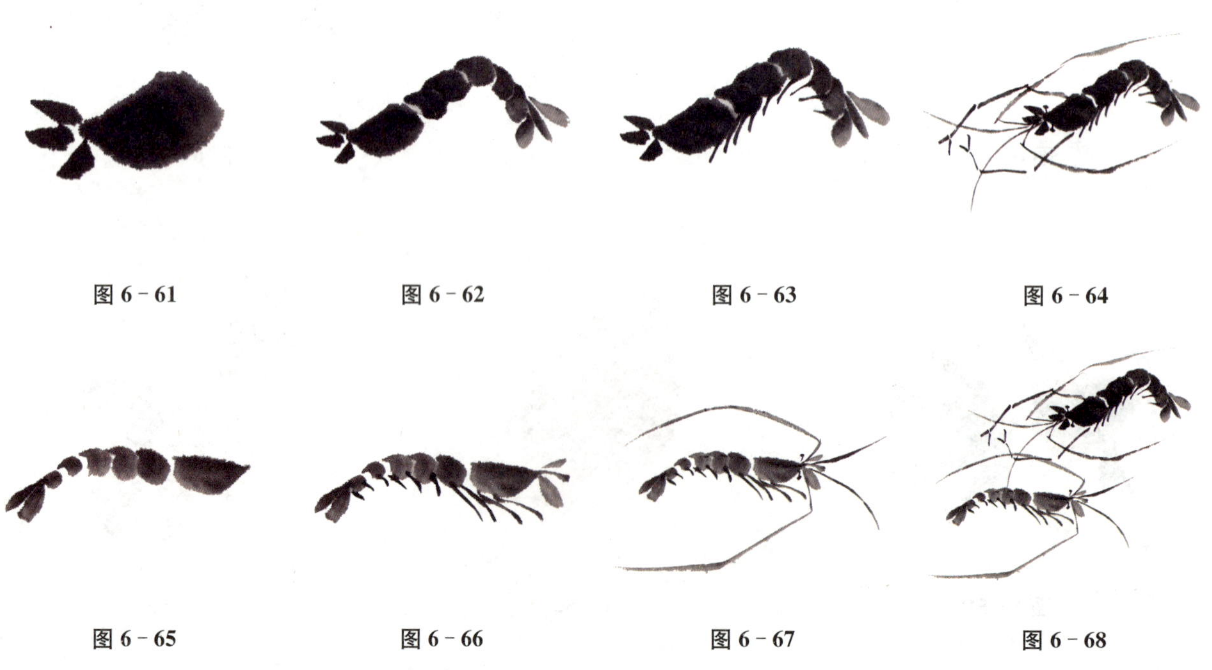

图 6-61　　图 6-62　　图 6-63　　图 6-64

图 6-65　　图 6-66　　图 6-67　　图 6-68

三、人物

(1) 门神:第一步先用小狼毫沾墨描绘出门神的脸部和胡子(图 6－69);第二步勾勒出脸上的图案和帽子(图 6－70);第三步勾勒出身体及衣服上的花纹(图 6－71);第四步用羊毫笔开始上色,用赭石上肤色,胭脂、藤黄和三青上帽子和脸上的花纹(图 6－72),第五步用藤黄给门神的衣服大面积上色,用少许胭脂和三青上衣服边缘(图 6－73);第六步用三绿、三青等矿物质颜色给衣服上色,一幅门神图就完成了(图 6－74)。

图 6－69　图 6－70　图 6－71

图 6－72　图 6－73　图 6－74

(2) 妈妈给我买的新衣服:第一步用狼毫笔线勾勒出脸部、脖子和衣领(图 6－75);第二步画头发(图 6－76);第三步将女孩子的衣服、裙子和手勾勒出来(图 6－77);第四步用羊毫笔蘸赭石的颜色给脸部和手部上色,待干时,用淡淡的胭脂给小女孩的脸颊和手指关节上色(图 6－78);第五步用三青的颜色给裙子上色(图 6－79);第六步用紫色给小女孩的衣服上色,一幅可爱的小女孩就完成了(图 6－80)。

图 6－75　图 6－76　图 6－77

图 6-78

图 6-79

图 6-80

(3) 爸爸脸上的胡渣:第一步用小狼毫把爸爸的脸和眼镜勾勒出来(图 6-81);第二步画上短短的头发(图 6-82);第三步给爸爸画上一件格子衬衣(图 6-83);第四步用羊毫笔蘸赭石的颜色上脸部和脖子的颜色,待半干时,用花青给爸爸脸上的胡渣上色(图 6-84);第五步用淡淡的胭脂给爸爸脸颊和嘴巴上些红色,用紫色给爸爸的格子衬衣上色,最后用三绿点扣子(图 6-85)。

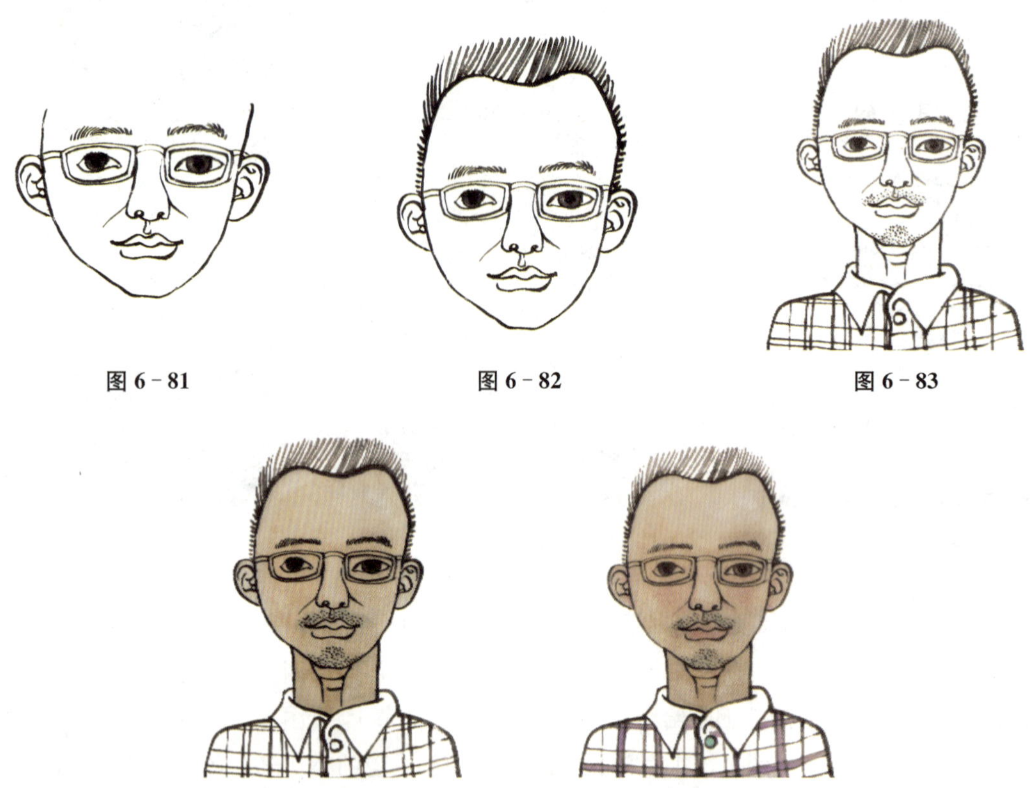
图 6-81　图 6-82　图 6-83

图 6-84　图 6-85

本章小结

在这一章中,我们向大家介绍了什么是儿童中国画,了解了中国画的分类和笔墨技法,还尝试做一些肌理技法的运用,如拓印、洒水、揉纸、喷等。通过对儿童中国画的学习,可以让儿童了解我国传统绘画的基础知识,有机会尝试运用不同工具和材料,在学习的过程中体验新的描绘方式,丰富孩子的视觉和触觉,同时也提高孩子的审美意识,充分感受我国传统文化艺术的博大精深,在学习中也能找到不同的乐趣。

第七章 简笔画

目标与导读

- 了解：什么是简笔画，它在学前美术教育中的地位和作用；简笔画的不同种类。
- 理解：简笔画不同类型的制作原理。
- 掌握：简笔画的各种表现手法；不同简笔画类型的制作和运用。
- 应用：学会独立设计和制作简笔画，能够结合学前儿童的身心特点展开教学。

几根线条就可以把一个水壶画得惟妙惟肖，寥寥几笔就可以将一只小鸟画得栩栩如生，这并不需要多么复杂的工具材料，只需要一根铅笔或者一根水彩笔，就可以轻松完成一幅极富魅力的简笔画作品。其实，这就是简笔画创作的最基础的形式，也是简笔画创作中的基本制作手法。那么，除了这种常见的绘画形式，还有没有什么其他形式呢？本章将带大家进入简笔画创作的世界进行观摩和学习。

第一节 概 述

图 7 - 1

简笔画是视觉艺术的一个重要门类。简笔画（stick figure）是运用简洁洗练的线条、笔画高度概括地状物造型，简明扼要地表情达意。简笔画不仅是一种实用性很强的通俗艺术形式，而且通过精练概括、简中求美、以少胜多的艺术思维和造型理念，广泛运用多种艺术造型形式，给人以物质和精神的审美享受（图 7 - 1）。

从古代壁画、岩画、陶器中的绘画以及古今中外的绘画精品中可以看出，简略概括的形象设计和创造无不出自画家之手，这些类似简笔画的绘画能给人以审美感受，也具有很高的使用价值（图 7 - 2）。

图 7 - 2

简笔画独特的艺术特性非常适合儿童的身心发展特征，可以开发儿童的形象思维、个性思维和创造性思维，为实现培养以审美为主线的美术文化素质的目标发挥重要作用。简笔画教育很早就受到了各国儿童美术教育家的重视，很多国家在中小学和幼儿园都开设有简笔画课。如美国、日本、德国、英国、法国、意大利等国家的简笔画教育都很有特点。所以，简笔画在儿童美学教育中的作用开始变得越来越重要，而其带给儿童美学教育的意义也变得越来越广泛与深刻（图 7 - 3）。

图 7 - 3

第二节　简笔画的基本类型

简笔画的分类是多种多样的，例如根据绘画对象的不同，可以分为人物类、动物类、植物类、风景类；根据绘画方式可以分为骨线式、廓线式、影像式、线形色块结合式、水墨式；根据使用材料和工具的不同，可分为铅笔简笔画、水墨简笔画、电脑简笔画等(图 7－4)。

图 7－4

简笔画的种类非常多，根据表现方法的不同，简笔画的基本类型分为象形式、示意式、叙事式和说理式四种。

一、象形式

用相关形象表示具体事物或抽象概念的图画(图 7－5)。

图 7－5

二、示意式

用简单的符号或形象，象征性地表示事物的状态、联系及变化等意义的图画。突出事物之间的内在联系和整体状态，使之一目了然，学生从中可以更清楚地认识相关的知识(图 7－6)。

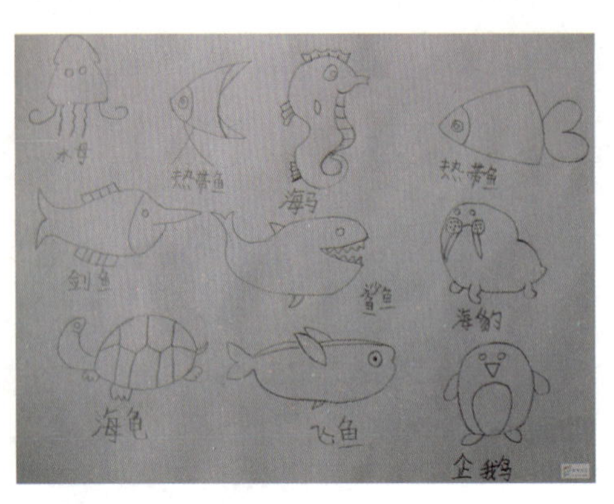

图 7-6

三、叙事式

表现角色活动和故事情节的画面，有单幅和多幅连环组合两种形式。以下图为例，它们都是简单的直观形象，简要叙述说明相关故事内容的基本情节或事情发展的前后过程。故事交代明确、易懂并且生动有趣(图 7-7)。

这时，他的好朋友小鳄鱼克罗迪走了过来。
“祝你生日快乐！”克罗迪热情地说道。
“呀，真是的，”大象说，“我差点儿忘了。”
“你又长大了一岁！你现在几岁了？”

6

“我不知道。”大象说，“这不重要吧。”
“我给你带来了一样东西。”克罗迪神秘地拿出一件礼物递给了大象。

图 7-7

四、说理式

说明事物道理，揭示客观规律的图画。图例使用了学科的教学内容，其中包括知识讲解。采用这种感性图示进行教学，学生易于接受和理解（图 7－8）。

图 7－8

第三节　简笔画的材料及工具

简笔画的制作材料非常丰富，创作者可以将简笔画绘制在素描纸、彩色卡纸、硬纸板、木板、黑板等材料上。创作者可根据简笔画的内容、形式的不同，运用 2B 铅笔、彩色铅笔、彩色水笔、钢笔、毛笔、水粉笔、油画棒、粉笔等绘图工具。除此以外，水粉颜料（或浓缩广告画颜料）、墨水、调色盒、小夹子、水桶等材料也会根据绘画要求有所应用（图 7－9）。

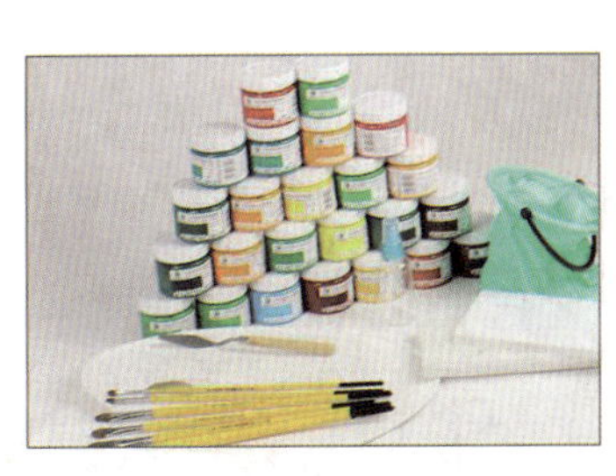

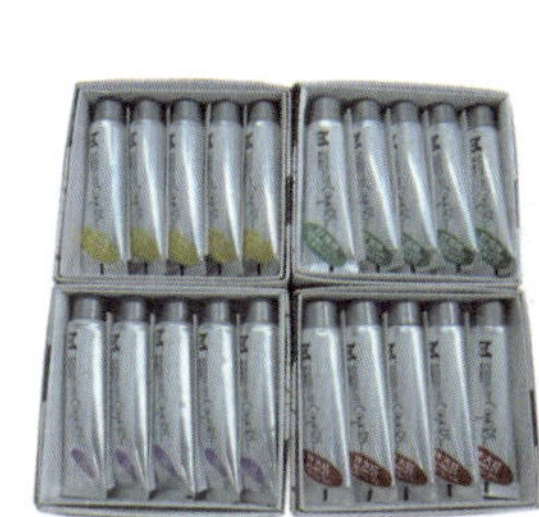

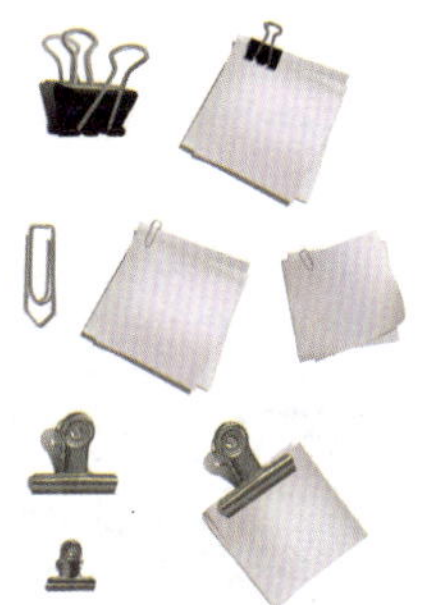

图 7－9

下面我们以彩色铅笔、彩色水笔、油画棒及黑板简笔画为例简单介绍其材料的主要特性特点。

一、彩色铅笔的特点

彩色铅笔的外形与铅笔相同。其笔芯是用彩铅做成的，绘画时握笔的方法灵活，可选用写字的方法，也可选用素描执笔的笔法。

彩色铅笔由于笔头尖细，可以细腻地表现对象，还可以用橡皮改错处或划出白印，幼儿使用起来很方便。线条的轻重，色块的深浅，取决于用力的大小，彩色铅笔能很好地表现色彩深浅变化（图 7－10）。

图 7－10

二、彩色水笔的特点

色彩艳丽，纯度较高，对比强烈。执笔灵活，可选用写字式。单色勾线物象明确，涂色一般采用平涂（图 7－11）。

图 7 - 11

三、油画棒的特点

色彩明确，笔触粗犷，可表现较大的画面。握笔可选用素描执笔法。画法丰富，表现力较强，适合幼儿使用(图 7 - 12)。

图 7 - 12

四、黑板画材质的特点

黑板报简笔画是幼儿教师教学中常用的绘画形式之一，一名教师能运用粉笔，面对幼儿画出他们喜爱的形象，这对增强幼儿的学习兴趣，提高教学效果，促进幼儿的形象思维发展等多方面都将起到重要的积极作用(图 7 - 13)。

黑板画使用工具简便，技法单纯；表现力强，运用范围广。简笔画创作者可以根据不同的绘画类型和创作方式准备不同的材料和工具，具体操作我们将在制作方法和步骤中进行说明。

图 7－13

第四节　简笔画基本造型规律

儿童画画本无定法，但是教师在指导儿童作画时应该是要有一定方法的。简笔画的特点集中体现在“简”字上。形象的简洁鲜明是首要问题。如何在造型上从简求简，是简笔画着重要解决的问题。

简笔画主要运用基本形这种造型语言表现物体形象。由于基本形具有二维性、抽象性、简洁性等特点，它在造型上有很强的概括力和包容性，同一基本形，可以表现出千姿百态的形象，而同一物体又可以用不同的基本形造型。简笔画仅由方形、三角形、圆形等，就可以表现出千姿百态的各种形象。

一、用正方形概括和表现物体形象特点

方形有正方形、菱形、梯形，它们都具有棱角分明、对称平整等特点，许多物体都具有这种形态特征。凡是由直线构成四边外框轮廓的物体，都可以用方形表现其形象（图 7－14）。

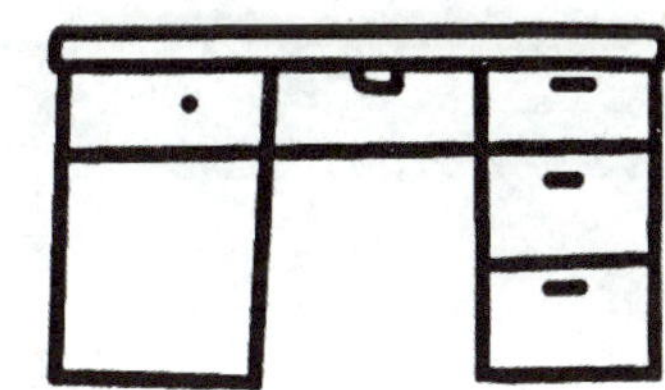

图 7 - 14

二、用三角形概括和表现物体形象特点

三角形有等腰、等边、直角、钝角、锐角等多种形式，它们平置具有稳定性，倒置具有运动感。客观世界中的许多物体形象成三角形状态，许多建筑物为了求得平衡，多采用三角形的构成方式(图 7 - 15)。

图 7 - 15

三、用圆形概括和表现物体形象特点

圆形有正圆、椭圆、同心圆、相交圆、相切圆等多种形式。圆形是一种看似简单实则奇妙的形状，我们常见的圆形有太阳、篮球、苹果、橘子等，现实中葫芦、茶壶、帽子等也是由圆形经过转换而组成的(图 7 - 16)。

图 7－16

四、用单线概括和表现物体形象特点

根据物体的主要框架或轮廓，用单线勾勒，在画上能够体现物象特征的重要细节，是最简练的表现物象的形式（图 7－17）。

图 7－17

五、用方形、三角形、圆形组合概括和表现形象特点

简笔画的造型方法给了我们一个明确的提示：集中简单的基本形，通过千变万化的拼接组合，可以拼合出许多自然物象。不同的方形、三角形、圆形等进行组合概括，会产生新的奇妙形象（图 7－18）。

图 7 - 18

针对具体的简笔画类型，教师应该利用不同的表现方法指导儿童对多种简笔画效果进行学习和制作，提高儿童对简笔画的兴趣和对不同简笔画类型的理解和表现力。

第五节　简笔画的材料运用

在第三节我们已经介绍了简笔画制作的相关材料，简笔画的材料非常丰富，创作手段也是多种多样。面对如此丰富的创作材料和多种多样的创作手段，简笔画的材料该如何选择运用呢？

在对简笔画材料的具体运用上主要是根据简笔画材料的特性和创作者的创作需要进行针对性的材料选择。这主要是由创作者对客观对象形体形态的自我感受，创作者想要表现的表现手法，创作者自身习惯的创作风格来决定选用何种材料，如何运用这种材料。

下面以三个创作实例来讲解简笔画创作中如何针对性地选择材料，并合理地对材料进行运用。

一、以少数民族的照片为绘画对象为例(图 7 - 19)

创作者如果需要创作画面细腻、层次丰富、形体准确的图象，就需要选择彩色铅笔为主要材料，辅助材料包括 150 克的八开素描纸张、软橡皮、四开画板、直尺等(图 7 - 20)。

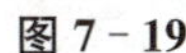

图 7 - 19

图 7 - 20

(1) 我们首先将八开素描纸用揿钉固定在画板上(图 7 - 21)。

(2) 用直尺在八开素描纸上画出绘画区域(图 7 - 22)。

图 7－21

图 7－22

(3) 斜握彩色铅笔，轻轻勾勒出想要创作的简笔画形体轮廓，对不准确的地方用橡皮轻轻擦除，再用彩色铅笔重新勾勒(图 7－23)。

(4) 正手握笔对人物进行绘制，握笔的方法灵活，可选用写字的方法，也可选用素描执笔笔法，将人物的轮廓形体表现清晰准确(图 7－24)。

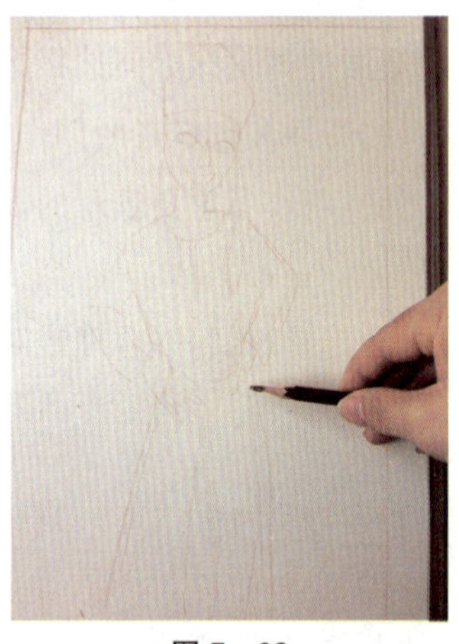
图 7－23

图 7－24

(5) 在画面的细节的处理上，例如人物的五官、衣服的花纹等，我们可以将彩色铅笔削尖，细腻地表现对象，还可以用橡皮改错或划出白印，幼儿使用起来很方便(图 7－25)。

(6) 彩色铅笔简笔画整体处理上，根据彩色铅笔的特性，创作者可以根据用力的大小来表现线条的轻重，色块的深浅。这样彩色铅笔就能很好地表现色彩深浅变化。这样这幅少数民族的彩色铅笔简笔画就完成了(图 7－26)。

图 7－25

图 7－26

二、以《春天来了》为例

这是一幅《春天来了》的简笔画作品(图 7-27)。这幅简笔画色彩明确,笔触粗犷,可表现较大的画面,而油画棒恰恰有这样的特点。就需要选择油画棒为主要材料,辅助材料包括 150 克的八开素描纸张、2B 铅笔、软橡皮、四开画板、小刀、竹笔、直尺等(图 7-28)。

图 7-27

图 7-28

(1) 我们首先将八开素描纸用揿钉固定在画板上。

(2) 然后用直尺在八开素描纸上画出绘画区域。

(3) 根据自己的需要,创作者可以斜握 2B 铅笔,将人物、大树、草地、动物的形体轮廓进行勾勒,也可以直接用彩色铅笔或油画棒进行形体轮廓的直接勾画,将这些物象的轮廓形体进行清晰准确的表现(图 7-29)。

(4) 大面积上色,创作者握笔可选用素描执笔法对天空、人物、大树、小鸟、进行逐一绘制,注意色彩间的搭配,特别是绿草的层次要进行区分(图 7-30)。

图 7-29

图 7-30

(5) 在上色过程中,创作者还要考虑到用笔的方向,用笔的方式,例如,小草的上色,我们可以根据小草生长的方向进行色彩描绘,云朵的颜色我们可以留白,人物肤色我们可以进行均匀的平涂(图 7-31)。

图 7-31

(6) 画面的细节的处理上，例如树叶的轮廓、小鸟的羽毛、蜗牛的轮廓等，我们可以用竹笔或细竹片削尖，细腻地表现对象，还可以用刀片划出白印，使用起来快捷方便(图 7－32、图 7－33)。

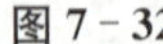

图 7－32

图 7－33

(7) 根据油画棒的特性，创作者也可以根据用力的大小来实现线条的轻重，色块的深浅，也可以色彩叠加交错，实现色彩厚重的感觉。油画棒简笔画整体处理上，创作者可以反复调整，对细节针对性刻画，以便达到色彩厚重、画法丰富、表现力较强的效果。这样，一幅色彩明确、笔触粗犷的油画棒简笔画——《春天来了》就完成了(图 7－34)。

图 7－34

三、以多材料绘制作品为例

图 7－35

创作者创作简笔画不一定墨守成规，只用单一的材料，如果集中材料混搭，也有可能会产生意想不到的效果。这是一幅用多种材料绘制的一幅简笔画作品——《斑马的快乐生活》(图 7－35)。这幅简笔画，笔触或粗犷或细腻，笔刷或轻快或厚重，色块或湿润或干涩。这些特点不可能是仅用一种绘画材料来实现的，这需要油画棒、水粉、彩色铅笔、树叶、纽扣等为主要材料，辅助材料包括 150 克的八开素描纸张、2B 铅笔、软橡皮、海绵、四开画板、喷壶、小刀、竹笔、直尺、水桶等。

(1) 我们首先将八开素描纸用揿钉固定在画板上。

(2) 然后用直尺在八开素描纸上画出绘画区域。

(3) 根据自己的需要，创作者对形体轮廓进行勾勒。

(4) 斑马的身体色彩明确，笔触粗犷，创作者可以用彩色铅笔进行刻画。

(5) 斑马的鬃毛细腻丰富，注意色彩间的搭配，特别是鬃毛的层次要进行细致刻画(图 7 - 36)。

(6) 大面积上色，创作者握笔可选用水彩的湿润画法对天空、云朵进行大面积绘制，注意色彩间的衔接过渡(图 7 - 37)。

图 7 - 36

图 7 - 37

(7) 草地的绘制我们可以尝试水粉硬笔刷上色，上色过程中，创作者还要考虑到用笔的方向，用笔的方式，例如，小草的上色，我们可以根据小草生长的方向进行水粉铺色(图 7 - 38)。

(8) 小树和房子我们可以运用拼贴的方式来绘制，这样的画面看起来将更加生动(图 7 - 39)。

图 7 - 38

图 7 - 39

(9) 在对画面的细节的处理上，例如小草的轮廓、斑马的鬃毛、树干的细节，创作者可以用竹笔或细竹片削尖，细腻地表现对象，还可以用刀片反复刮擦，出现刮痕的效果(图 7 - 40)。

(10) 创作者经过反复调整，使这幅简笔画的色彩更加厚重、画法更加丰富、表现力更加强大，同时在细节上经过认真细致的调整，从而达到创作者想要的效果。这样，一幅别具一格的混搭式简笔画——《斑马的快乐生活》就完成了(图 7 - 41)。

图 7 - 40

图 7 - 41

第六节 简笔画创编

一、创编中的构图设计

构图是指人们头脑中的构思通过绘画的方式，按照作者的想法组合成一个具体的画面。一般采用的是平面构图形式，主要有并列式、剖面式、均衡式、散点式、S式、三角形、梯形、圆形等(图7-42)。

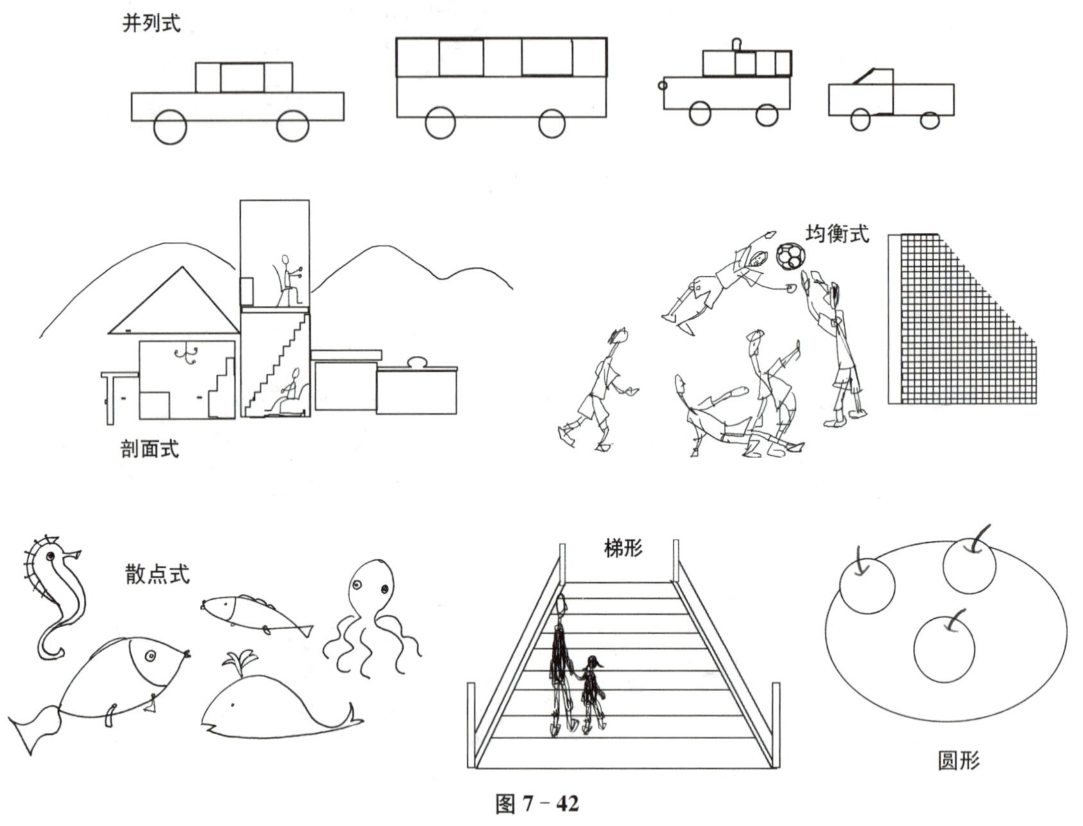

图7-42

二、创编中的形象表现

形象是画面的核心组成部分，形象包括动物、植物、静物、自然界、抽象元素等。形象的表现风格有写实的、夸张的、抽象的，甚至自我表现的。不管用何种方式来表现，都是由作者要表现的内容与形式来决定的。

图7-43

三、创编中的色彩运用

色彩是指五彩的阳光赋予世间万物绚丽多彩的颜色，主要包括红、橙、黄、绿、蓝、紫等，人们可以根据世间万物的色彩照抄其自身的颜色、也可以根据自己的爱好重新组合一种自身喜爱的色彩，将这些绚丽的颜色按照自己的想法组合成一个具体的画面。一般我们采用的是同类和谐的颜色、冷暖互补的颜色、纯度差异的颜色、明度差异的颜色等(图7-43)。

四、儿歌创编的方法、步骤

我们以一首儿歌《长颈鹿》作为案例来讲解一下儿歌创编的具体方法与步骤(图 7-44)。

图 7-44

(1) 构图上，首先，主要表现的形象要完整，多安排在画面中间位置，即构图中的中景部分。在这幅儿歌中，主要表现的对象就是长颈鹿了(图 7-45-1、图 7-45-2)。

图 7-45-1

图 7-45-2

(2) 其次，主角附近的陪衬物要表现得充实、仔细，这些都是为突出主角而设立的。在这幅儿歌中，陪衬物就是长颈鹿的小伙伴——小鸟了(图 7-46)。

(3) 再次，远处的背景要简单概括，处理得要模糊。有时是涉及内容的，但更多的是衬托主角，即构图中的远景(图 7-47)。

图 7-46

图 7-47

(4) 在形象表现方面，要注意角色的夸张。比如长颈鹿脖子的细长与小鸟的圆胖(图 7-48)。

(5) 形象的拟人化方面，注意赋予人的情感，把孩子带入童话世界，而不是简单地给动物配上人的身子，穿上人的衣服(图 7-49)。

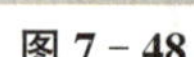
图 7－48

图 7－49

（6）在色彩运用上，要分清客观色彩跟主观色彩，要根据画面情节、画面中的形象进行相互衬托的色彩处理，做到色彩搭配合理、色彩鲜明。黄色的长颈鹿与天空的蓝色就形成了强烈的对比，明快而不突兀（图 7－50）。

图 7－50

本章小结

在这一章中，我们向大家介绍了什么是简笔画以及制作简笔画的一些方式和方法，如彩色铅笔简笔画、彩色水笔简笔画、油画棒简笔画和综合材料简笔画等。通过对简笔画的学习，可以让儿童有机会尝试运用不同的工具、材料和制作手法，从而丰富孩子的视觉、触觉和审美经验，使他们充分享受美术活动的乐趣。

在新课程标准的出台与实施之后，简笔画以它独特的艺术形式和特点，将发挥其他艺术形式不可替代的作用。但是，做好儿童简笔画教育，不只是掌握一些基本制作知识和技法就可以的，它更需要有一套科学的教育方法，才能发掘出儿童身上的艺术潜能。这就需要教师不仅仅是把简笔画作为一门简单的绘画课，而更重要的是把简笔画作为对孩子全面实施素质教育的一个切入点，用自己的爱心、热心、耐心和决心去探索和创新，让儿童在简笔画实践活动中形成基本的美术素养并陶冶高尚的审美情操。

教学做合一

随着社会的进步和发展，许多新技术和新材料被广泛运用到各行各业，请你思考一下，还有什么方法和工具是文章中没有提到，却可以利用在简笔画的制作上的。

第八章　版式设计

目标与导读

● 了解：版式设计在幼儿园教学活动中的重要性。

● 理解：版式设计是将多种视觉传达元素，按照某些特定功能、内容、审美法则和人们的视觉经验进行编排设计的一种视觉表达形式。

● 掌握：手绘版面设计的方法，手绘字体设计与制作认知手绘版报各个较为详细的步骤和过程，图文处理及提炼宣传语言能力。

● 应用：结合本专业特点，能够独立设计和制作手绘版报。

学前版式设计是学前教育美术专业的必修主干课程，它能够培养学生动手、动脑的习惯，培养他们的创新意识和创造能力，这正是时代的迫切需要。我国大部分幼儿园的环境创设是由本园教师来完成的，作为未来的幼儿教师，高师学前教育专业的学生必须具备一定的审美素质和扎实的美术基本功，以便能够更好地运用到教学活动工作中。

第一节　版式设计概述

一、概念

艺术旨在创造具有愉悦性的美的形式。

版式设计是将文字、图形、色彩等设计元素在限定的版面中进行合理编排和设计的过程。版式设计是平面艺术形式中的一种，其艺术性就体现在遵循美的原理，将对称与均衡、节奏与律动、对比与调和、秩序与变异、虚实与留白等形式美法则运用于版面中，使版式布局更丰富、更新颖、更美观、更合理、更具个性(图 8-1—图 8-4)。

图 8-1

图 8-2

图 8-3

图 8-4

手绘版式设计是运用手绘的形式将画面中的图形、文字等视觉元素进行绘制、书写和编排的设计，具有画面简练、色彩鲜明、形式活泼等特点，在现代商业竞争中得到广泛的运用，同时，也逐渐走进幼儿园，成为幼儿教师们常用的宣传和教学的方法和手段(图 8-5—图 8-8)。

图 8-5

图 8-6

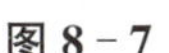

图 8-7

图 8-8

学前手绘版式设计作为幼儿园环境创设中有效的直接的表现形式之一，其目的不仅仅为了美化环境、创造环境，同时也是素质教学的最基本的一种行之有效的方式。它艺术感染力强，符合环境主题内容的特点需要，让儿童印象深刻并乐于接受。所以，这种艺术形式不仅在现代商业竞争中被广泛运用，在我们的幼儿园教育中也越来越受到重视，成为幼儿教师们常用的宣传与教学的有效手段。

二、版式设计的工具与材料

手绘版式设计的制作材料和工具非常丰富，在此我们只简单介绍几种学前教育中常用的工具：马克笔、彩铅、彩色粉笔、平笔、铜版纸和白板纸等。

(一) 笔

1. 马克笔

马克笔可分为水性马克笔和油性马克笔，它的笔头呈方尖形、宽平形、圆头形(图 8-9)。

图 8-9

方尖形：笔头的形状呈斜切式的平形四边形，笔端与纸面接触时呈 60°角。

宽平形：笔头呈宽平状，针对描绘大型字体而设计。

圆头形：笔头呈圆弧状，与纸垂直接触时呈圆形，容易掌握。

按性质来分又可以分为油性马克笔和水性马克笔。

油性马克笔：笔杆上标有油性、快干性、耐水性等字样，书写后有速干的效果，笔内颜料用完可继续添加，颜料有刺激性气味。因为速干的效果比较适合初学者。

水性马克笔：笔杆上标注有水性或者可溶性字样，书写后干燥的速度比较慢，遇水后会溶解(图8－10)。

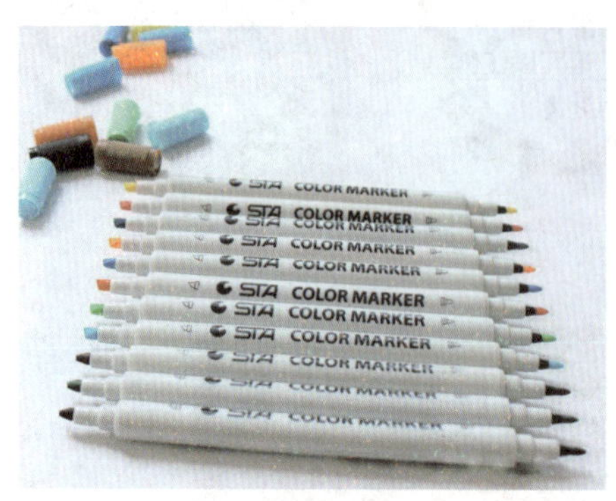

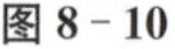
图 8－10

图 8－11

2. 彩色铅笔

当作 POP 的辅助工具，配合插图制作或者与别的材料一起混合使用，可以用作增强 POP 画面效果。有 12 色和 24 色的，按性质不同分为油性、水溶性两种(图 8－11)。

3. 彩色粉笔

POP 辅助工具，可分为棒形、圆形、笔形三种。粉色彩笔有硬有软，由笔内的胶质多少决定它的硬软度，含胶质少的笔软，色度高；反之则硬，色度低(图 8－12)。

4. 平笔

POP 辅助工具，通常人们也叫做扁的水彩笔，可以直接绘制出比较平整的直线(图 8－13)。

5. 水粉颜料

POP 辅助工具，可以用来给海报上色(图 8－14)。

图 8－12

图 8－13

图 8－14

(二) 纸张

手绘版式设计一般用铜版纸和白板纸作为绘画基础纸，在学前教育中我们也可以用到一般绘画纸(图 8－15)。

图 8 - 15

第二节　手绘版式设计字体的书写原则及规律

一、书写原则

在手绘版式设计的字体(也称为 POP 字体)书写过程中,应按照字体规律来书写,这样书写起来就可以得心应手。运笔的基础就是“米”字的八个方向,字的描边遵循右下左上原则,一定要做到横平、竖直;斜划也是如此;运笔时笔杆朝着笔划前进的方向,笔杆和纸张成倾斜 60°角;运笔要稳,力道均匀,写出的线条才匀称、丰满、笔直;运笔不要施太大力,以免拖不动,墨水会晕开来。(图 8 - 16)

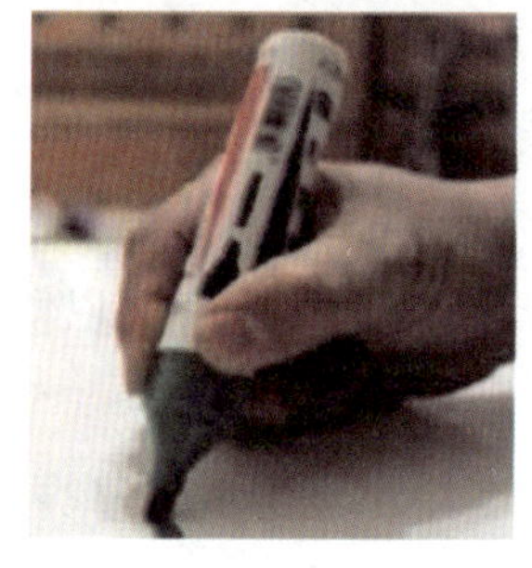 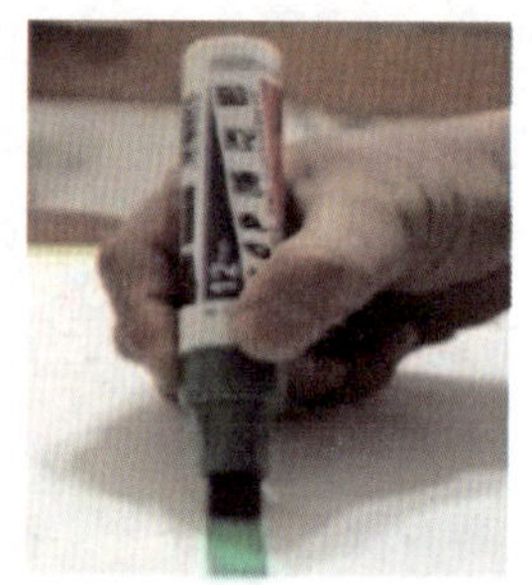  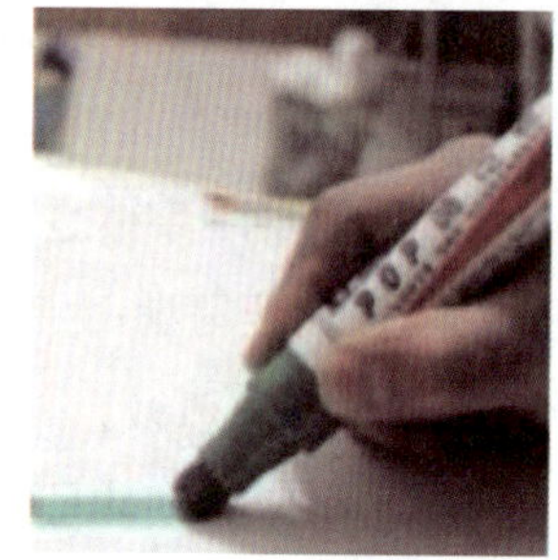

图 8 - 16

握笔练习如下:

(1) 横书写练习(图 8 - 17)

图 8 - 17

(2) 直书写练习(图 8-18)

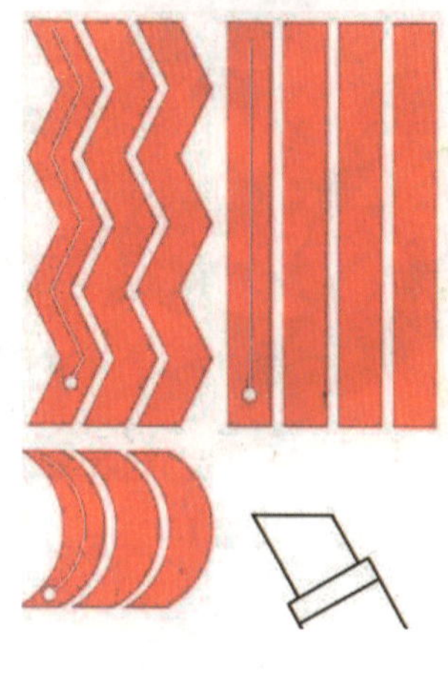

图 8-18

二、字体规律

手绘版式设计所用到的字体种类繁多,这些字体按照它们的特点和用途,大致可分为基础字、变形字和创意字。

(一) 基础字

基础字是手绘版式设计字体里最基础的字体,其他的手绘字体都是由基础字体演变而成的,所以学习手绘字体的第一步就是要先学习基础字。基础字包括正体字、活体字、细体字、软体字。

(1) 正体字:字体呈正方形,笔画是横的、竖的、斜的,几乎没有圆滑的笔划;书写要上下顶头左右碰壁,尽量把格子写满;由于中国文字可以直书也可以横书,所以行距要大于字距,甚至不要有字距,以便他人阅读(图 8-19)。

(2) 活体字:字体呈倒梯形,字体结构活泼,字形左高右低,上宽下窄,字体的大小随笔划的多少而定,笔划多的字大反之小。左右结构及半包围结构的字体要缩短偏旁部首的高度(图 8-20)。

图 8-19

图 8-20

(3) 细体字:字体呈正方形,用细笔书写。撇、捺要拉直,转折的地方要写成直角。这种字体常用于海报的正文部分(图 8-21)。

(4) 软体字:字体呈倒梯形,横笔画向上翘,第一笔横笔画粗。竖笔画细且向右弯曲,笔画收尾要细。细软体字属于比较古典传统的题材,能使海报更加富有内涵和文化气息(图 8-22)。

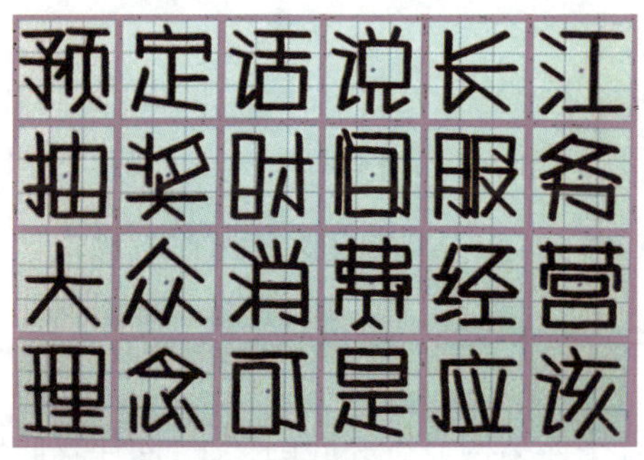

图 8-21

图 8-22

(二) 变形字

变形字体是比基础字体更加生动和活泼的字体，漂亮的海报，可以用不同的变形字体完美地展现出来，使其更加生动具有魅力。变形字包括圆弧字、圆头字、圆角字、卷曲字、扩口字、打点字、图形等。

圆弧字：一般将文字的“口”部进行圆弧处理(图 8-23)。

图 8-23

圆头字：一般在字体笔划两端做一个小半圆，使其成为一个圆头效果(图 8-24)。

图 8-24

圆角字：一般在文字的转折处作圆弧处理，使其成为一个圆角(图 8-25)。

图 8-25

卷曲字：一般在文字的“竖”、“捺”、“点”等笔划上做卷曲效果(图 8-26)。

图 8-26

扩口字：一般在文字的“口”部进行夸张，扩大处理(图 8-27)。

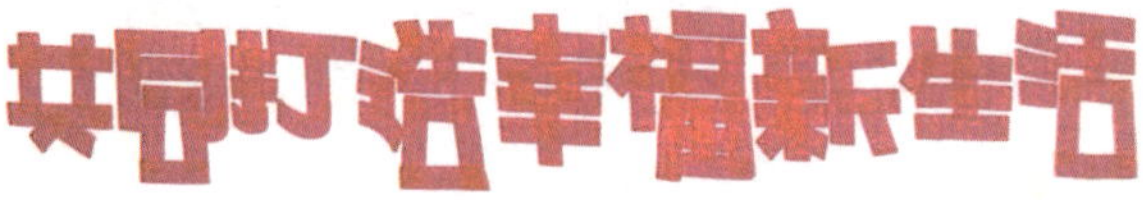

图 8-27

打点字：一般在文字“点”的笔划上做变形效果，如处理成水滴的形状(图 8-28)。

图 8-28

（三）创意字

创意字体的书写要通过铅笔起稿，记号笔描绘轮廓，水性马克笔进行上色处理几个步骤来完成，我们也可以在绘制的过程中运用一些卡通元素来对笔画进行创意，使其更加具有视觉冲击力。字体装饰还可以加强视觉效果，美化文字，让字体构成更加精美、丰富，更具个性，吸引观者的视线。创意字包括胖胖字、棱角字、卷尾字、木头字、卷尾字、立体字等。

（1）胖胖字

从字面上理解，胖胖字就是笔画写的圆圆滚滚而且字体结构显得胖胖的文字，同样我们也可以理解为把字写成空心字的样子，然后加肥加胖，因此被形象地称为胖胖字，我们还可以把一些图形、图案和人的五官融入到胖胖字体设计当中，使其更具有生命力和亲和力。胖胖字因为其肥胖可爱的特点很受设计者们的喜爱（图 8－29）。

图 8－29

胖胖字书写技巧：

① 椭圆组合法：胖胖字的每一个笔划当成一个椭圆结构，然后把这些个椭圆形按照文字的基本结构拼接到一起（图 8－30）。

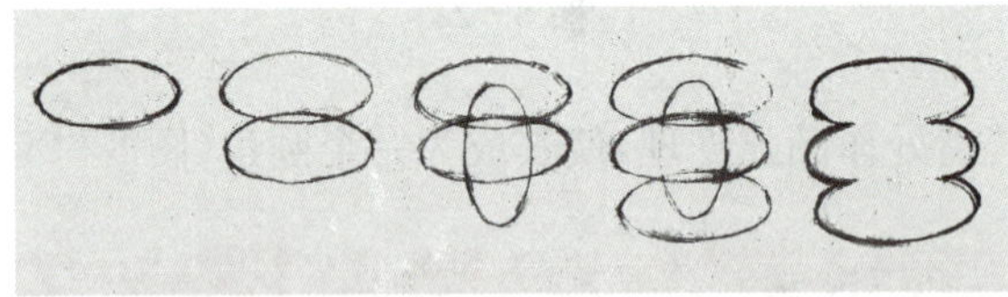

图 8－30

② 笔画遮挡原则：

右边挡左边，下边挡上边，小面积挡大面积，但是为了方便识别，也可以根据字体的结构进行遮挡（图 8－31）。

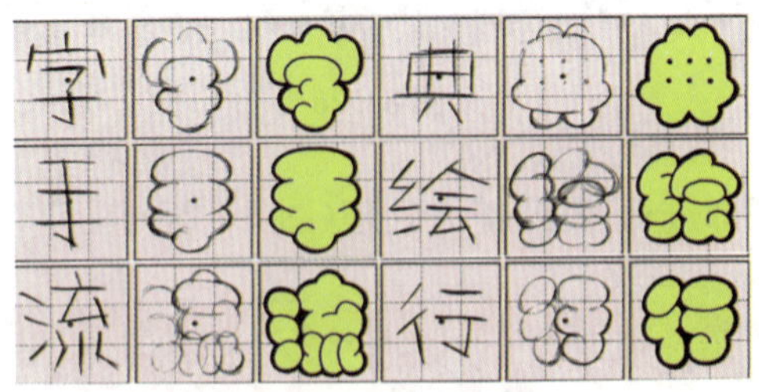

图 8－31

（2）棱角字：

与胖胖字不同，棱角字的特点是字形棱角分明。棱角字的笔划可以归纳成一个梯形（图 8－32）。

图 8－32

(3) 木头字：

木头字是将字体笔划处理成木板效果的字体，在笔划相接处有时还画上一些小钉子，感觉这个字就是由木板钉出来的，非常有趣。我们还可以采用同样的设计思路设计出铅笔字、钉子字等变形字体(图 8 - 33)。

图 8 - 33

(4) 卷尾字：

卷尾字是在胖胖字的基础上又将字体笔划做卷尾效果的字体(图 8 - 34)。

图 8 - 34

(5) 立体字：

立体字是将字体做立体效果处理，体积感非常强(图 8 - 35)。

图 8 - 35

(四) 数字、字母

数字在版式设计中主要起着传达的作用，不可做过多装饰，否则扰乱视觉。书写的时候以简单大方为主(图 8 - 36)。

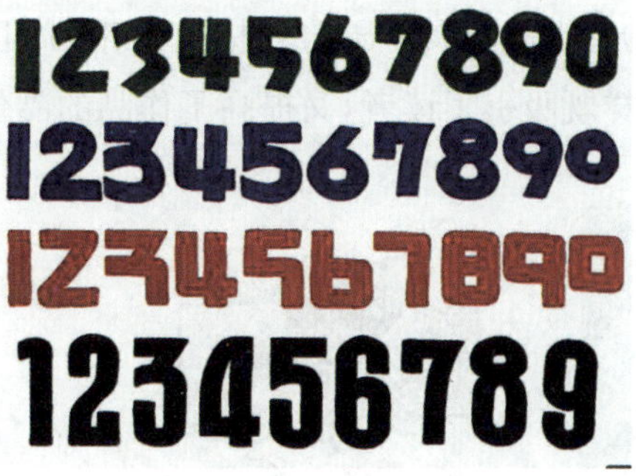

1234567890
1234567890
1234567890
123456789

图 8 - 36

课堂练习

从基础字开始临摹，掌握了基础字的书写规律以后再延伸到变形字体和创意字体，要求熟悉每种字体的书写规律。

课后练习

设计 3 组符合幼儿心理的美术字体。要求具有创意性、趣味性。

训练目的：训练字体的结构，书写方法，掌握字体的特点，熟悉字体书写规律。

第三节　版式设计的插图

一、版式设计的插图

插图在版式设计中有着重要意义，它以形象的方式被瞬间接受和评价，视觉冲击力比文字强 85%。俗话说，一图胜千字，这并非指文字表达力弱，而是指图形能超越文化、语言、民族诸多差异，一些用文字难以传达的信息、感受、思想，借助图形可迅速传达，起到说明和论证的作用。版式设计的插图具有从属性、独立性、装饰性几个特点。

（一）从属性

插图自从诞生以来就受到限制和排斥，它不能离开版面独立存在，它依附于版面，创作出来的图形样式要与版面形式整体风格协调，这就是它的从属性（图 8－37）。

（二）独立性

虽说插图具有从属性，但是也相对独立，主要表现在独立的欣赏价值。插图从属文字，按照文字的内容来绘制插图，但是并不意味着仅对文字做出了简单的说明（图 8－38）。

（三）装饰性

各种形象的插图对版面来说都是无与伦比的，也起到装饰美化的作用。如果一张版式都是文字而不出现任何插图，这个版面给人的感觉就是具有压力和枯燥无味的，但是如果在画面上加上几片云、一只鸟、一棵树穿梭在文字之间，这样既吸引了读者，又提高了作品的品位、趣味性（图 8－39）。

图 8－37

图 8－38

图 8－39

二、制作技法

在版式设计的编排过程中，插图的排版要求合理、吸引幼儿。

在进行幼儿教育的时候，版式设计插图一般以简笔画、卡通漫画的形象为主。主要的题材以幼儿日常生活中多见的事物为主，这样可以引起幼儿的注意与兴趣。

基本形体绘制方法：先用铅笔起稿再勾画上色。造型要求单纯且具有一定装饰性，造型要求从写实到抽象表现，轮廓处理与简笔画类似，以黑色为主，外粗内细是常见的轮廓表现方式。形象轮廓勾画好之后，可用水性马克笔、彩铅或广告颜料对形象进行平涂上色。(图 8－40—图 8－43)。

图 8－40　图 8－41　图 8－42　图 8－43

课堂练习

1. 临摹本章给出的图片，随堂创作出一张简单的海报插画。

2. 以校园活动为主题创作 3 组 8 开的插画作品，要求线条流畅，形象夸张生动，色彩搭配协调。

第四节　版式设计的色彩搭配

色彩在版式设计中是最为活跃的元素。内容决定形式，色彩的这种形式语言可以直接将设计要表现的内容传达给观众。在色彩的各个要素中，色相是最具有视觉表现力的。在版式设计中，色相的性质和设计与所要表现的内容之间有着直接的联系，色彩运用要从题材和内容出发，合理地运用色彩搭配版面，使版面更能吸引观众。要想将颜色搭配得赏心悦目，我们总结出下面几种配色方法。

一、无彩色配色

任何一个颜色与黑色、灰色、白色搭配称之为无色彩配色。当找不到合适的颜色搭配时，可以考虑用黑色、灰色、白色来搭配，因为此配色方法是最扎实、最完整、最无疑问的配色方法。如：

(1) 红色配黑色有强烈的视觉引导效果，适合应用于较酷、前卫的行业。

(2) 红色配以灰色，适合精品业、化妆品、服饰等行业。

(3) 蓝色配白色，属于大自然的配色，可应用在电脑资讯等题材上。

由以上可知，明度低的颜色配以白色，中明度的颜色配以灰色，高明度的色彩配以黑色。掌握这个配色原则，大家可以自行运用搭配。

二、同类色配色法

用相近的颜色相互搭配的配色方法就是所谓同类色配色。因为利用类似色能营造出柔和、贴心、可爱、温馨的感觉，所以适合用于婴儿用品、女士服饰、婚庆等行业，但须注意所搭配的类似色明度不可太过相近，以免造成同一色系的困扰。类似色配色的整体感觉趋向平坦、柔弱，在作品的表现上，吸引力较弱。

三、对比色

对比色配色就是利用对比色来搭配，常用的对比色有红—绿、黄—紫、蓝—橙三组。对比色的配色方法，给人前卫、鲜明、开朗流行的感觉，适合年轻人等题材(图 8－44)。

图 8－44

图 8－45

课后练习

根据本节 3 种配色法制作 1 张适用于学前幼儿园的海报，海报尺寸为半开。

第五节　手绘版式设计的编排与结构

一、版式设计的编排原则

(一) 主题鲜明突出

任何一种形式的版式编排，其共同目的都是使版面中的各种视觉元素按照一定的主次关系和形式美法则进行有条理性的组织和排列，然后来共同说明或表达一个问题或一种含义。也就是说其各视觉元素必须要围绕一个视觉中心来突出一个设计主题或思想主题。手绘版式是存在一定的范围界限的。因此，在这个有限的范围中，如何提高其信息传达和情感传达的效率，突出主题是重中之重。因为一个鲜明的设计主题或视觉中心不但能使整个版面存在一个主角和重心，也能使各视觉元素有机地形成一个"团队"。更为重要的是受众视线的快速定位及设计思想的强烈传播均与其主题和中心的突出与否有直接的正比关系。所以主题与中心的突出并不仅仅只是一个"位置"的问题，而且是关系到设计思想能否成功体现的关键之一。

（二）艺术性与装饰性

版面的装饰是由文字、图形、色彩等通过点、线、面的组合与排列构成的，并采用夸张、比喻、象征的手法来体现视觉效果，既美化了版面，又提高了传达信息的功能。不同类型的版面，具有不同方式的装饰形式，它不仅起着突出版面信息的作用，而且能使读者从中获得美的享受。

（三）形式与内容统一

版式设计的前提是所追求的形式必须与内容相统一，通过完美、新颖的形式，来表达和突出主题。版式设计构思与表达的本身就是一种创作过程，但如果仅仅把目标局限在一种纯粹的"设计"层面上，那么其版式设计的整体质量无疑将会大打折扣，甚至缩短其生命力的延续。形式是依附内容而存在的。好的形式不仅可以装饰和丰富整个版画效果，还可以让主题信息在传达上达到事半功倍的作用。

（四）整体与协调性

强调版面的协调性原则，也就是强化版面各种编排要素在版面中的结构以及色彩上的相关性。通过版面的文、图间的整体组合与协调性的编排，使版面具有秩序美、条理美，从而获得更好的视觉效果。

在具体的版式表现中，只追求局部的形式美感而忽视整体的协调统一，其版式设计不能说是成功的。不可否认局部细节的塑造是整个版式的精彩所在，但过度的细节刻画容易造成版面零散、琐碎、花哨、中心不突出的局面。我们必须在整体的宏观调控中把版式设计中各元素进行有机融合。

二、手绘版式设计结构及版式

（一）手绘海报的基本结构

(1) 分类

① 同类合并原则，对信息进行分类归纳确定中心内容。

② 邻近原则，是指导版式设计中各分类信息依级别不同所进行的编排，也就是使同一信息级别的编排元素尽量靠近一些，不同信息级别的编排尽量拉开一定的距离。

(2) 分区

分区就是确定编排元素在版面中的位置。诸如图片区、标题区、正文区等。确定它们的区域位置，主次关系，黑、白、灰的关系，从而完成整体布局。

(二) 常用的版式

1. 标题在上，内容在下(图 8－46)。

2. 标题在下，内容在上(图 8－47)。

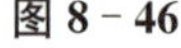

图 8－46

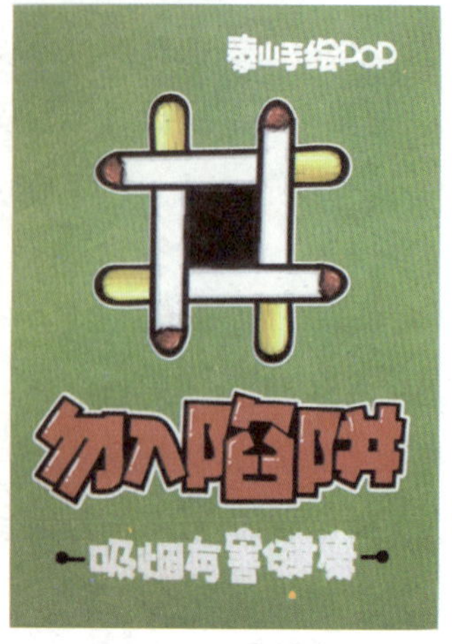

图 8－47

3. 标题居中，其他内容占半(图 8－48)。

4. 标题竖排靠左，其他内容靠右(图 8－49)。

5. 标题竖排靠右，其它内容靠左(图 8－50)。

图 8－48

图 8－49

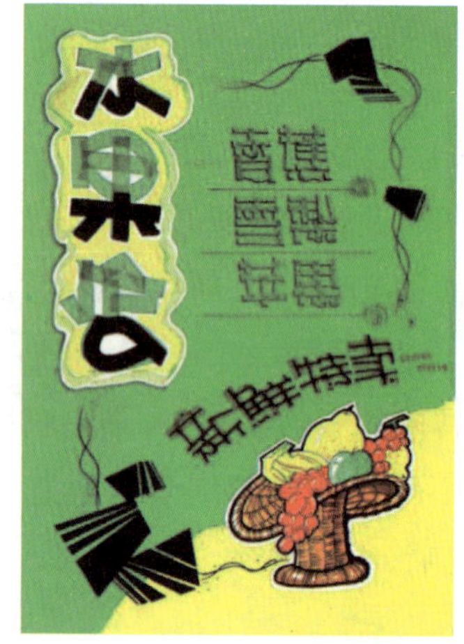

图 8－50

手绘版式制作案例

案例一

第一步：构思与草图。

根据海报主题确定版式风格与布局，铅笔起稿。(铅笔不要太重)(图 8－51)。

第二步：初稿。

根据草图，从标题入手逐步绘制海报。在这一步要注意要对海报整体有更深的把握，此时如发现规划有问题应及时更改。此步是海报成功与否的关键步骤(图 8－51－1)。

第三步：略稿。

此步骤基本可以看出海报的大体形状了，一般插图在此步出来，此时海报的大感觉一般不可能再改变了，如果在此时发现问题，就要用平时的经验和技巧进行补救(图 8－51－2)。

图 8-51

图 8-51-1

图 8-51-2

第四步：色稿。

POP 笔的上色：由于 POP 笔是有宽度的，上色时应笔触整齐。POP 海报的主要颜色最好不要超过 3 色(图 8-51-3)。

图 8-51-3

图 8-51-4

第五步：完稿。

上完色后，将其他信息如正方加上，从整体的角度做一些调整和修饰，整张海报就完成了(图 8-51-4)。

案例二

第一步：根据主题构思草图(图 8-52)。

第二步：依据画面需要绘制所需要的插图，上色(图 8-52-1)。

第三步：将画好的插图剪下后贴在彩色的卡纸上(图 8-52-2)。

图 8-52

图 8-52-1

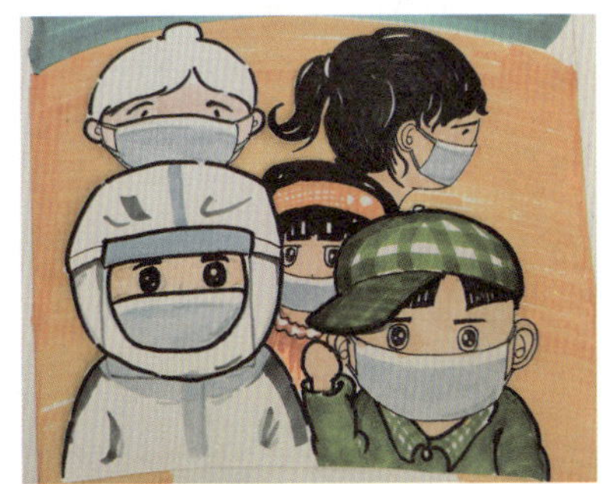

图 8-52-2

第四步：用彩色油性马克笔书写出标题字并做描边处理(图 8-52-3)。

第五步：把书写好的标题字裁剪后贴在与第三步同一张的彩色卡纸上(图 8-52-4)。

第六步：在贴有插图与标题的彩色卡纸上用软笔书写正文完成作品制作（图 8-52-5）。

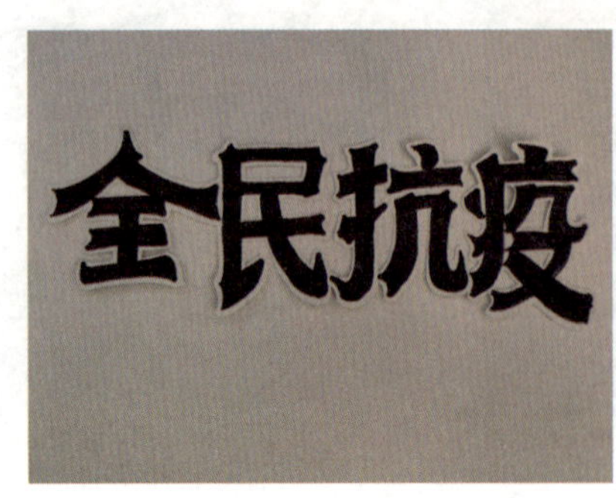

图 8-52-3

图 8-52-4

图 8-52-5

课后练习

1. 根据本节所学的结构制作一张适合学前幼儿的海报，主题自拟，规格 4 开。
2. 运用所学的版式，制作 3 张不用排版的海报，主题自拟，要求每张海报 4 开。

本章小结

版式设计，要求创作者在设计前必须对版面上所要传播的信息内容有深入细致的了解，有选择地选择信息，做到简明扼要地概况出主题。同时也要对目标受众进行分类，研究其习惯，如我们的学前儿童，教师就必须根据幼儿的年龄特征和认知水平来进行构思与设计。除此之外，创作者的阅历、经验、艺术修养和对设计任务的理解程度都对版式设计的质量有着重要的影响，所以，学习版式设计不是一朝一夕的事情，而是需要长期的积累和实践才能真正地了解和掌握的。

第九章　泥工

目标与导读

● 了解：泥塑本身强烈的可塑性对学生空间造型能力的培养是其他美术课程所不能比拟的，泥塑中的立体造型能很好地建立和发展学生的空间思维能力。

● 理解：热爱民族传统文化，提高审美素养。现代课程改革中提出加强课程与当地文化资源的结合，注重学生的审美教育。

● 掌握：面向基础教育的职业技能。现代的一些教育理论提出教学要围绕学生的发展和需求展开，掌握泥塑的制作技巧及立体造型方法是幼师学生应该具备的一种职业技能。

● 应用：启发学生创造思维，建立空间思维方式。

泥工课程的设置在学前教育中是一门传统的手工技能课，通过对泥土的塑造，能够锻炼幼儿对形体的把握和塑造能力。

随着基础教育改革的深入，对幼师泥塑教育提出了更高的要求。在幼师泥塑教育活动里要重视培养学生的兴趣；要采取多种方法提高教学效果；要特别关注当前幼师泥塑教育的目的与方法的一致性；要在提高学生审美情趣创造力的同时，使其掌握面向基础教育的熟练的职业技能。

第一节 泥工概述

一、泥工

从艺术史的角度来看，泥塑和陶是人类最早的造型方式之一，而泥塑的发生应更早于陶。泥塑与陶所用的材料和成型方法基本相同，最主要的区别是，前者自然阴干，后者需入窑焙烧陶化。

泥塑在学前教育教学课程中也称泥工，是雕塑艺术的一种，民间泥塑或素或彩，寓意吉祥，以人物、动物为主，俗称“彩塑”或“泥玩”。泥工造型生动含蓄，惹人喜爱，泥工课程历来是学前美术教育中的一个重要组成部分，也是幼儿园教育活动中的重要内容之一。其特点是利用自然黏土或可塑性较强的泥，用手及简单的工具塑造立体造型的一种艺术活动。由于泥的可塑性强，可以随人意愿自由变形，为艺术创作提供了广阔的空间。泥工课程不仅让人感受到中国传统的艺术美，受到美的教育熏陶，还可以培养幼儿的想象力、创造力，培养幼儿的形象思维，提高立体造型能力，促进其身心健康的全面发展，所以，泥塑工艺也被称为“为孩子们制作的最好的礼物”！

二、泥工的演变与发展

人类智慧的生成与发展和人类对形态与形体的认识密切相关，这不但使得造型艺术在人类历史发展的各个阶段显得格外重要，而且对每一个个体的人的心智的发育成长也具有极为重要的影响力。这是因为我们人类生存的世界，是一个由各种大小、形状各异的物质所构成的世界。现存人类最早的文化遗物大部分都是最原始的雕塑，泥塑的发展大致是与人们生存的自然环境和生活习俗紧密关联着的，自新石器时代之后，中国泥塑艺术一直没有间断，发展到汉代已成为重要的艺术品种。

两汉以后，随着道教的兴起和佛教的传入，以及多神化的奉祀活动，社会上的道观、佛寺、庙堂兴起，直接促进了泥塑偶像的需求和泥塑艺术的发展。

到了唐代，泥塑艺术达到了顶峰。

泥塑艺术发展到宋代，不但宗教题材的大型佛像继续繁荣，小型泥塑玩具也发展起来。

元代之后，历经明、清、民国，泥塑艺术品在社会上仍然流传不衰，尤其是小型泥塑，既可观赏陈设，又可让儿童玩耍。

中国泥塑历史悠久、文化积淀丰厚、流传地区广泛、种类题材多样，是中华民族绚丽的民间艺术瑰宝之一。它们具有造型整体感强、形态优美生动、色彩淳朴明快等共同的特征。民间泥塑的传承者以其勤劳和智慧在艺术实践的求索中，积淀了丰富的经验，并形成了种类丰富、各具特色的民间泥塑风格，如：凤翔泥塑，高密泥塑，惠山泥塑，天津泥人张等。

（一）凤翔泥塑

陕西凤翔彩绘泥塑工艺始于先秦西周时期，是我国最古老最具民族特色的泥塑工艺。

种类：泥玩具、挂片、立人

艺术特点：造型洗练夸张，形态生动，线条酣畅淋漓。以大红、大绿、黄为主，色彩鲜艳、对比强烈，后期用墨勾线和简练的笔法涂染（图 9－1—图 9－4）。

图 9－1

图 9－2

图 9－3

图 9－4

（二）高密泥塑

山东高密泥塑已有 400 多年的历史。在明朝隆庆、万历年间，这里的农民就自己设计并用泥做成一种叫“锅子花”（也称泥墩子）的焰火出售。后来又把装火药的泥坯塑成娃娃型，焰火放过以后，再当玩具或装饰品摆设。最后这个泥塑的品种逐渐增多，有“老虎”、“狮子”、“猴子”、“小狗”、“小猫”、“鸡”、“鸭”等动物，也有“白蛇传”、“孙悟空”、“牛郎织女”等传奇故事，并且涂以各种颜色，使其生动活泼。

图 9－5

艺术特点：在艺术造型上，聂家庄泥塑向剪纸靠拢，大胆夸张，注重神似，力求简约概括，似与不似。动静结合，形声俱备，雅拙中透精巧，憨朴中显灵秀，栩栩如生，活灵活现。

在色彩运用上，聂家庄泥塑追求鲜明醒目而又柔和动人，用色少而精，以桃红和大绿两种基本颜色为主（图 9－6—图 9－7）。

图 9－6

图 9－7

(三) 惠山泥塑

惠山泥塑是无锡三大著名特产之一。无锡当地艺人取惠山东北坡山脚下离地面约一公尺以下黑泥，其泥质细腻柔软，搓而不纹，弯而不断，干而不裂，可塑性极佳，非常适合“捏塑”之用，惠山泥人是泥人艺人们几百年来，保留传统不断创新孕育出的巧夺天工、灿烂绚丽的民间艺术文化。无锡泥人分“粗货”与“细货”两类，“粗货”大多以喜庆吉祥题材为表现内容，如大阿福、蚕猫、老寿星、渔翁等，寄托着民间祈求祥瑞、辟邪纳福、丰衣足食的美好愿望，其造型粗犷简洁，色彩明快，挥洒写意，形神兼备；“细货”即手捏泥人，这类作品主要取材于传统的戏曲人物、神话传说、民风民俗，人物塑画生动传神，色彩色调秀丽明隽。无锡手捏泥人对材质要求严格，需取当地水稻田一米深处的乌土为材料。

传统工艺极为复杂，有搓、揉、挑、捏、印、拍、剪、色、压、贴、镶、划、扳、插、推、揩、糊、装等技艺。作为彩塑，彩绘技艺在整个泥人的工艺制作中占有较高的比重，因而有“三分塑七分彩”之说。无锡泥塑以独特的艺术造型、鲜明的民族民间色彩和浓郁的江南乡土气息而深受海内外各界人士的喜爱，被誉为“无锡三宝”之一，其《手捏戏文》和《大阿福》名满天下，广为人知，被视为最富有东方色彩的民间彩塑(图 9－8、图 9－9)。

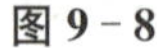

图 9－8

图 9－9

艺术特点：作品饱满风韵，起伏一律用弧线完成，造型圆润精细，线条流畅，色彩鲜艳，情趣盎然，雅俗共赏具有江南韵味。

(四) 天津泥人张

天津泥人张(张明山)彩塑是一种深得百姓厚爱的民间美术品，流传、发展至今已有 180 年的历史。期间，经过创始地的人们乃至世界认可，令人万分喜爱。

艺术特点：以人物为主，形神兼备，色彩简雅明快，用料讲究。

“泥人张”彩塑创作题材广泛，或反映民间习俗，或取材于民间故事、舞台戏剧，或直接取材于《水浒》、《红楼梦》、《三国演义》等古典文学名著。所塑作品不仅形似，而且以形写神，达到神形兼具的境地。“泥人张”彩塑用色简雅明快，用料讲究，所捏的泥人历经久远，不燥不裂，栩栩如生，在国际上享有盛誉。

泥人张彩塑属于室内陈列性雕塑，一般尺寸不大，高约 40 公分左右，可放在案头或架上，故又称为架上雕塑、彩塑艺术，是一个涉及面极广，运用于各种环境装饰的艺术形式，有着服务社会、美化环境的重要作用(图 9－10—图 9－12)。

图 9－10

图 9－11

图 9－12

第二节　泥工的材料及基本工具

一、泥的种类

能用于泥型的材料众多，幼儿进行泥工制作最常用的材料有：传统泥塑材料（红泥、黑泥、陶泥）、彩泥（橡皮泥）、其他类似材料（纸黏土、面泥、软陶）。

（一）传统泥塑材料，即自然黏土

泥性：泥土要求黏度大，含沙少，无杂质。将采集的黏土和成泥后，在水泥地面上摔打，直到细腻、柔软、不沾手。可以把准备好的泥放在塑料袋里保湿或者用塑料袋盖起来，以便以后的使用（图 9－13）。

图 9－13

（二）彩泥

彩泥也就是橡皮泥，自从 1956 年问世以来，橡皮泥就成了孩子们最喜爱的玩具。最开始的橡皮泥只有灰白两种颜色，但随后的几年里橡皮泥就有了各种各样的颜色和香味。

特点：色彩多样，包括夜光的、金色、银色、香波味、刮胡水味等等。

优点：干净、卫生，最适合幼儿使用（图 9－14、图 9－15）。

图 9－14

图 9－15

（三）其他类似材料（纸黏土、面泥、软陶）

纸黏土：乃是黏土的一种，以纸浆混合树脂和黏土制成，价钱较其他的黏土便宜，与面土、陶土等同属常用的捏塑素材。通过加水、手捏和使用各种工具后，纸黏土会变成不同的形状，但在干透以后便不能再令其形状改变。纸黏土一般用于制作泥人、小饰物、画作等。

面泥：是用糯米粉、白面加甘油、防腐剂和开水揉成，经过蒸制成本色面，再加入水粉色或彩色墨水后揉成各色面团即可。主要用于民间面塑，节庆传统（图 9－16—图 9－17）。

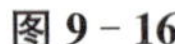
图 9－16

图 9－17

软陶：色泽鲜艳，质感像塑料，也是幼儿泥工的好材料（图 9－18、图 9－19）。

图 9－18

图 9－19

二、泥工常用的工具

泥工制作虽然主要靠徒手捏制，但也需要使用一些简单的工具以丰富作品的表现力。其常用工具有：

泥工板（图 9－20），泥工刀（图 9－21），其他辅助工具（图 9－22）。

图 9－20

图 9－21

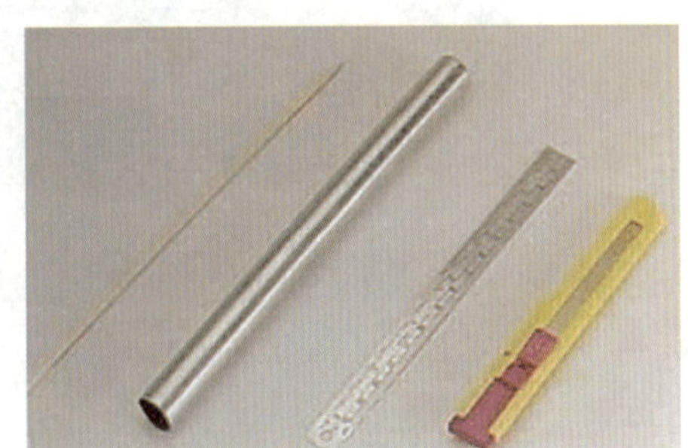

图 9－22

第三节　泥工作品的表现手法及形式

一、泥工作品的表现手法

泥工作品成型的表现手法是制作中非常重要的一部分，那些千姿百态的泥工作品都是通过创作者的双手而塑造出来的。泥工作品成型常见的有以下几种手法。

(一) 手捏成型法

手捏成型法就是用手直接对泥进行创作的最原始、最简单的方法。方法是以徒手捏泥土，利用捏、挖、挤、压等动作使泥土塑成所想要的造型，也可以利用一些简单的工具成型。在塑造时可以先用整块泥塑造形象，局部再用手拉、捏、搓、卷、压、插、接、贴等技法刻画。在做泥塑作品时因为要使做出来的泥塑有一定的可观赏性，可以通过夸张、变形的方法，并搭配相应的颜色，如图 9－23 所示。

图 9－23

案例分析

分泥：用目测的方法将大块的泥，按物体的比例和制作的需要，分成若干小块来准备塑造。

团：将泥放在两手手心中间，双手均匀转动，将手中泥团成圆球。

搓：将泥放在手心，两手前后搓动，将泥搓成长条状或圆柱体。

压：用手掌或工具将搓成的长条或团成的圆球压成片状(图 9－24)。

图 9－24

抻拉：从一整块泥中，按物体的结构抻拉出各细节部位(如大象鼻子、天鹅脖子等)。

捏：将泥片或者泥条用手指挤压出想要的形状(如小鸟的嘴巴)(图 9－25)。

图 9－25

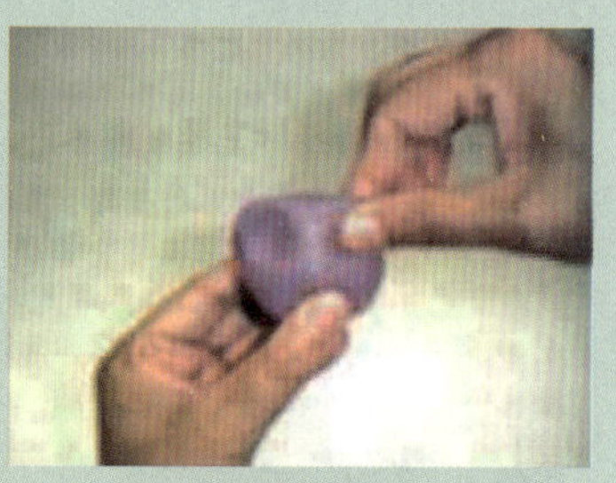

图 9－26

卷：用滚动的方法将泥条卷起(如蜗牛的壳、山羊角)(图 9－25)。

剪：用剪刀将泥剪成所需要的形状(图 9－27)。

印：用工具在泥上压画出条纹理，或者自然肌理（图 9－28）。

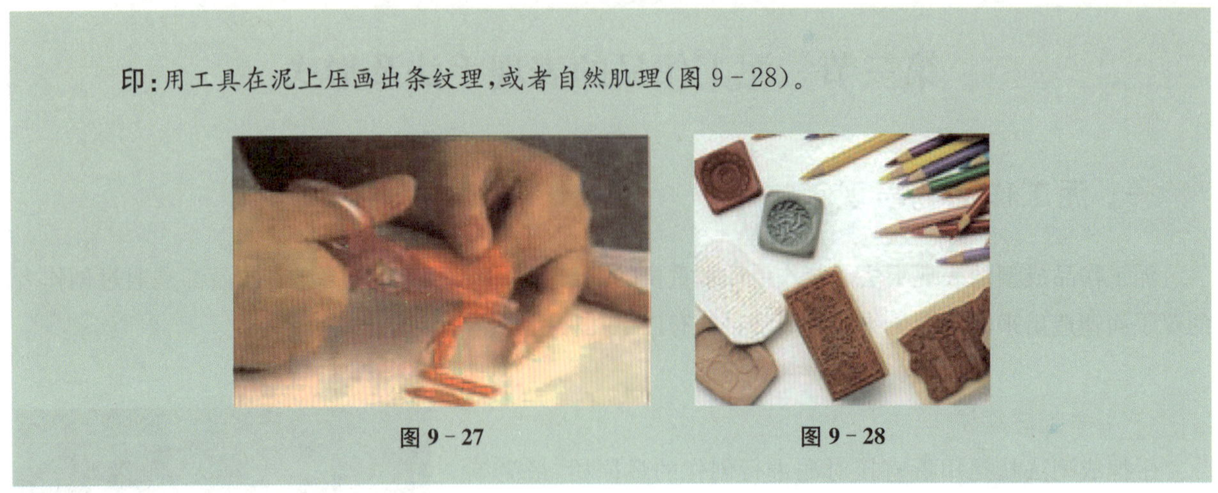

图 9－27　　图 9－28

（二）泥条盘筑法

这种方法早在远古时代就已出现，它主要的形式包括两种：一种是将泥料制成长条形的，以螺旋式的方法由下向上盘筑，一种是将泥条圈起，一层层向上堆筑成器形，泥条可以自由地弯曲与变化。

使用这种方法简单、方便，而且所用的时间也比较少。用这两种方法制成的作品，内壁往往留有泥条盘筑痕迹。这也是在制作作品中的一种应用，在制作一些比较复杂的、不太规整的、形体较大的泥塑作品时，就体现了它的优越性（图 9－29、图 9－30 所示）。

图 9－29

图 9－30

（三）模印成型法

模印成型制作的泥塑是一种用泥在模具上模印成型的泥塑，所以又称为“压模泥塑”，方法是先要创作出模型的形态，外形不能太复杂，要便于脱模，还要考虑模的坚固程度和整体效果，等到造型满意后，再把它翻成模具。模具大多数是石膏做的，也有的是用陶制的。模具还分单片、双片、多片，以双片为主，一般由上、下或左、右两半片组成，中间的空腔便是压模泥塑用来成型的（图 9－31、图 9－32）。

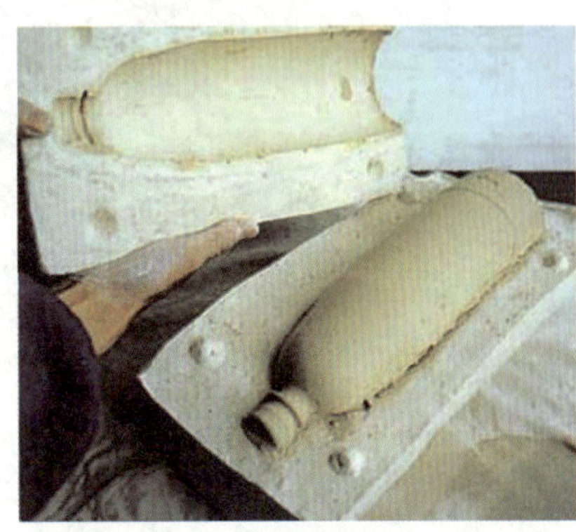

图 9－31

图 9－32

二、泥工作品的表现形式

泥工作品的形式有圆雕和浮雕两种。

(一) 圆雕造型的特点及方法

圆雕是用泥塑造物体的立体形象，其造型概括、简练、夸张。作品有强烈的立体感，可以环绕观看，因而在型制过程中要使每个面都具有立体效果，使人清楚地看到形体的起伏与转折。立体造型活动可以提升人对空间的感知能力，培养立体思维的方式。

幼儿园泥工圆雕的重点：在制作圆雕的过程中要注意重心，表现手法要概括，突出作品的形象、表现性、趣味性和可玩性（图 9－33、图 9－34）。

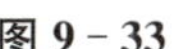

图 9－33

图 9－34

圆雕人物制作实例——卡通男孩

(1) 材料与工具：软陶泥、美工刀、板等。

(2) 塑造方法与步骤：

① 揉泥：反复用捏、压、团的方法对彩泥进行加工，这样可以使彩泥变软，可以把彩泥变得具有较强的韧性而便于制作。

② 制作身体：用肉色黏土（没有肉色，就用白色、红色、黄色配制而成）揉捏出扁椭圆形，做头部。再取部分黏土揉搓出胖水滴形状，做身体。身体要比头部略小。再搓两个小水滴贴在头部耳朵的位置，并用牙签压出耳洞。搓个小网球，贴在头部做鼻子。（图 9－35）

③ 制作头发：将土黄色黏土搓成长条捏成薄片，将一端剪成细条状。包裹在头上做成头发（图 9－36—图 9－37）。

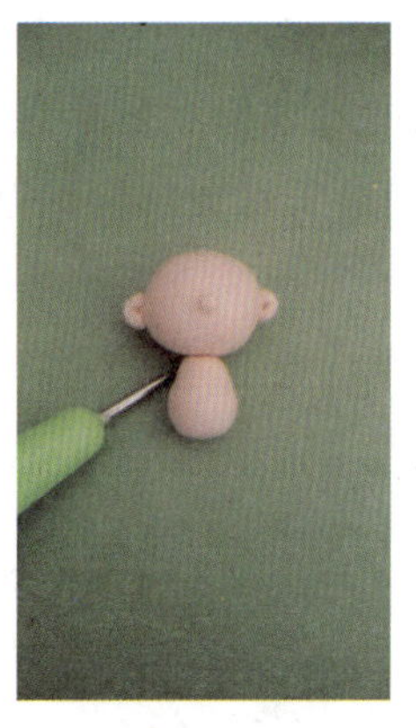

图 9－35

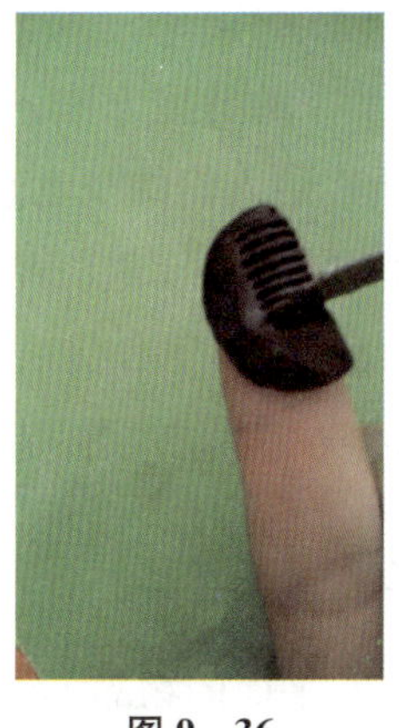

图 9－36

图 9－37

④ 制作裤子：取浅蓝色黏土，揉成网球形，粘贴在身体下方，中间用工具压凹，做裤子状。

⑤ 另取两小块浅蓝色黏土，揉成两个小球压扁，粘贴当裤管。（图 9－38—图 9－39）

⑥ 制作衣服：取两块浅绿色黏土搓成长条，碾压成薄片，切割成长方形，从后往前包住，多余的剪掉。在前胸处重叠（图 9－40）。

⑦ 加手臂：用浅绿色黏土搓成两个长水滴形，粘于身体两侧，当作手（图 9－41）。

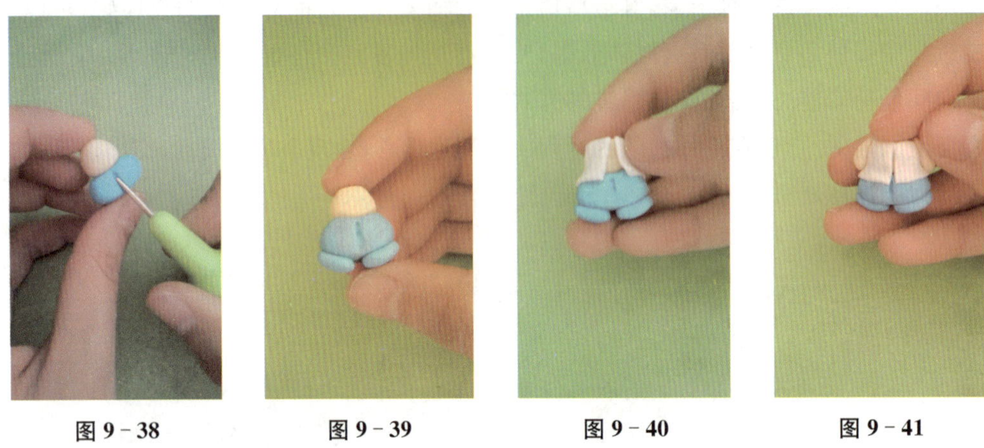

图 9－38　图 9－39　图 9－40　图 9－41

⑧ 装脚：将棕色黏土揉成两个水滴形状，粘于裤管下方做脚。

⑨ 安装附件：搓个小黄球做扣子，粘于衣服上。搓两个小白球压扁做眼白，两个小黑球压扁做眼球（图 9－43）。

⑩ 修饰、完成（图 9－44）。

图 9－42　图 9－43　图 9－44

（二）浮雕造型特点及方法

浮雕是一种在平面上用凸浮手法塑造形象的造型方法。它的最大特点是半立体化，看上去没有圆雕的立体感强，但泥浮雕作品微妙的起伏所带给人们的视觉感受是非常独特的。浮雕泥工主要利用平面上制作出凹凸的深浅层次和光线照射的明暗来进行艺术表现。

在幼儿教学中的结合应用：用玻璃杯，纸盘纸碗等作为底板进行泥工浮雕制作。

这里所介绍的是造型被压缩得比较平的浅浮雕，常常被装饰在平面上或用具、器物上，具有很好的装饰效果。

1. 泥浮雕可以装饰在许多物品的表面

（1）平面：泥浮雕可以附着在纸面、墙面、平面的物品上（图 9－45）。

（2）立体：泥工浮雕也可以附着在瓶身、笔筒、一些废旧物品等立体的物体上（图 9－46）。

图 9-45

图 9-46

2. 青蛙书签制作实例

(1) 材料与工具。白色、黑色、粉红色、黄色、软陶备少许、椭圆形木板(长约 12 cm) 一个、名片夹 1 支、白胶。

(2) 塑造方法与步骤。

① 揉泥:反复用捏,压、团的方法对彩泥进行加工,这样可以使彩泥变软,可以把彩泥变得具有较强的韧性而便于制作。

② 把绿色泥搓圆再压扁。

③ 将椭圆形木板钻小洞。

④ 用压扁的绿色泥把椭圆形木板包起来,将名片夹插入椭圆形木板。

⑤ 用粉红色土做成恐龙头部(椭圆球形)、身体(含尾巴)、四只脚(椭圆球形)。

⑥ 用黄色土搓四个圆球再压扁,分别黏在四只脚下面。用黄色土搓数个小圆球,黏在头部及身体上当斑点。

⑦ 用白色土搓圆做眼睛,黑色土搓小小圆球做眼珠。

⑧ 将恐龙身体备部分完成后,在恐龙头部画上嘴巴,再黏在白色椭圆形形木板上(图 9-47)。

图 9-47

图 9-48

3. 玻璃珠杯灯制作实例

(1) 材料与工具。软陶泥(CT60 g、白色土 30 g、CM30 g)(图 9-48)、泥工刀、滚筒、美工刀。

(2) 塑造方法与步骤。

① 将白色土和 CM 土,分别柔软后各自擀成厚薄 0.2 cm 的土片,将两土片重叠密合,并将 CT 土捏成三角柱(图 9-49)。

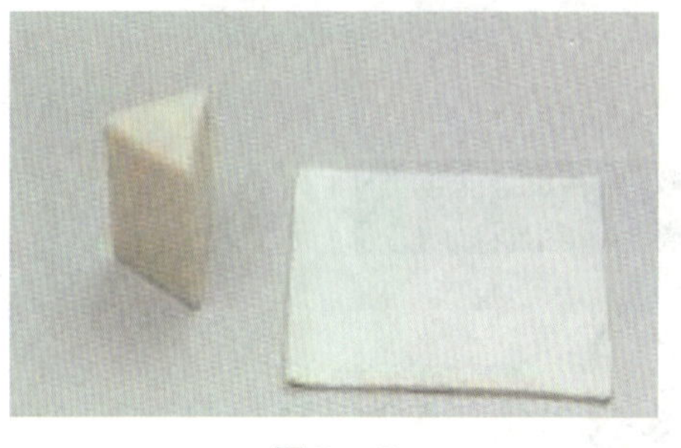

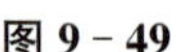

图 9－49

图 9－50－1

图 9－50－2

② 将三角柱平均竖切成五等分，每一等分夹着步骤一的土片(图 9－50－1、图 9－50－2)。

③ 将步骤一的土片贴黏在三角柱的斜侧边，挤压拉长约 15 cm(图 9－51－1、图 9－51－2)。

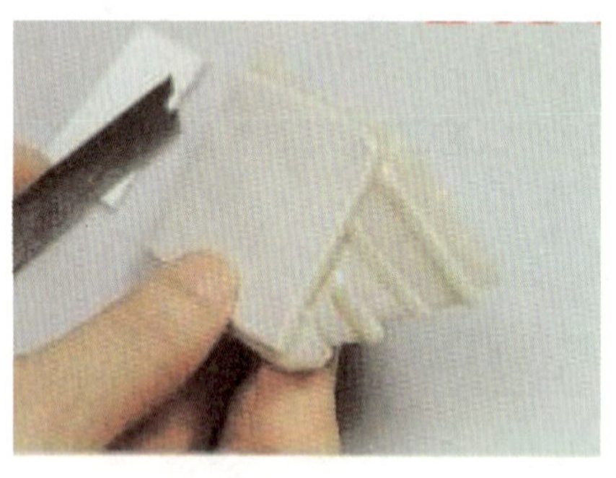

图 9－51－1

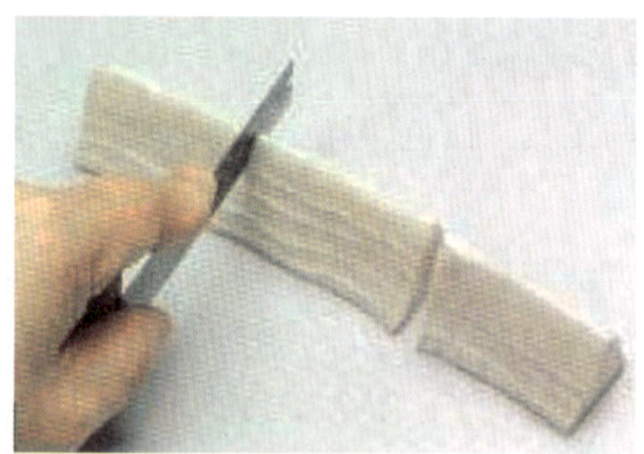

图 9－51－2

④ 将三段组合成半圆形，组合切段成两段后，再组合成圆形(图 9－52－1、图 9－52－2)。

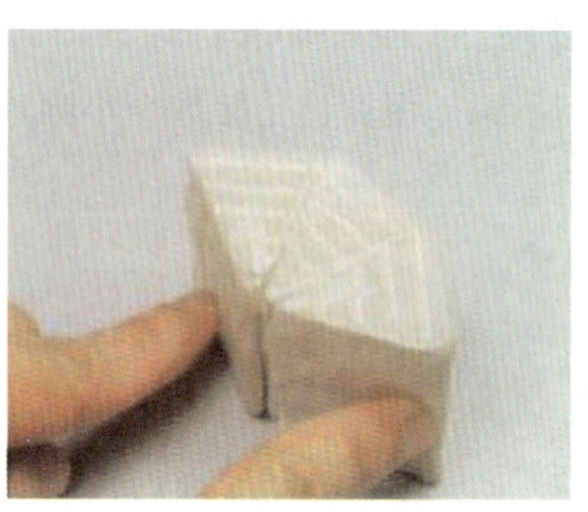

图 9－52－1

图 9－52－2

⑤ 再次挤压拉长，切段，再组合成正方形。用滚筒压成正方形土条(图 9－53－1、图 9－53－2)。

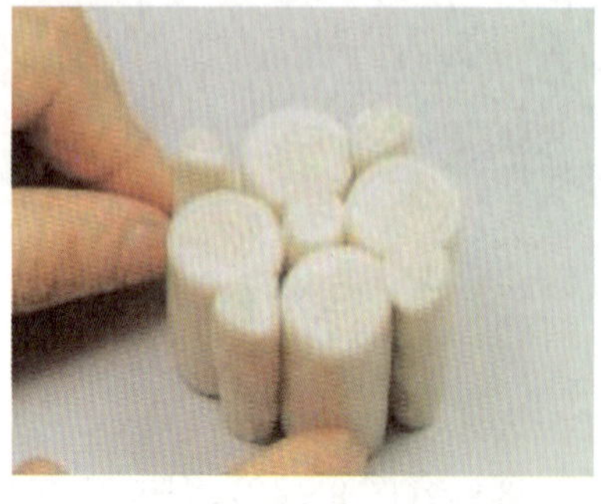

图 9－53－1

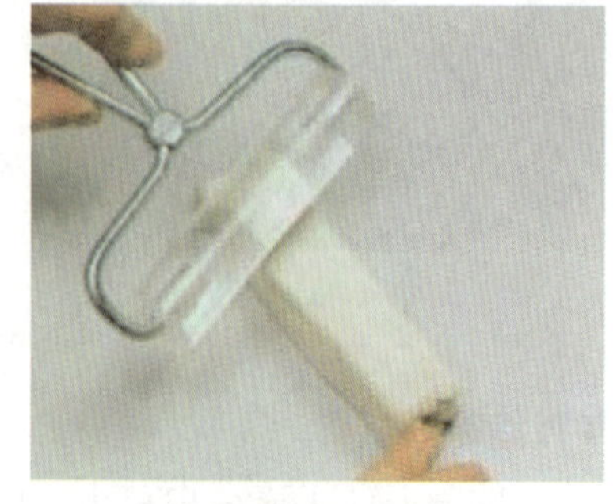

图 9－53－2

⑥ 挤压拉长土条，切成四段，再组合完成蜘蛛网形土条。将土条切片(厚度约 0.3 cm 左右)有滚筒将土片擀薄，越薄越好(图 9－54－1—图 9－54－3)。

图 9-54-1

图 9-54-2

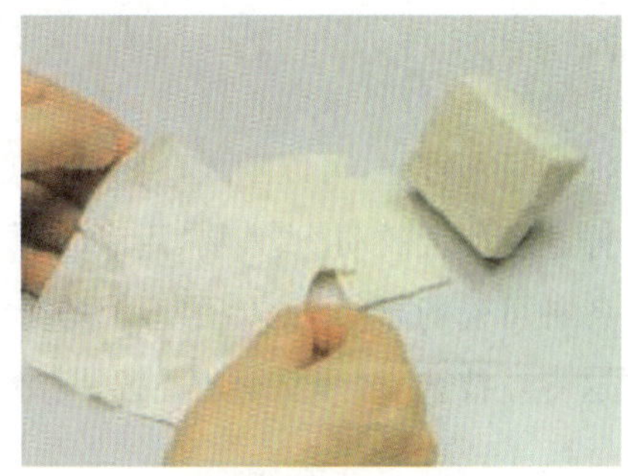

图 9-54-3

⑦ 将土片一片片贴在玻璃杯上，接合处切平对齐。用滚筒擀平烛杯表面，注意不能有气泡（图 9-55-1、图 9-55-2）。

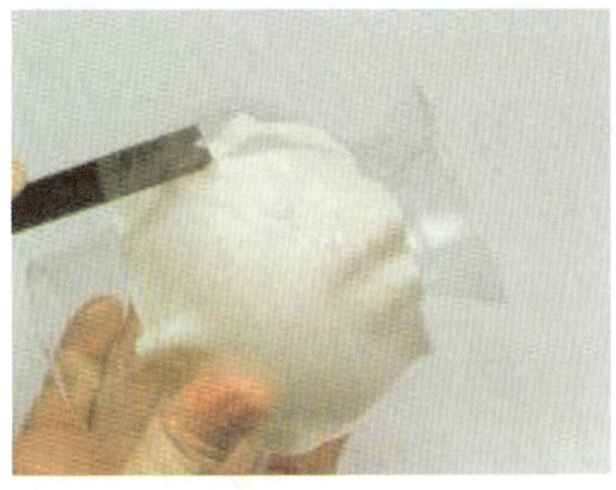

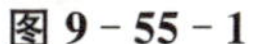

图 9-55-1

图 9-55-2

⑧ 以同样的土片捏塑玫瑰花、叶子来装饰。再将花朵、叶子贴上，再以 130 度烘烤烛杯 15 分钟，冷却后即完成作品（图 9-56-1—图 9-56-4）。

图 9-56-1

图 9-56-2

图 9-56-3

图 9-56-4

本章小结

泥的可塑性强，可以随人意愿自由变形，会给人带来随心所欲地塑造的无穷乐趣。泥塑可以塑造各式各样栩栩如生的动物、人物、用品、用具，或大或小，可夸张、可抽象，深受幼儿的喜爱。

各种可爱的形象，可以激发幼儿热爱大自然，善待小动物的童真稚趣。因此，作为幼儿教育工作者掌握这专业技艺，对开发幼儿心智，陶冶情趣是非常重要的。

第十章　纸艺

目标与导读

- 了解：纸艺的不同表现形式，以及各种制作手法的特点。
- 理解：剪纸、撕纸、折纸、纸贴画、纸雕塑等的制作方法。
- 掌握：剪纸、撕纸、折纸、纸贴画、纸雕塑等的制作方法。
- 应用：运用所掌握内容大胆创新，进行艺术创作。

纸艺是一门非常适合学前儿童开发想象力和智力的益智活动，它既能够启发学前儿童的创造力和逻辑思维能力，又能促进学前儿童的手脑协调性。又因其材料丰富，近年来已被广泛地应用于幼儿园教学中。学前美术中的纸艺课程更注重实用性和综合性，通过本章的学习，帮助学生了解各种纸材料的特性，并能够较好地运用不同的材料进行艺术创作。本章着重介绍了剪纸、撕纸、折纸、纸贴画、纸雕塑等幼儿园教学中常用的纸艺手法，帮助学生掌握纸艺的制作方法，提高学生的动手能力和幼儿园教学中的综合能力，促进学生各项素质的全面发展。

第一节 概　　述

一、纸艺概述

造纸术是中国的四大发明之一，随着时代的发展，造纸技术也得到了巨大进步，纸张的种类日益繁多，这就为纸艺这门古老又新兴的艺术奠定了丰富的材料基础。纸艺因其材料易得，制作简单，效果突出深受孩子们的喜爱，是幼儿教师必备的专业技能之一。因此，学习和掌握纸艺的基本制作方法是学前教育专业美术课程中的重要任务。

纸艺，广义上指包括造纸艺术在内的所有与纸有关的工艺；狭义上则是以各种纸张、纸材质为主要材料，通过剪、刻、撕、拼、叠、揉、编织、压印、裱糊、印刷等手段制作而成的平面或者立体的艺术品。勤劳智慧的中国人发明了造纸术，并成功地将纸从基本的生活用品中逐渐升华为了艺术品，纸艺在中国发展的最好的就是剪纸艺术，直到现在，还有许多民间艺人活跃在剪纸这个古老却又新兴的艺术行业中。但是造纸术在世界上传播开后，纸的应用越来越广，纸的品种越来越丰富，应用在艺术领域尤其是手工艺方面的各种纸种类越来越丰富，为纸工艺的发展奠定了基础。很多纸工艺的发展就是在不同特质的纸张基础之上发展出来的，比如台湾的纸藤花、3D 立体纸雕，日本的折纸，西班牙的纸蕾丝等。纸艺之所以被人广泛运用，原因除了材料简单易得、成本低廉之外，还在于它本身具有很强的可塑性，是极佳的美术创作素材。当一些普通的纸，在我们手中变成盛开的花朵、漂亮的服装或者可爱的小动物时，心情也会得到无比的愉悦和满足。近年来，纸艺也被广泛用于幼儿园教学当中，通过运用纸材料制作出幼儿喜闻乐见的玩具，并引导幼儿自己动手制作来锻炼幼儿的手脑协调能力、观察力和思维能力，培养幼儿的数理概念的形成和空间知觉的发展。

二、纸艺的分类

纸艺的种类繁多，按其所呈现的空间形态可分为平面纸艺和立体纸艺，包含了剪纸、撕纸、折纸、纸贴画、衍纸、纸雕塑、皱纹纸制作等等。

第二节 剪纸、撕纸

一、剪纸

剪纸，又称刻纸，是指一种在纸张、皮革、树皮等非常薄的平面介质上通过剪、刻等技法完成的一种镂空艺术，是中国古老的传统民间艺术之一，它源远流长，经久不衰，在我国具有广泛的群众基础，是中国民间艺术中的瑰宝。剪纸具有悠久的历史，根据新疆吐鲁番出土的北朝时期(距今1400多年)的《对马》、《对猴》、《团花》等剪纸作品推论，剪纸艺术在当时已相当成熟并达到了较高水平(见图10-1)。从风格上讲，我国的民间剪纸素有“南巧北壮”之说，南方剪纸造型写实、细腻精致，玲珑剔透、阴刻较多(见图10-2)；北方剪纸风格豪迈雄壮、造型夸张、构图饱满以阳刻作品较多(见图10-3)。

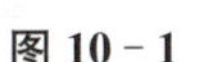

图10-1

图10-2

图10-3

剪纸艺术因其材料易得，操作简单被广泛地运用于人们的生活中，寄托着人们对美好生活的向往。剪纸艺术也非常适宜开发幼儿的想象力和智力，近年来也被广泛应用于幼儿园美术教学和环境创设当中。

二、剪纸工具及材料

(1) 剪刀：“工欲善其事，必先利其器。”在剪纸的制作过程中，剪刀起着至关重要的作用。

在剪刀的选择上宜选择锋利有尖的，大小型号由个人习惯决定。(见图10-4)

图10-4

(2) 刻刀：各种型号的刻纸刀、手术刀、平口刀、斜口刀、自制锯条刀等均可，根据个人喜好选择。

(3) 垫板、蜡盘：垫板可采用光面的塑胶板及光面的椴木板，及学生常用的塑料垫板均可。蜡盘的制作方法是：用一块20—40厘米的三合板周围用厚度为1厘米的木条钉成一个木槽，用石蜡、蜂蜡、草木灰以4∶6的比例混合再经高温融合以后注入槽内，待冷却压平后即可使用。

(4) 纸张：是剪纸的重要材料，市面上品类繁多，普通红纸、打印纸、各色宣纸等厚度适中，韧性强的纸张都可以使用。

(5) 其他工具：起稿时使用的铅笔、橡皮、直尺、圆规等；装订时用的订书机或曲别针和装裱时使用的固体胶和刷子等等。

三、剪纸的基本步骤

首先确定题材，构思出自己想要的图案，根据需要将纸张进行折叠。然后用铅笔将设计好的草图画在折叠好的纸上。最后根据所画的形状用剪刀或刻纸刀进行剪裁刻画。

（一）基本折叠方法：

1. 对称剪纸

对折、四折法：

将一张正方形纸左右两边对折(图 10－5、图 10－6)；再将上下对折(图 10－7)。

图 10－5

图 10－6

图 10－7

2. 三角、六角对称剪折法

(1) 三角折法如下：

① 将一张正方形纸对角折(图 10－8、图 10－9)；

图 10－8

图 10－9

② 在三角形的两条边上找出中点(图 10－10)；

③ 分别将三角形的底边向左右两边的中点上对折(图 10－11)；

④ 剪切得出三角形(图 10－12)。

图 10－10

图 10－11

图 10－12

(2) 六角折法如下：

① 在三角折的基础上将两条边对折(图 10－13)；

② 剪切(图 10－14)。

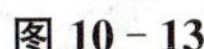

图 10 - 13

图 10 - 14

3. 五角、十角对称折叠

(1) 五角折法：

① 将一张正方形纸对折(图 10 - 15—图 10 - 16)；

② 将左边长方形的右边折向底边(图 10 - 17)；

图 10 - 15

图 10 - 16

图 10 - 17

③ 打开再将左边向上折(图 10 - 18)；

④ 打开出现一个十字折痕，将左边底角折向右边十字交叉点上(图 10 - 19)；

⑤ 将右边部分向后折(图 10 - 20)；

图 10 - 18

图 10 - 19

图 10 - 20

⑥ 剩下的角对折(图 10 - 21)；

⑦ 剪切完成(图 10 - 22)。

图 10 - 21

图 10 - 22

(2) 十角折法：

① 在五角折法的基础上进行对折(图 10－23)；

② 剪切(图 10－24)。

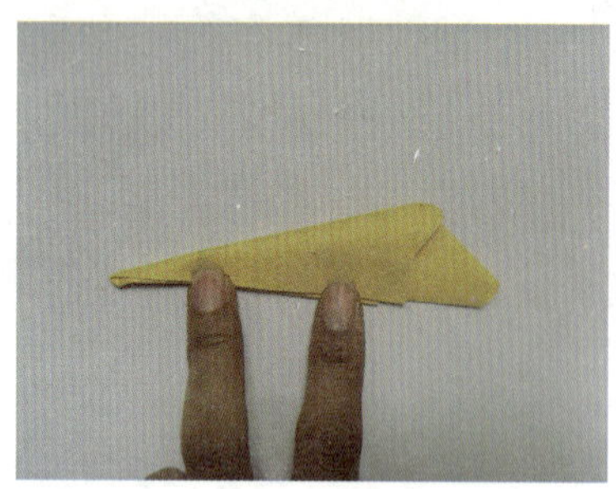

图 10－23

图 10－24

4. 团花的剪法

① 取一张正方形纸对边折叠(图 10－25、图 10－26)；

② 对角折两次(图 10－27)；

图 10－25

图 10－26

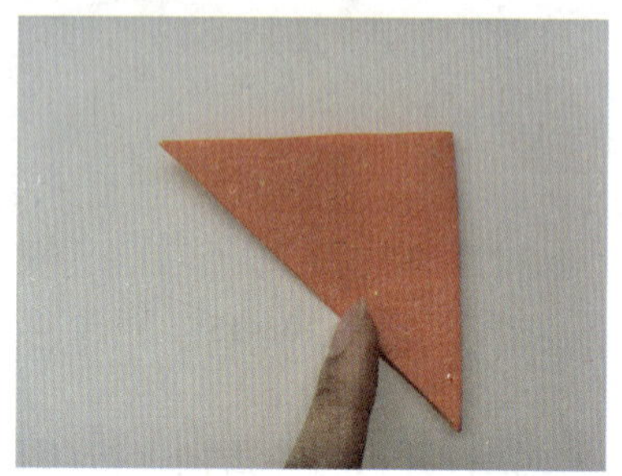

图 10－27

③ 起稿并剪切(图 10－28、图 10－29)；

④ 剪刻完成(图 10－30)。

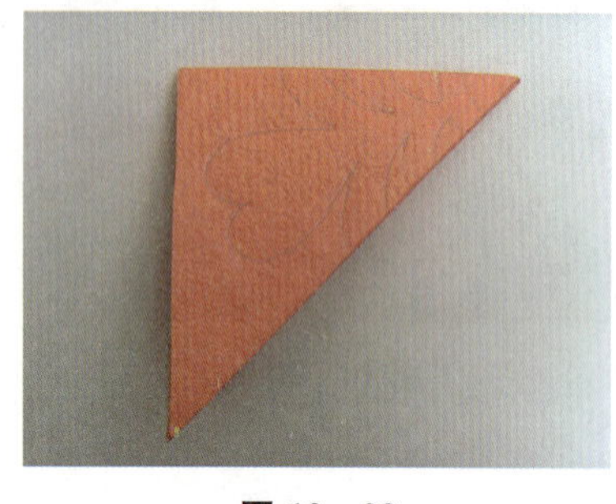

图 10－28

图 10－29

图 10－30

(二) 不对称剪纸

不对称剪纸又称平剪法，它的特点是制作自由，不受局限，更易于进行各类题材的创作。制作方法：先在纸的背面起稿，然后剪刻。熟练了就可以直接在纸的上面剪刻(图 10－31)。

图 10－31

四、撕纸

撕纸不借助任何工具，直接用手进行撕扯，对形的要求不高，特别适合学龄前儿童学习玩耍。在进行撕纸的过程中不但能充分调动儿童的创造力、想象力，还能锻炼手的灵活性，促进手脑的协调性。

在纸张的选择上，我们适宜选择较薄的、有一定韧性又容易撕的纸张，一般可选择彩色宣纸、有图案的包装纸、海报纸以及废报纸等。

撕纸的制作方法如下：

① 将纸张进行折叠，可运用上述剪纸的基本折叠方法；

② 用铅笔在纸上起稿；

③ 撕纸(图 10－32—图 10－34)。

撕纸作品欣赏

图 10－32

图 10－33

图 10－34

第三节　折　　纸

一、折纸

折纸又称“工艺折纸”，是一种以纸张折成各种不同形状的艺术活动。大约起源于公元 1 世纪或者公元 2 世纪时期的中国，至今已有 2000 多年的历史。折纸从它诞生之日起就成为了人们创造快乐的源泉，给人们带来了丰富的艺术享受。最近几年，折纸逐渐成了一种教育手段，被广泛应用于儿童艺术教育课堂中。

由于折纸使用材料简单，富于变化，造型丰富，非常适合幼儿智力和想象力的开发。长期的教育实践证明，在进行折纸活动中，既可以锻炼幼儿的手部肌肉群的灵活性，又有助于其大脑的发育。因为折纸必须遵守从前至后的折叠步骤，能培养幼儿认真观察的习惯和做事的顺序性、条理性。因此，折纸已成为幼儿园美术活动的主要内容之一。

二、折纸的工具材料

剪刀、小刀、固体胶、彩色纸、皱纹纸、彩色宣纸、玻璃纸等。

三、基本折法练习

1. 对边折(图 10－35、图 10－36)。

图 10－35

图 10－36

2. 对角折(图 10－37、图 10－38)。

图 10－37

图 10－38

3. 左右两角向中线折 (图 10－39)。
4. 四角向中间折(图 10－40)。

图 10－39

图 10－40

5. 双正方形折法(图 10－41—图 10－46)。

图 10－41

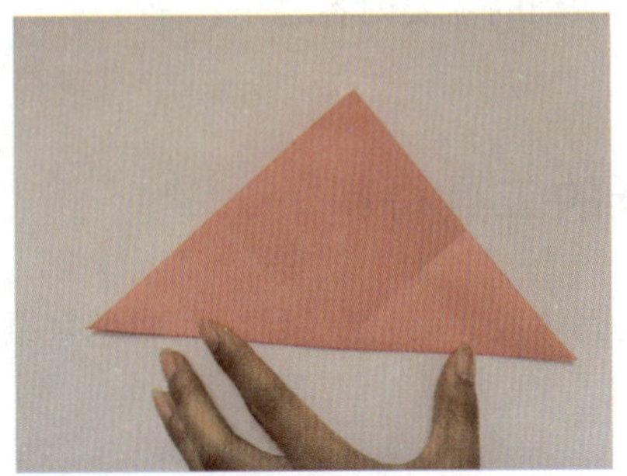

图 10－42

图 10-43

图 10-44

图 10-45

图 10-46

6. 双三角形折法(图 10-47—图 10-50)。

图 10-47

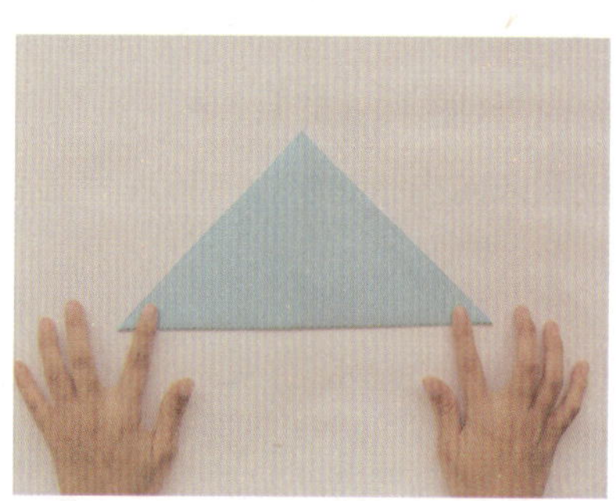
图 10-48

图 10-49

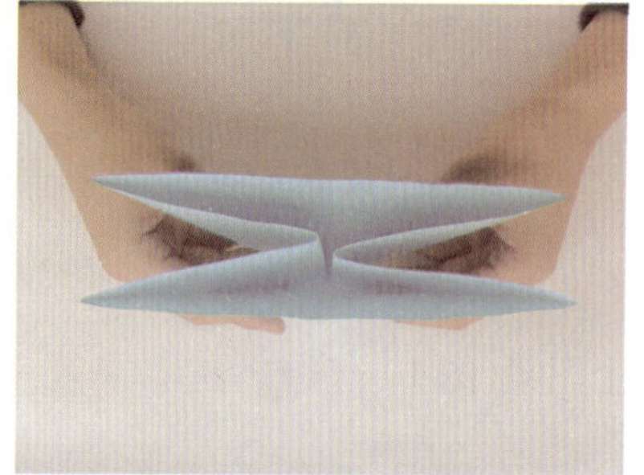
图 10-50

四、折纸步骤

(一) 茶壶

将一张正方形纸进行双正方形折(图 10-51);

分别将左右两角向中线折(图 10-52);

图 10-51

图 10-52

反面相同折法；

打开沿折痕向内折，反面相同折法（图 10-53）；

将下面两个角用鸟头折法向上折，注意角度不同（图 10-54）；

图 10-53

图 10-54

将两个尖角向内折（图 10-55）；

将上面两角拉下来向内折（图 10-56）；

图 10-55

图 10-56

剪出壶钮（图 10-57）；

在壶身上画上图案（图 10-58）。

图 10-57

图 10-58

(二) 会飞的小鸟

折出双三角形(图 10-59);

将左边一角折向右边两角,左边只留一角(图 10-60);

图 10-59

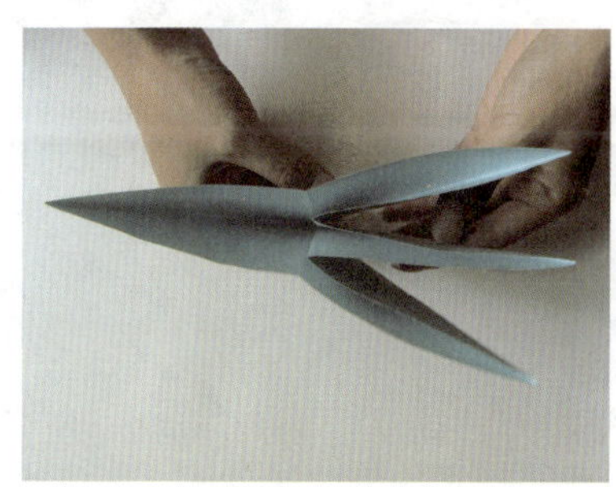

图 10-60

将左边一角的边朝中线向上对折(图 10-61);

顺势将带起来的右边一角压平(图 10-62);

图 10-61

图 10-62

背面相同折法(图 10-63);

将长的一角向上翻折(图 10-64);

图 10-63

图 10-64

折出鸟头(图 10-65);

翅膀向下折(图 10-66);

图 10-65

图 10-66

打开翅膀(图 10－67)；
拉动鸟头与尾部带动翅膀(图 10－68、图 10－69)。

图 10－67

图 10－68

图 10－69

(三) 蝴蝶结

折出一个双正方形(图 10－70)；
将双正方形的顶部向下折出小三角形(图 10－71)；

图 10－70

图 10－71

将小三角形的底边分别朝中线折(图 10－72)；
展开出现折痕(图 10－73)；
沿折痕折(图 10－74)；

图 10－72

图 10－73

图 10－74

小正方形向内挤折(图 10－75—图 10－76)；

图 10-75

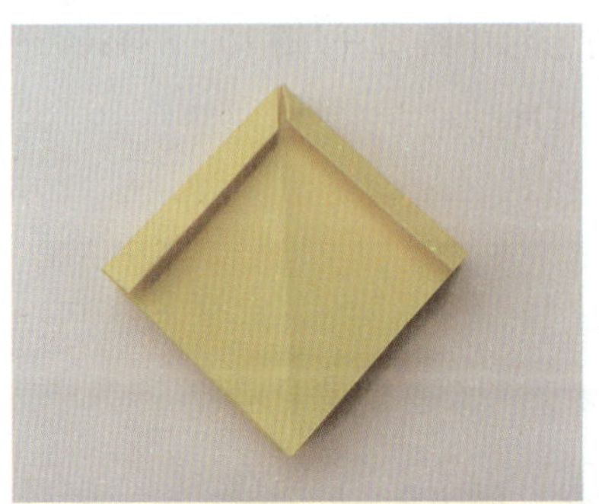
图 10-76

从背面打开(图 10-77);
轻轻拉出小正方形(图 10-78);

图 10-77

图 10-78

将四条折痕分别剪开(图 10-79);
上面的正方形向下折(图 10-80);

图 10-79

图 10-80

左右两个正方形的两边分别从背面沿中线对折(图 10-81);
将两角插入小正方形里(图 10-82);

图 10-81

图 10-82

将下面的正方形沿中线剪开(图 10 - 83);
折细(图 10 - 84);

图 10 - 83

图 10 - 84

剪出飘带(图 10 - 85);
完成(图 10 - 86)。

图 10 - 85

图 10 - 86

(四) 雨伞

取张正方形纸和一张长方形纸(图 10 - 87);
将正方形纸折成双三角形(图 10 - 88);

图 10 - 87

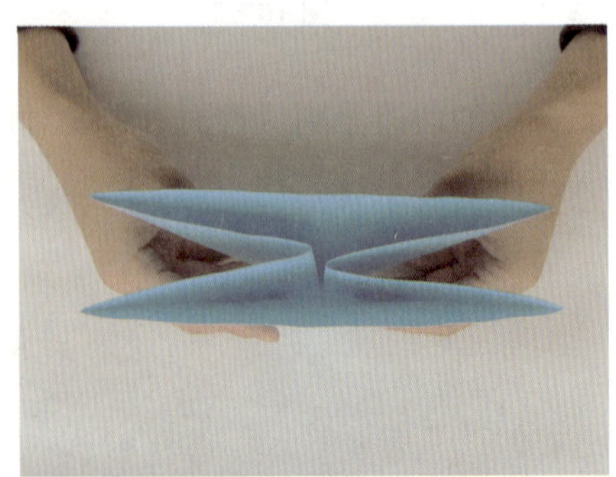

图 10 - 88

将三角形的两条边向中线折(图 10 - 89);
反面同样折法(图 10 - 90);

图 10 - 89

图 10 - 90

将折好的小三角形打开沿折痕向内压平(图 10 - 91—图 10 - 92);

图 10 - 91

图 10 - 92

其他三个角同样折法(图 10 - 93);
剪下三角顶角(图 10 - 94);

图 10 - 93

图 10 - 94

取长方形纸卷成雨伞柄(图 10 - 95);
将下面手柄位置捏弯(图 10 - 96);

图 10 - 95

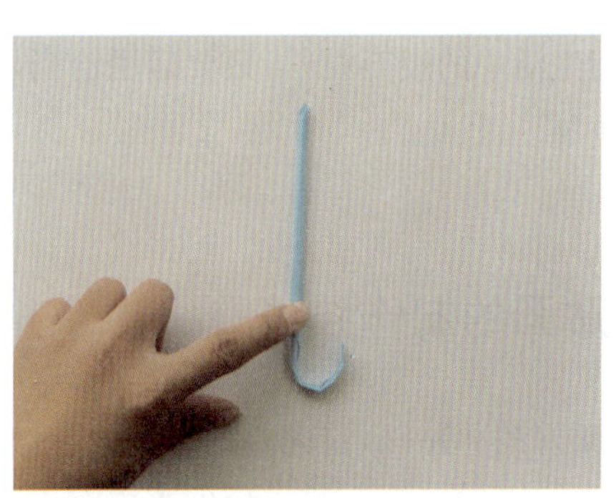
图 10 - 96

伞柄周围涂上固体胶，将折好的伞冠与伞柄粘在一起；

完成(图 10 - 97)。

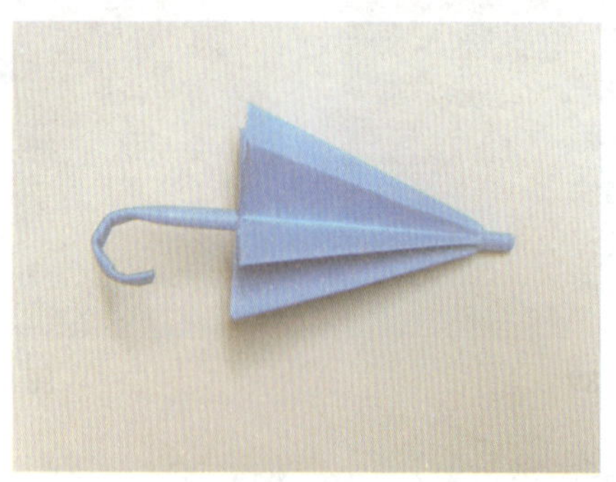

图 10 - 97

第四节　纸　贴　画

一、纸贴画

通常意义上所说的纸贴画是指运用工具剪裁或用手工撕制得出基本造型，然后依据一定的主题和构图有规律地粘贴在底板上，形成一个完整的艺术作品。纸贴画突出的艺术特点是将不同材质的纸张运用在一个画面中，突出各种材料的美感。由于纸贴画制作方法简单，材料丰富，效果突出，深受广大艺术爱好者喜欢，在幼儿园环境创设中具有举足轻重的地位，同时也被广泛地运用在幼儿园手工教学中，训练幼儿的手脑协调能力的同时培养幼儿的审美能力。

教学目标：

通过纸贴画的学习，了解各种纸材料的特征和性能，根据纸的特征激发灵感，积极想象，巧妙构思，合理运用不同的纸材质，为以后幼儿园环境布置和美术教学奠定必要的基础。

教学重点：

认识、领悟不同纸材料的特征，熟练掌握纸贴画的制作方法、步骤，能在作品中合理运用各种纸材料，突出其特征，使作品更具艺术感染力。

二、纸贴画的工具与材料

纸贴画所使用的材料非常丰富，如卡纸、瓦楞纸、宣纸、毛边纸、挂历纸、牛皮纸、塑料纸、布，甚至树皮、树叶等我们生活中的废弃材料，只要运用恰当，都是很好的纸贴画素材。工具有剪刀、镊子、美工刀、双面胶、白乳胶等。

三、纸贴画的制作技法

要制作一幅好的剪贴画，首先要构思好内容，然后在纸上画出草稿(图 10 - 98)。

根据画面选择不同颜色和材质的纸张逐个画出贴画的局部并进行剪切(图 10 - 99)。

图 10－98

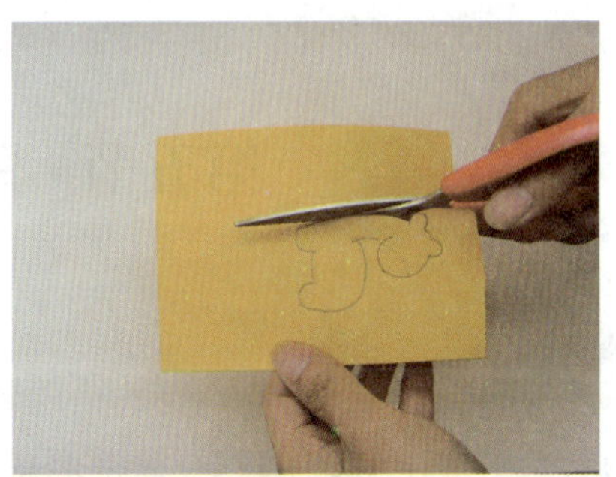
图 10－99

将每个局部剪好备用(图 10－100)。

根据画面先从最底部的的草坪开始贴起(图 10－101)。

图 10－100

图 10－101

以此类推,由下向上逐个粘贴(图 10－102)。

贴出空中的云朵(图 10－103)。

最后调整画面,画出小鹿的眼睛、鼻孔和脚使画面更生动(图 10－104)。

图 10－102

图 10－103

图 10－104

课堂练习

按照本书上所示范的图例制作衣服剪贴画。

课后练习

掌握基本的纸贴画技巧,独立设计构思出一幅完整的纸贴画作品,将纸贴画与绘画相结合,创作出既有幼儿园特色又有独特个性的纸贴画。

第五节 纸 雕 塑

一、纸雕塑

纸雕塑是以各种卡纸作为基本材料，通过折叠、卷曲、推折、粘贴等手段，使其呈现出有立体感的艺术造型。它是雕塑艺术的一种，可分为纸圆雕和纸浮雕两种形式，圆雕采用立体造型原理，制作具有三维空间的造型，浮雕通常依附于较硬的底板上，不像圆雕可以从四面八方观看欣赏，但其形态又不同于二维，西方称之为 2.5 维构成，我国称为半立体浮雕。纸浮雕在题材上分为动物、人物、静物、风景等。纸浮雕的美感不仅仅来自于其立体感和厚重感，还源自于它凸显了纸材质的美感，通过夸张的手法和饱满的色彩使其更具有装饰性和趣味性。因其取材便利，制作容易，效果鲜明，成为了幼儿园美化环境、制作教玩具的重要手段。

教学目标：

学会欣赏纸雕塑作品，领会其艺术魅力；掌握纸雕塑的制作方法、步骤，设计制作如卡通动物、花卉植物等幼儿喜欢的作品，感受丰富多彩的纸雕艺术，不断地提高创作热情和创作技能。

教学重点：

掌握纸雕塑的特征，圆雕是三维的立体造型，而纸浮雕则是平面和半立体的结合体，在纸雕塑的制作中合理运用各种技法，开拓创新，能独立完成形象生动、具有感染力的艺术作品。

二、纸雕塑的基本技法

纸雕塑的材料通常采用各色卡纸、白板纸、吹塑纸、玻璃纸等，这些材料便于加工，表现力也很丰富，是纸雕塑的理想材料。

（一）折叠法（如图 10－105）

（二）曲折法（如图 10－106）

（三）弯曲法（如图 10－107）

图 10－105

图 10－106

图 10－107

（四）剪贴法（如图 10－108—图 10－111）

在一件优秀的纸雕塑作品中，往往会运用到多种制作方法，来使作品更加生动、更富感染力。

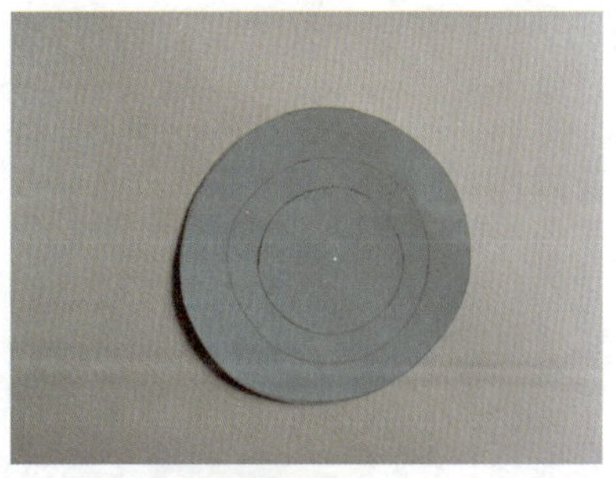

图 10 - 108

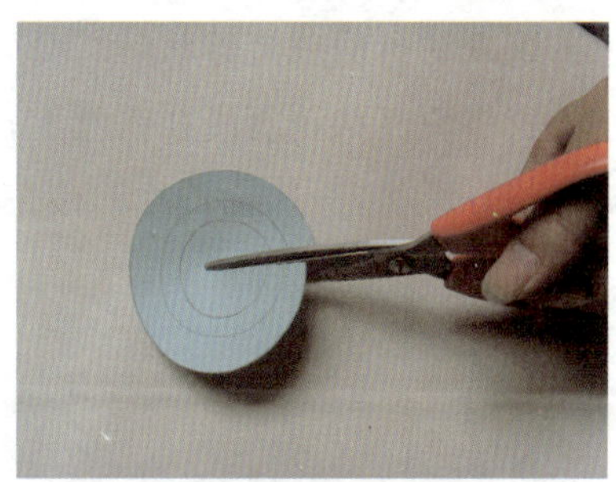

图 10 - 109

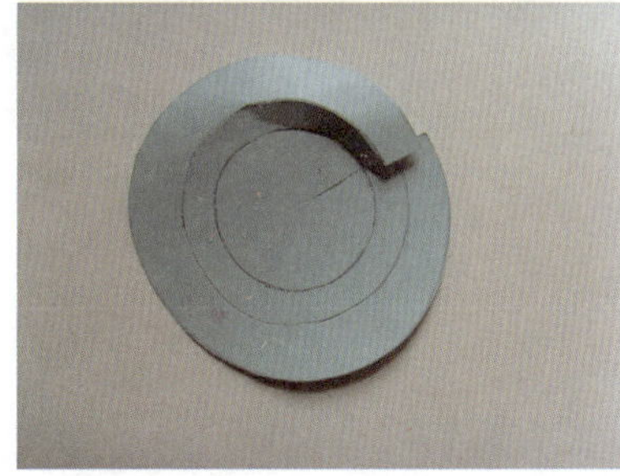

图 10 - 110

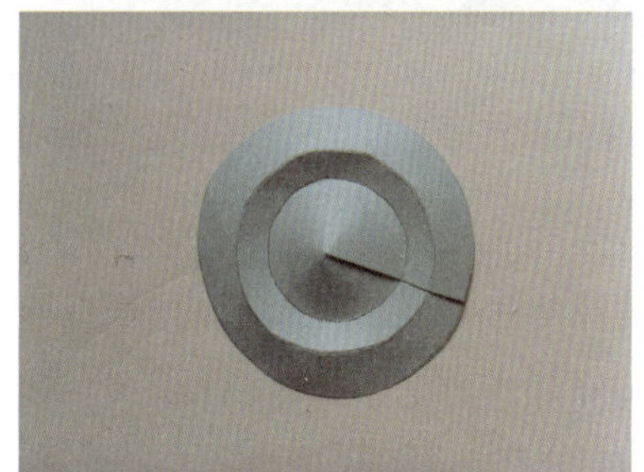

图 10 - 111

三、皱纹纸制作

(一) 皱纹纸玫瑰的做法

准备好材料(图 10 - 112);

用有一定硬度的纸画好花瓣形状剪出来做成纸模(图 10 - 113);

图 10 - 112

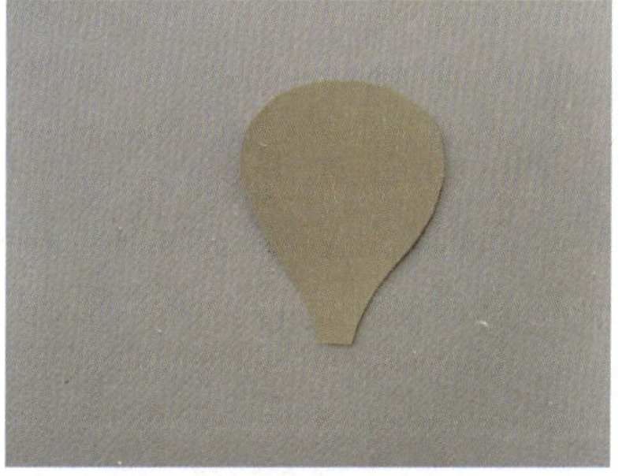

图 10 - 113

使用纸模用黄色皱纹纸剪出 16 片花瓣(图 10 - 114);

取长方形皱纹纸剪成锯齿状(图 10 - 115);

图 10 - 114

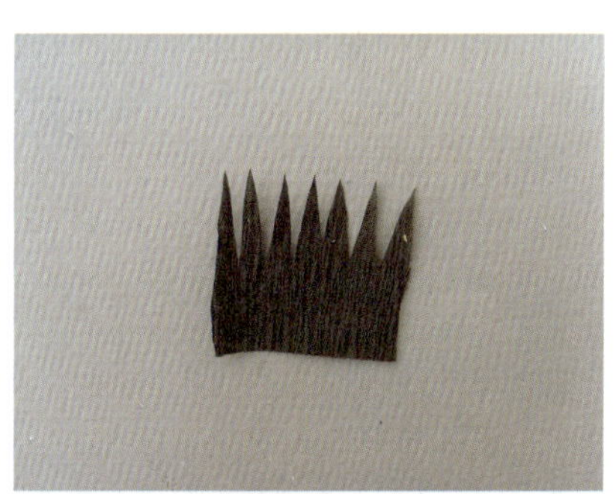

图 10 - 115

取长方形黄色皱纹纸对折剪成流苏状(图 10－116)；
用双面胶或速干胶将流苏状花蕊裹在铁丝上；
将剪好的花瓣调整好形状，一片叠一片的粘在花蕊周围(图 10－117)；

图 10－116

图 10－117

最后用剪好的花萼包住花朵底部粘好(图 10－118)；
用绿色胶带贴好加固(图 10－119)；
调整形状完成(图 10－120)。

图 10－118

图 10－119

图 10－120

(二) 皱纹纸康乃馨的做法

取四张同样大小的手揉纸备用(图 10－121)；
分别将四张纸对折；(图 10－122—图 10－124)

图 10－121

图 10－122

图 10－123

图 10－124

剪出花瓣的形状(图 10－125)；
打开(图 10－126)；

图 10－125

图 10－126

将花瓣扭曲待用(图 10－127)；
取一张绿色皱纹纸(图 10－128)；

图 10－127

图 10－128

剪成花萼待用(图 10－129)；
取一段铁丝并将一端捏弯(图 10－130)；

图 10－129

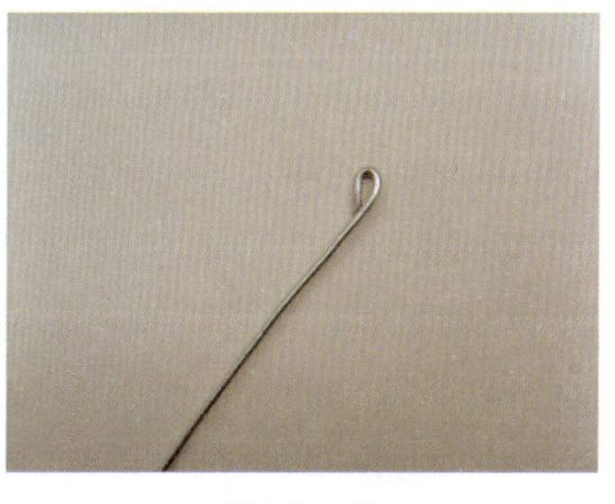
图 10－130

将四组花瓣依次穿在铁丝上(图 10－131)；
取一段卫生纸叠成条状(图 10－132)；

图 10－131

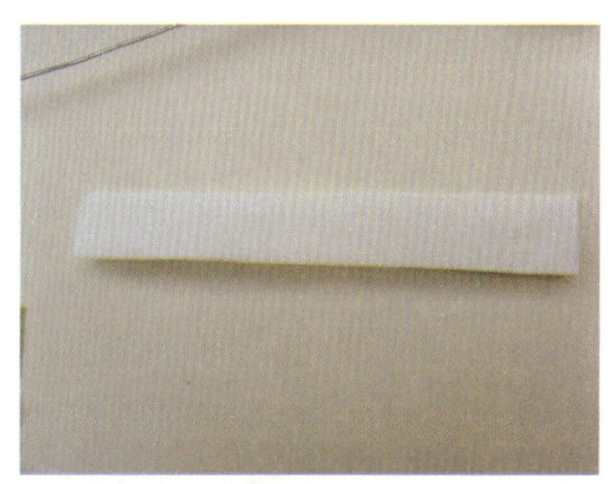
图 10－132

用双面胶将条状卫生纸卷贴在花瓣根部(图 10－133)；

将备好的花萼裹在花萼底部(图 10－134)；

调整完成(图 10－135)。

图 10－133

图 10－134

图 10－135

本章小结

通过本章的学习，了解剪纸、撕纸、折纸、纸贴画、衍纸、纸雕塑、皱纹纸制作的基本步骤，进一步掌握纸艺的制作技法，并能举一反三，创作出与众不同的作品，并将所学内容熟练运用于幼儿园教学活动中。

第十一章　儿童版画

目标与导读

- 了解:什么是儿童版画,它在学前美术教育中的地位和作用;儿童版画的不同种类。
- 理解:儿童版画不同类型的制作原理。
- 掌握:儿童版画的各种表现手法;不同版画类型的制作和运用。
- 应用:学会独立设计和制作儿童版画,能够结合学前儿童的身心特点展开教学。

小时候，你们有没有过这样的经历：在 1 分、5 分或 1 元硬币上盖一层薄薄的纸，然后将铅笔侧着在纸面上来回不断地摩擦涂抹，直到纸上出现清晰的硬币图案？你们有没有故意弄湿自己的小手和小脚，然后胡乱地在地板上或者墙面上印出自己的手印或脚印？其实，这种好玩的拓印游戏正好是儿童版画中的综合材料版画的基本制作手法。那么，除了这种基本的拓印游戏，还有没有其他方法可以创造出一些既好玩又漂亮的图画来呢？那就让我们一起来玩儿童版画吧！

第一节 概　　述

版画是视觉艺术的一个重要门类。通常，绘画都是用笔直接在一种二维的平面(纸、布等)上进行绘制，而版画却不同，它是以“版”作为创作媒介，通过制版和印刷来完成美术作品的一种独特的艺术表现形式。版画的特点在于印痕的表现和拓印的趣味性。

儿童版画，是少儿美术教育中的重要组成部分。其独特的艺术特性非常适合儿童的身心发展，对于培养儿童的动手动脑能力、创新能力和实践能力有着重要的作用。它兼具绘画与手工的艺术特点，让儿童在学习与制作过程中，可以接触到多种制作材料和做画工具，并学会运用不同的制作工艺和表现手法来完成作品。由于版画制作过程中经常发生的偶然性和意外性，可以让孩子们始终处于一种新奇感和强烈的兴趣当中，儿童通过画、刻、印全过程的参与，可以充分享受到儿童版画的乐趣。

儿童版画教育很早就受到了各国儿童美术教育家的重视，有些国家在中小学和幼儿园都开设有版画课。如前苏联、美国、德国、英国、法国、加拿大等国家的儿童版画教育都很有特点。被誉为“版画之国”的日本甚至将儿童版画列为小学必修课程。我国也在八十年代初期成立了“中国少年儿童版画学会”，随后各地也相继成立了许多有关儿童版画活动的组织。随着儿童版画在校园活动中的兴起，这种独特的艺术形式也将被大家越来越熟悉起来。

第二节 种类及形式

版画的种类非常多，大致可以按使用材料、制版方法等来分类。按使用材料可分为：木版画、石版画、铜版画、丝网版画、麻胶版画、吹塑纸版画、纸版画、石膏版画等。按制版方法可分为：凹版、凸版、平版、孔版和综合版、电脑版等。

版画印制的方法可以根据所使用的颜料和方式的不同，分为油印、水印、粉印、拓印、透印等。

儿童版画是根据儿童的年龄特征，本着可操作的目的出发，大致可以分为：吹塑纸版画、纸版画、木刻版画和综合材料版画等。

一、吹塑纸版画

吹塑纸是一种轻质的发泡塑料纸或板，结构疏松，很容易在其表面划出划痕。市面上的吹塑纸一般有两种规格，一种是吹塑纸，较薄，有单层和双层两种；另一种是吹塑板，质地较厚。两种吹塑纸都可以使用，不影响制作效果。用吹塑纸可以制作多种艺术效果的版画，如粉印、油印、拼色、涂色、烫刻的效果；仿石刻效果；仿蜡染效果等。吹塑纸版画因其造型容易，方便儿童掌握，且印出来的线条流畅，画面效果丰富等特点而成为儿童版画创作的最好媒材之一。

二、纸版画

纸版画是使用不同厚薄、不同表面肌理的纸或其他纸质材料，通过剪、刻、撕、镂空、揉捏等方法制作出形象，并将其逐层粘贴于底版上做成凹凸版，再通过不同的拓印方式进行印制的版画。纸版画的表现力非常强，且制作方便。我们日常生活中的许多纸制品，如纸板、包装盒或其他有肌理的纸张都可利用，可谓是既经济效果又好，所以在各国的儿童版画教学当中被广泛运用，也是我国儿童版画创作中的重要品种。

三、木刻版画

木刻版画是版画中最基本和常见的版种。我国的木刻版画有着悠久的历史，它主要是以木板为媒材而制作的版画。与其他版种不同的是它是以刀代笔，通过刀刻痕迹来表现画面，重点突出“刀味”和“木味”，具有独特的艺术韵味。木刻版画根据印制的颜料和方式不同可以分为油印木刻和水印木刻。

四、综合材料版画

综合材料版画是利用生活中各种不同材料和实物本身所具有的肌理、形状和花纹，将它们组合、拼凑、造型并粘贴在硬纸板上制成版，通过油印或拓印的方式印制的版画。由于综合材料版画使用的材质多样，肌理丰富，印制出的作品常常可以产生丰富的画面效果，妙趣横生。儿童在制作的过程中可以大胆想象，尽享创作的快乐。

第三节　儿童版画的基本工具及材料

儿童版画的制作工具和材料非常丰富，有如吹塑纸、彩色卡纸、硬纸板、木板、水粉颜料（或浓缩广告画颜料）、版画油墨、橡胶磙、油画棒、水粉笔（或毛笔）、4B 或 6B 铅笔（或圆珠笔）、调色盒、白乳胶、小夹子、水桶等（图 11－1—图 11－16）。儿童版画可以根据不同的版画类型和印制方式准备不同的材料和工具，具体操作我们将在制作方法和步骤中进行说明。

图 11－1　图 11－2　图 11－3　图 11－4

图 11－5　图 11－6　图 11－7　图 11－8

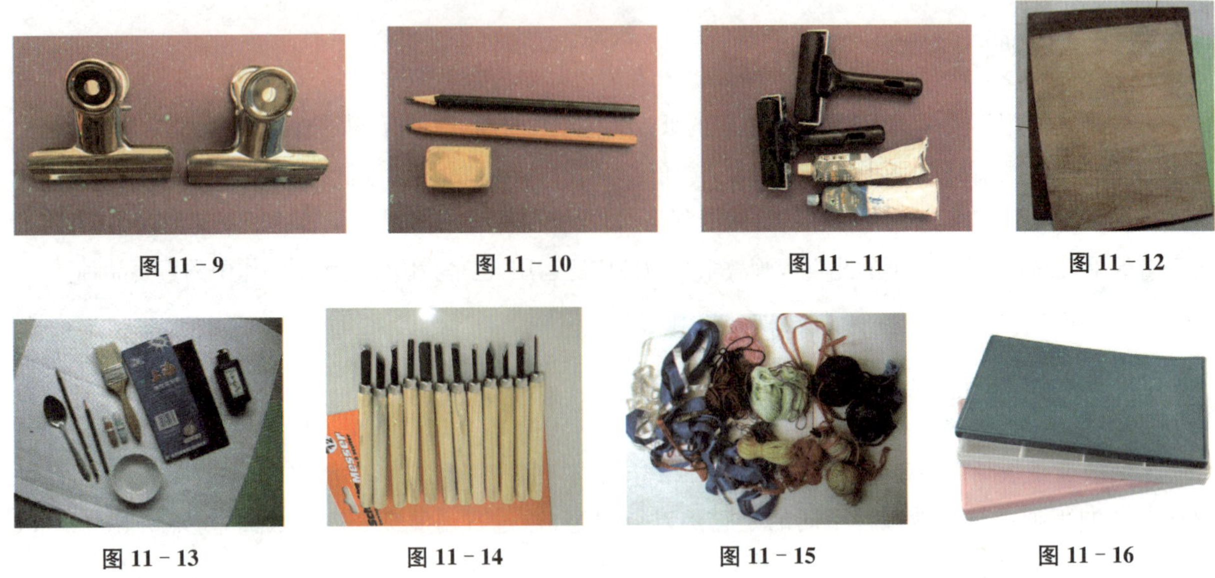
图 11-9　图 11-10　图 11-11　图 11-12
图 11-13　图 11-14　图 11-15　图 11-16

第四节　儿童版画的基本制作步骤及方法

儿童画画本无定法，但是教师在指导儿童作画时是应该要有一定方法的。在儿童版画的教学过程中，基本的制作步骤大致可以归纳为画稿、制版和印制三个步骤。针对具体的版画类型，教师应该利用不同的表现方法指导儿童对多种版画效果进行学习和制作，提高儿童对版画的兴趣和对不同版画类型的理解和表现力。

一、吹塑纸版画

(一) 吹塑纸粉印版画

吹塑纸粉印版画是以吹塑纸制版，用水粉颜料(或浓缩广告画颜料)进行印制的版画。

材料和工具：吹塑纸、4B 或 6B 铅笔(笔头削成圆粗状)、卡纸(不限颜色)、水粉颜料、水粉笔、调色盒、小夹子(最少 2 个)。

制作步骤：

(1) 用 4B 或 6B 铅笔将事先准备好的画稿直接刻画(或用拷贝纸拷贝)在吹塑纸上，可以稍用力将线画得深一点，但是不要刻透纸板(图 11-17—图 11-18)；

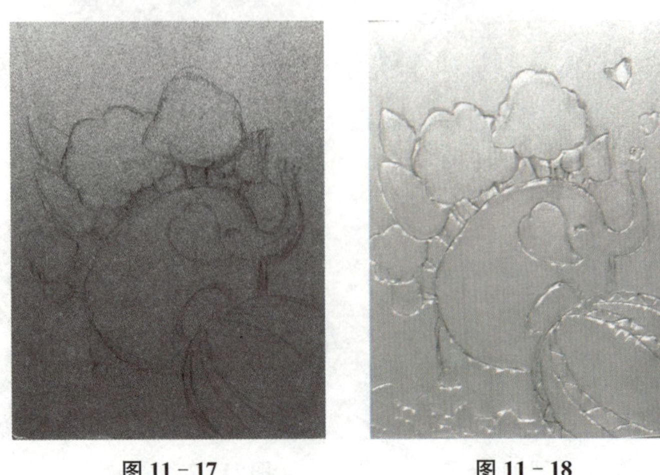
图 11-17　图 11-18

(2) 将准备好的卡纸(最好与底版等大或稍大一点即可)覆盖于刻好的版上,用小夹子将其一边与吹塑纸版一起固定;

(3) 掀开卡纸的一角,用水粉颜料在吹塑纸上填色(图 11 - 19);

(4) 放下卡纸,用手抚压卡纸开始印制。最好是小范围地进行,以免水粉颜料变干。填色时,颜料避免覆盖刻好的线,先从大色块开始。颜料注意干湿适当,不要过干或过湿,印出效果以显出纹理为最佳,如此边填色边印制,直至完成;

(5) 取下夹子,将印制好的卡纸悬挂晾干即可(图 11 - 20)。

图 11 - 19

图 11 - 20

课后练习

吹塑纸粉印版画一张,尺寸不小于 8K,要求画面布局合理,单色多色皆可。

(二) 吹塑纸油印版画

吹塑纸油印版画是以吹塑纸制版,用版画油墨进行印制的版画。

材料和工具:吹塑纸、4B 或 6B 铅笔(笔头削成圆粗状)、卡纸(不限颜色)、版画油墨、橡胶磙、玻璃板、小夹子(最少 2 个)。

(1) 用 4B 或 6B 铅笔将事先准备好的画稿直接刻画在吹塑纸上,在画好的版面上用铅笔有选择地按压出点状或短线状痕迹,做成简单的黑白灰效果(图 11 - 21);

(2) 将版画油墨挤到玻璃板上,用橡胶磙将油墨滚开,让橡胶磙上均匀地覆盖上一层油墨,备用(图 11 - 22);

图 11 - 21

图 11 - 22

(3) 将滚好的油墨滚到制好的吹塑纸版上，注意要均匀，厚薄一致(如果画面要使用到两种或多种颜色的油墨，要先滚浅色油墨，再滚深色油墨，且注意两种颜色之间的衔接和过渡)(图 11－23)；

(4) 把卡纸覆盖于滚好油墨的吹塑纸版上，用夹子将两者固定，避免移动和错位。用手由画面中心向四周进行扶压进行印制(在印制的过程中，可以稍稍揭起卡纸观察印制效果，墨色不足处可以再用橡胶磙补墨)(图 11－24)；

图 11－23

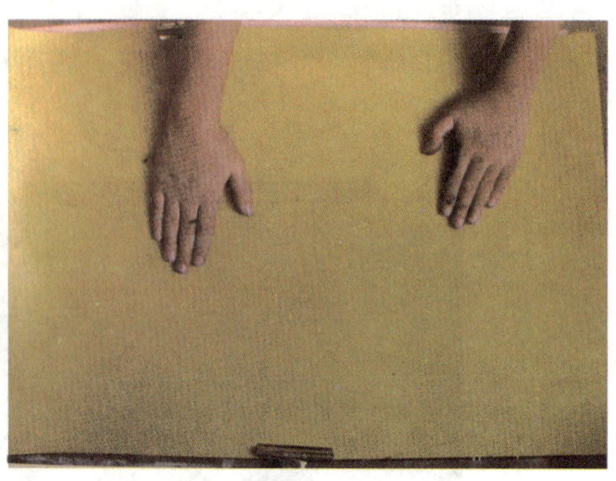

图 11－24

(5) 将卡纸取下，悬挂晾干即可(图 11－25)。

图 11－25

课后练习

吹塑纸油印版画一张，尺寸不小于 8K，要求画面布局合理，单色多色皆可。

(三) 吹塑纸涂色版画

吹塑纸涂色版画是以吹塑纸制版，用版画油墨或水粉颜料进行印制后，再在印制出的画面上添加油画棒效果的版画。

材料和工具：吹塑纸、4B 或 6B 铅笔(笔头削成圆粗状)、卡纸(不限颜色)、油画棒、版画油墨(或水粉颜料)、橡胶磙、玻璃板、小夹子(最少 2 个)。

(1) 用 4B 或 6B 铅笔将事先准备好的画稿直接刻画在吹塑纸上(图 11－26)；

(2) 将版画油墨或水粉颜料挤到玻璃板上，用橡胶磙滚均匀；

(3) 将油墨滚到制好的吹塑纸版上，要均匀，厚薄适宜；

图 11－26

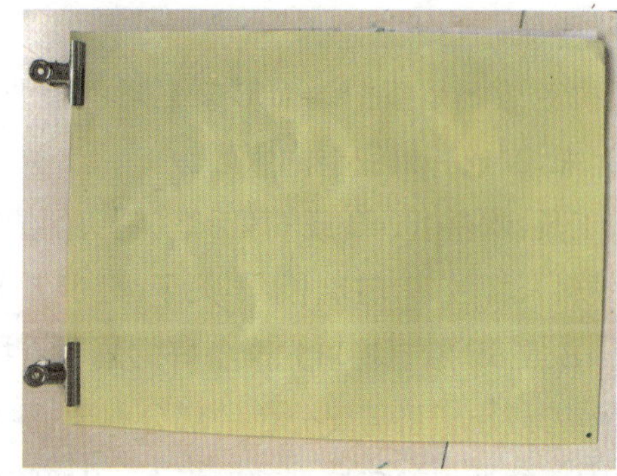

图 11－27

(4) 把卡纸覆盖于吹塑纸版上，用夹子将两者予以固定，印制(图 11－27)；

(5) 将印制好的卡纸揭起晾干(图 11－28)；

(6) 在晾干后的画面上，可以根据需要用油画棒进行涂色，注意涂色时可以保留部分底色，且不要压线，可以让画面产生一种斑驳的肌理感(图 11－29)；

图 11－28

图 11－29

(7) 作品完成(图 11－30)。

图 11－30

课后练习

吹塑纸涂色版画一张，尺寸不小于 8K，要求画面布局合理，2 种及以上颜色。

（四）吹塑纸拼色版画

吹塑纸拼色版画是根据画面形象不同色彩的需要，将对象与版分割，分别使用不同颜色的油墨滚版，再拼合起来，制成一幅完整的版画。

材料和工具：吹塑纸、4B 或 6B 铅笔（笔头削成圆粗状）、卡纸（不限颜色）、剪刀、小刀、胶带、版画油墨（或水粉颜料）、橡胶碳、玻璃板、小夹子（最少 2 个）。

（1）用 4B 或 6B 铅笔将事先准备好的画稿直接刻画在吹塑纸上（图 11－31—图 11－32）；

（2）用剪刀或小刀将需要分色的部分剪下，注意尽量不要破坏底版（图 11－33）；

（3）将需要的油墨颜色挤到玻璃板上，用橡胶碳滚均匀；

（4）将油墨滚到需要的吹塑纸对象上；

（5）将滚好颜色的吹塑纸对象按原版位置拼好，如果怕印制时对象错位，可以用胶带在对象背面与底版一起固定（图 11－34）；

（6）把卡纸覆盖于制好的吹塑纸版上，用夹子固定，用手或勺子进行扶压印制（图 11－35）；

（7）取下印制好的卡纸，悬挂晾干即可（图 11－36）。

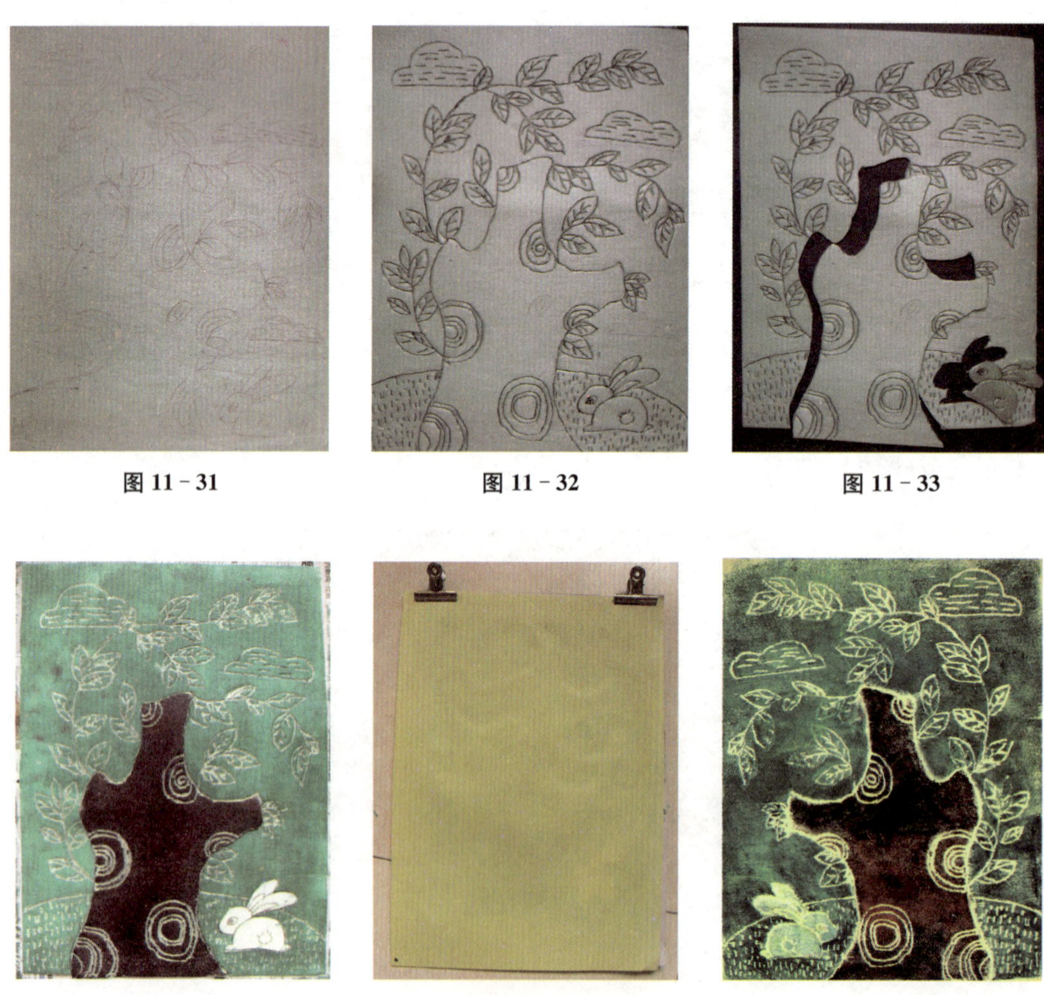

图 11－31　图 11－32　图 11－33

图 11－34　图 11－35　图 11－36

课后练习

吹塑纸拼色版画一张，尺寸不小于 8K，要求画面布局合理，2 种及以上颜色。

(五) 吹塑纸仿蜡染效果版画

蜡染是我国民间传统纺织印染的手工工艺，因其独特的龟裂的“水纹”效果，加上极具民族特色的图案风格，深受大众的喜爱。我们的吹塑纸版画也能做出这样的效果。

材料和工具：吹塑纸、4B 或 6B 铅笔（笔头削成圆粗状）、卡纸（不限颜色）、宣纸、版画油墨、橡胶磙、玻璃板、小夹子（最少 2 个）、胶带。

(1) 用 4B 或 6B 铅笔将事先准备好的画稿直接刻画在吹塑纸上，线条要粗，以免与后面做成的蜡染纹路效果所混淆，影响主要形象的辨认（图 11 - 37）；

(2) 将吹塑纸版揉成团，让纸面出现褶皱，展开压平，如有破损，可以用胶带于背面进行修补（图 11 - 38—图 11 - 39）；

图 11 - 37

图 11 - 38

图 11 - 39

(3) 根据画面效果，可以撕去吹塑纸的一些边角，造成不规则边形（图 11 - 40）；

(4) 将吹塑纸版均匀地滚上油墨，不要太厚，以免覆盖线条；

(5) 把宣纸覆盖于吹塑纸版上，用夹子进行固定，用手由画面中心向两边开始按压进行印制；

(6) 揭起印制好的卡纸，悬挂晾干即可（图 11 - 41）。

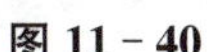

图 11 - 40

图 11 - 41

课后练习

吹塑纸仿蜡染版画一张，尺寸不小于 8K，要求画面布局合理，2 种及以上颜色。

(六) 吹塑纸仿石刻效果版画

汉代的石刻艺术是我国古代灿烂文化的一个重要组成部分，其造型艺术因反映时代精神而大放异彩。我们可以学习用吹塑纸版画来仿石刻的效果，体会汉代石刻艺术独特的装饰味和“金石味”。

材料和工具：吹塑纸、4B或6B铅笔、卡纸（不限颜色）、版画油墨、橡胶磙、玻璃板、小夹子（最少2个）、剪刀、白乳胶。

（1）用4B或6B铅笔将事先准备好的画稿直接刻画在吹塑纸上，做出简单的黑白灰效果（图11－42—图11－43）；

图11－42

图11－43

（2）用剪刀将画好的形象沿轮廓线剪下来（图11－44）；

（3）将剪下来的形象用白乳胶固定在厚纸板（或卡纸）上，完成版的制作（图11－45）；

（4）将油墨均匀滚在版上，有使用多种颜色的，要注意颜色之间的过渡与衔接（图11－46）；

（5）将裁剪好的卡纸覆盖于底版上，用手或小勺子由画面中心向四周逐渐按压进行印制，边印边观察，有墨色不足的可以补墨直至完成（图11－47）；

图11－44

图11－45

图11－46

图11－47

(6) 揭下印制好的卡纸，悬挂晾干即可(图 11－48)。

图 11－48

课后练习

吹塑纸仿石刻版画一张，尺寸不小于 8K，要求画面布局合理。

二、纸板画

纸板画是通过利用不同厚薄和肌理效果的纸质材料来进行创作的版画。由于其制作材料简单易得，制作方便和画面丰富等特点，是儿童版画实践教学中被广泛应用的品种。

材料和工具：厚纸板(用做底版)、各类不同厚薄的纸和纸板、卡纸(不限颜色)或宣纸、版画油墨、橡胶磙、夹子(不少于 2 个)、白乳胶、剪刀。

(1) 在纸上先画好想要表现的形象，如一幅风景小品(图 11－49)；

(2) 用不同厚薄的纸剪出或者刻出分解后的形象，如房子可以用厚卡纸来制作，树木、篱巴、河流等可根据需要利用不同厚度的纸张来制作；

(3) 用厚纸板作为底版，将剪好的各个零件按原图画进行拼合并用白乳胶粘贴于厚纸板上，完成一张凸版的制作，晾干(图 11－51)；

(4) 将油墨均匀滚在做好的凸版上；

(5) 把裁剪好的卡纸覆盖于凸版上，用夹子固定，用手由画面中间向四周进行印制，墨色不足的可以补墨；

(6) 揭下印制好的卡纸，悬挂晾干即可(图 11－52)。

图 11－49

图 11－50

图 11－51

图 11－52

课后练习

风景纸板画一张，尺寸要求不小于 8K，2 种以上不同纸张进行拼贴，要求画面布局完整，单色多色皆可。

三、木刻版画

木刻版画是最传统的版画制作方法，是用木刻刀在木板上进行刻制，用版画油墨进行印制完成的版画。它非常讲究刀法和刀味，还有画面黑白灰的组织和概括，孩子们可以在木刻版画的制作过程中充分锻炼自己的动手动脑、组织和布局的能力。

材料和工具：木板（三合板）、木刻刀、版画油墨、橡胶磙、生宣纸（或夹宣）、复写纸、细砂纸、毛笔、铅笔、墨汁、小勺子（或木蘑菇）。

(1) 在纸上先画好想要表现的形象（图 11 - 53）；

(2) 将木板表面用细砂纸进行打磨抛光；

(3) 用复写纸将画好的画稿拷贝到抛光好的木板上（图 11 - 54）；

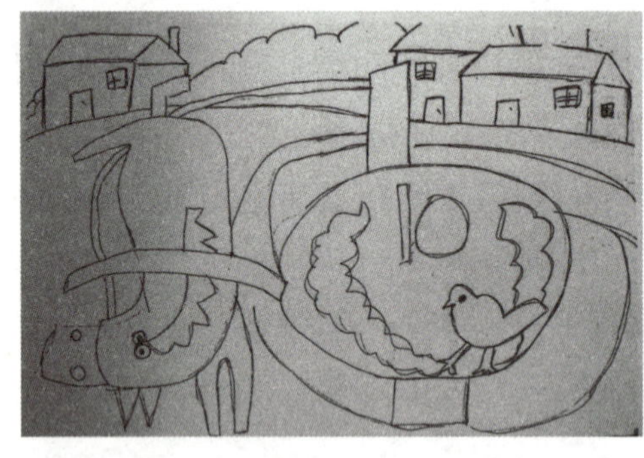

图 11 - 53

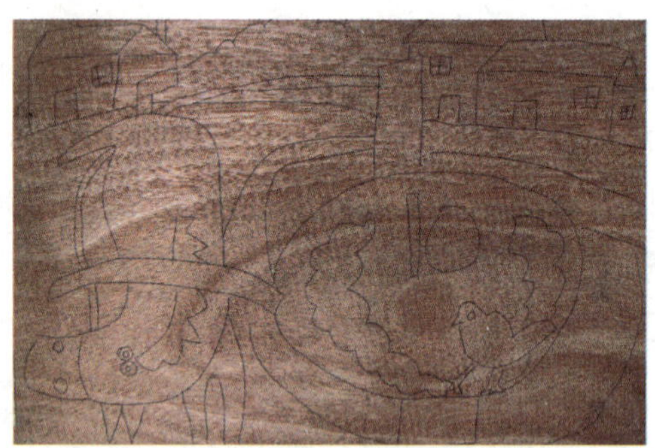

图 11 - 54

(4) 用毛笔蘸上墨汁在木板上画出黑、白、灰效果（图 11 - 55）；

(5) 用木刻刀根据画稿在木板上进行刻制（图 11 - 56）；

图 11 - 55

图 11 - 56

(6) 将油墨均匀滚在刻好的木板上（图 11 - 57）；

(7) 将裁剪好的宣纸覆盖于制好的版上，固定，用小勺子（或木蘑菇）从画面一角开始慢慢按压、摩擦进行印制。印制过程中注意观察墨色是否均匀，墨色不足的可以补墨（图 11 - 58）；

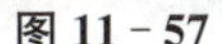
图 11 - 57

图 11 - 58

(8) 揭下印制好的宣纸，悬挂晾干即可(图 11 - 59)。

图 11 - 59

课后练习

黑白木刻人物(或风景)画一张，尺寸要求不小于 16K，黑白布局合理，运用两种以上刀法。

四、综合材料版画

综合材料版画所使用的材料很大部分都能从生活中获取，如树叶、毛线、布头、各种蔬菜、不同肌理的纸张等等，儿童在制作的过程中可以大胆想象，将各种不同材质和形状的材料通过剪、拼、贴等方式来完成版画的创作。用这种方式制作的版画，具有非常丰富的肌理效果。

材料和工具：生活中的各种材质的实物(如树叶、毛线、布头、纸片、蔬菜等)、白乳胶、剪刀、版画油墨、清漆、橡胶磙、生宣纸(或夹宣)、纸板。

(1) 构思好画稿，将材料大致摆排在纸板上(图 11 - 60)；

(2) 用白乳胶将材料粘贴在纸板上，完成版的制作(图 11 - 61)；

(3) 用油墨滚将油墨均匀滚在制好的版上；

(4) 在制好的版上刷一层清漆(清漆的功能是固定画面，方便多次印刷)，待干；

(5) 将裁剪好的宣纸覆盖于干透的版上，固定，用手从画面一角开始慢慢按压、摩擦，开始印制(如果使用的是新鲜蔬菜的话，按压力度不宜过大，以免将肌理压瘪)，印制过程中注意观察，墨色不足的可以补墨(图 11 - 62—图 11 - 63)；

(6) 揭下印制好的宣纸，悬挂晾干即可(图 11 - 64)。

图 11 - 60

图 11 - 61

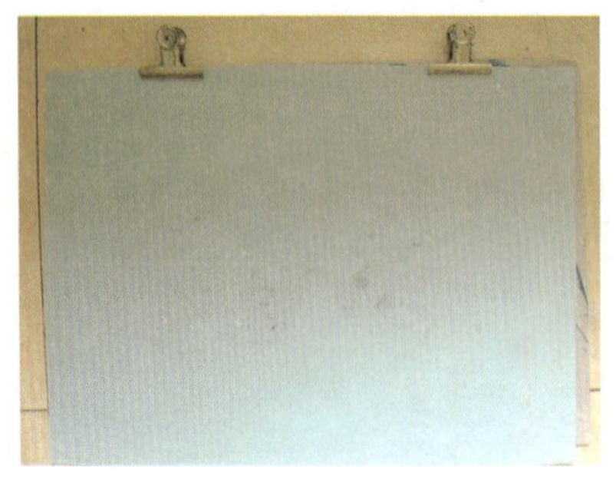

图 11 - 62

图 11 - 63

图 11 - 64

课后练习

综合材料版画一张，使用 4 种以上不同材质的材料，体验不同材料肌理的效果，尺寸不小于 8K，2 种以上颜色，构图完整，色彩和谐。

本章小结

在这一章中，我们向大家介绍了什么是儿童版画以及制作儿童版画的一些方式和方法，如吹塑纸版画、纸版画、木刻版画和综合材料版画等。通过儿童版画的学习，可以让儿童有机会尝试运用不同工具、材料和制作手法，在绘、刻、印的体验中丰富孩子的视觉、触觉和审美经验，充分享受美术活动的乐趣。

在新课程标准的出台与实施之后，儿童版画以它独特的艺术形式和特点，将发挥其他艺术形式不可替代的作用。但是，开展儿童版画教育，不只是掌握一些基本制作知识和技法就可以的，它更需要有一套科学的教育方法，才能发掘出儿童身上的艺术潜能。所以我们不仅仅是把儿童版画作为一门简单的绘画课进行理解，更是把版画作为对孩子全面实施素质教育的一个切入点，用自己的爱心、热心、耐心和决心去探索和创新，让儿童在版画实践活动中形成基本的美术素养，实现体验、领悟、创新三维目标的和谐发展。

教学做合一

随着社会的进步和发展，许多新技术和新材料被广泛运用在各行各业，请你思考一下，还有什么方法和工具是文章中没有提到，却可以利用在儿童版画的制作上的。

资源链接

1. 中国幼儿教师网 http://www.yejs.com.cn/
2. 中国幼儿在线 http://www.520wawa.com/
3. 幼教网 http://www.youjiao.com/
4. 中国学前教育网 http://web.preschool.net.cn/index.html
5. 幼儿学习网 http://www.jy135.com/

第十二章　综合材料

目标与导读

- 了解：认识什么是综合材料，它在学前美术教育中的重要作用及其广阔发展空间。
- 理解：综合材料的分类及其形式。
- 掌握：综合材料的基本构成要素及各种表现手法。
- 应用：学会运用现代综合材料的各种表现手法及艺术制作方法进行制作。

画画和动手制作对孩子来说是极其自然的，孩子从幼年时期就开始用他们能得到的各种材料进行徒手乱涂乱画或做标记。实际上许多孩子到 4 岁或 5 岁就进入了动手操作阶段，这是孩子用得到的各种材料进行初步探索和实验的一个阶段，一般会持续到上幼儿园，实际上也是学前美术课极为普遍的一种活动。随着时间的推移，孩子在用这些材料获得初步的经验后，在动手操作阶段中取得很大的进步，也就得到更大范围的组合。因此孩子经过实践慢慢就学会并懂得了如何运用这些材料。

第一节 概 述

在现代社会科技飞速发展下，不断涌现出各种新的材料，而综合材料的使用是在我国当代艺术教育迅猛发展的背景下产生的。在表现形式上更趋向多样化，并且占有一席之地，这让学前美术教育在教学上走向新的发展趋势和方向。可以说综合材料的迅速发展及运用，体现了当今社会科技和学前美术教育上的进步。

一、综合材料的概念

综合材料又称复合媒材，在艺术视觉领域当中，一般指一种混合与运用多种材料的创作形式。在学前美术教育领域，何谓综合材料？所谓综合材料就是利用两种及两种以上的材料，被一件美术作品所运用，体现材料本身肌理因素、材质因素、构成因素等形成的一种新的材料语言与物质属性（图 12－1）。

图 12－1

二、综合材料与学前美术教育

手工制作是学前美术教学活动的重要组成部分，而活动中的各种材料是美术教学活动中不可缺少的因素，直接影响到美术的教学过程与效果。材料直接参与美术活动，对各种形式多样的综合材料的熟练运用是学前美术教育的重要条件。材料的开发和运用是学前幼儿美术教育制作课的基础，研究与开发材料是每位教师应尽的义务与责任。在教学实践中，材料不仅仅丰富了幼儿园环境创设的内容和形式，还能激发幼儿对环境的兴趣、构思、联想和行为。综合材料蕴涵着丰富的教育价值，教师应多对其认识与研究，从而进一步充分利用各种材料，使之融入学前美术教育活动的过程之中，真正达到美育的目的。

在教学实践当中，虽然孩子的年龄小对制作方法及材料的需求都普遍简单，制作过程简易，但是在材料的运用上却是可以多样的，孩子可选择的材料是丰富多样的，孩子在了解他们身边各种材料的特性、种类、多种质地、色彩、味道、式样、重量和其他特性的过程中，因为材料内在的视觉特性和触觉特性，孩子对它们特别感兴趣。这对培养孩子学习美术的兴趣与爱好，使其在参与制作过程中兴趣高涨起到很好的作用。同时也给孩子带来许多新的体验和感悟，活跃了孩子的思路，使孩子热爱大自然，热爱生活，这样才是美术教育最值得称道的成功(图 12－2)。

图 12－2

三、综合材料的艺术魅力

好奇是孩子的天性，美国著名教育家布鲁纳说："学习的最好动力是对学习材料的兴趣。"兴趣是学习美术的基本动力之一。学前美术综合材料教学应充分发挥美术特有的魅力，使材料教学内容与不同年龄阶段的孩子的情况和认知特征相适应，以活泼多样的形式和教学方式呈现出来，充分激发孩子的学习兴趣，并使这种兴趣转化成持久的情感态度。综合材料制作更全面，更综合地借鉴了工艺美术精华，在学前美术教育中更突显出现代的元素和审美取向，将更多的材料巧妙地结合起来，展现学前美术教育的优点。综合材料制作不仅仅是把材料简单地当作艺术形式的载体，而是在于最大限度地彰显材料的个性魅力，给每一个孩子一个展现自我的绚烂舞台(图 12－3)。

图 12－3

四、综合材料艺术制作的广阔空间

在自然界和人类社会当中，都蕴含着无比丰富的自然材料和人工制造材料，然而更难能可贵的是每一种材料都有着自己的独特语言。一张旧报纸、一块石头、一块碎布等都可能承载着一段情感或记忆。随着现代经济的发展，学前教育的不断推进，综合材料艺术制作教学将具有更加宽广的前景和发展空间。

在综合材料的制作教学中，要充分发挥各种材料本身所特有的材质语言美。综合材料将留给我们制作课很大的发展空间，材料在教学中充分调动了孩子的联想和想象力、创造力以及审美创造力，同时在动手实践中也训练了脑、手、眼的协调，所以它是学前美术课教学中必不可少的内容，并越来越显示出其重要作用。

我们深刻地意识到，综合材料艺术制作教学既可以和绘画相结合，也可以就综合材料艺术的材料运用方面，充分利用材料具有的自由性和广泛性，有助于帮助孩子开阔眼界，感受材料本身的材质美感，同时也有助于孩子创造力的培养。综合材料艺术制作教学将大大地拓宽孩子认知自然领域的空间(图 12－4)。

图 12－4

第二节　种类及形式

一、材料的分类

各种各样、形形色色的材料虽然纷繁复杂，没有明显而清晰的界限，但是我们可以根据材料本身的一些特性、性质或者形态等来给这综合材料进行归类。

当今材料内容丰富，形式多样，根据材料的性质和制作手段可分成：自然材料类、纸工类、泥工类、竹木工类、金石类、废旧材料类、印染类、编结类、刺绣类、缝纫类、雕刻类等等。

根据材料的组成结构可分成：木材、玻璃、石材、纸材、塑料、树脂、纤维、金属材料、纺织材料等等，这些材料常常也被人们称为具有不同的材质。

从构成上看，综合制作的材料又可分为非立体、立体、装饰的。

按材料资源分类又可分为：植物类、纸工类、废旧物品类、乡土类(图 12－5)。

图 12－5

二、根据材料外部形态进行分类

根据材料各种不同外部形态而有不同的分法。本章节对材料的分类主要是根据材料外部形态的不同来进行分类的。材料的使用是手工制作的重要条件，所以材料的类型可直接影响到其制作的效果。在美术教育上，通常意义上的材料分类从材料的外部形态可分为：点状材料、线状材料、面状材料、块状材料和另类材料。

在美术教学实践中，有经验总结出按照材料外部形态来分类是最简单，也是最有科学依据的。其实无论按什么样的标准来分类，最重要就是要清楚地认识每一种材料的外部形态和材质特征，从而做到巧妙地运用各种材料性能进行艺术制作。

(一) 点状材料

在美术领域中，点是呈多样变化的，点的形态可以是规则的，如：正方形点、圆形点、椭圆点、梯形点、长方形点等，也可以是无规则的点的形态，如：爆炸形点、心形点、水滴形点、自由形点等。点在大自然中大量存在，从构成上看点是最简约的造型元素。点的运用在综合材料的艺术制作中可以表现出很丰富的画面效果。在美学上，对点的大小、疏密、形态、起伏等经过艺术加工，就会呈现出很强的韵律、节奏、虚实、舒缓等音乐美感。

在日常生活中，最常见的点状材料通常有：各种坚果仁类、豆类、塑料点类、金属点类、种子、贝壳、小石头、沙子等所有呈现点状的材料。由于点是相对的，外形是丰富的。因此我们如果用心观察生活，就会发现在生活当中到处可以找到可利用的点状材料(图 12－7)。

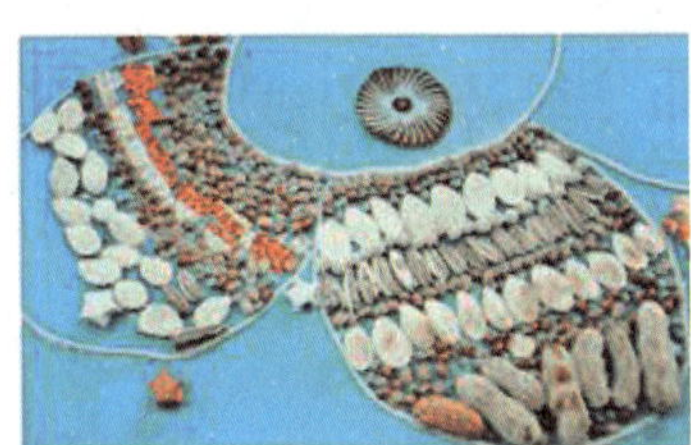

图 12－7

(二) 线状材料

线状材料在视觉领域中同样也是相对的，其实点的运动轨迹就形成了线。线有软线和硬线之分，软线一般是生活当中各种棉线、毛线、麻绳、纤维线等质地较软的线，硬线一般是指各种金属线、树枝等质地较硬的线。在视觉上线是呈现出精细、软硬、方向、长短、曲直等形态变化，让人产生不同的视觉感受。线在我们中国有着几千年的发展历程，比如：书法是书写线条的艺术、丝绸是纺织线条的艺术等等，线在我们中华文化深厚的土壤中表现出极强的创造力与生命力。线容易让人产生节奏、韵律、动感、优美等方面的美感，线状材料艺术制作在形式美上发挥着重要作用。

生活中的线状材料，如常见的软线有：麻绳、棉线、泥绳、鱼网、毛线、塑料线等，这些属于能轻易变化线形的软性质线材；另外筷子、木条、铁线、铜线、金属条等不易变形的则是硬质线材(图 12－8)。

图 12－8

(三) 面状材料

面状材料在视觉领域同样也是相对的,面有形状、大小、位置、空间等变化。面状材料有面积大小、形态各异、色彩丰富、材料种类众多、收集容易、运用广泛等优点。在色彩上,蓝色、紫色等冷色面状材料在视觉上让人产生后退、收缩感,红色、黄色等暖色的面状材料在视觉上让人产生前进、扩张感,在空间和位置中产生的变化,可以产生虚实、层次等视觉感受。

面状材料常见的有:各种纸类和纸板、布类、塑料膜类、泡沫板、塑料板、有机玻璃、胶合板、金属板等各种不同材质、不同形状的面状材料(图 12-9)。

图 12-9

(四) 泥状材料

泥状材料在日常生活中也是很常见的一种软性材料。最常见的有:橡皮陶泥、色彩软陶泥、雕塑泥、彩色泥、纸黏土等软性材料。在学前教学中,橡皮陶泥运用居多,它色彩丰富,材质细腻,是孩子最喜爱并最容易掌握的一种材料。泥状材料艺术制作课是孩子们最喜欢的课程之一,在制作的过程中充满了乐趣(图 12-10)。

图 12-10

(五) 块状材料

块状材料属于我们常见的固体材料,所有具有长宽高三维空间的实体材料就是块材,通常有:大小和形状各异的石头、木头、塑料、蔬菜类、水果类等等,块状材料不像面状材料那样随手自行制作,自然界存在的块状材料往往形状各异、材质丰富、异彩纷呈,我们可以很好地结合孩子的制作需要,来收集不同的块状材料,创造出丰富多彩的教学内容(图 12-11)。

图 12 - 11

(六) 另类材料

在日常生活中，有些材料是经常用到的，比如：易拉罐、鸡蛋壳、各种羽毛、海绵、泡沫、塑料勺子、纸杯和各类玻璃瓶子等(图 12 - 12)。

图 12 - 12

第三节 综合材料表现手法

在孩子看来材料是很有趣的一种东西，在手上十分普通的材料经过自己的加工制作后，会产生很美的艺术效果。经过实践，大部分孩子对可折性、可柔性类的材料比较喜欢。但不管用什么样的表现手法，材料制作要求孩子对材料有充分认识，让孩子认识材料的原貌；让孩子完成对材料的基本解读；让孩子对材料表达出肌理来，让材料表达出情感来。

教学上的材料制作就是透过运用材料的质感来表达材质的特性。例如，人们最常见的材料质感有：金属的质感给人厚重冷硬的感觉；玻璃的质感给人晶莹剔透的感觉；白纸的质感给人纯洁干净的感觉等等。材料的质感体现在给人的感觉是粗犷与细腻、粗糙与光滑、坚硬与柔软、干涩与润滑等类型上。在制作教学中，孩子通过接触各种各样的材料，运用其材料的材质和质感来制作出具有材质语言美的手工作品。

一、点状材料类的表现手法

点状材料由于种类丰富，点的形状有许多不同的变化，所以呈现出多种表现手法，如：粘贴、串连、拼贴、镶嵌等。在制作时按疏密不同、大小不同、方向不同、色彩不同，将不同材料按色彩、方向有序排列，就会出现不同的画面效果(图 12 - 13)。

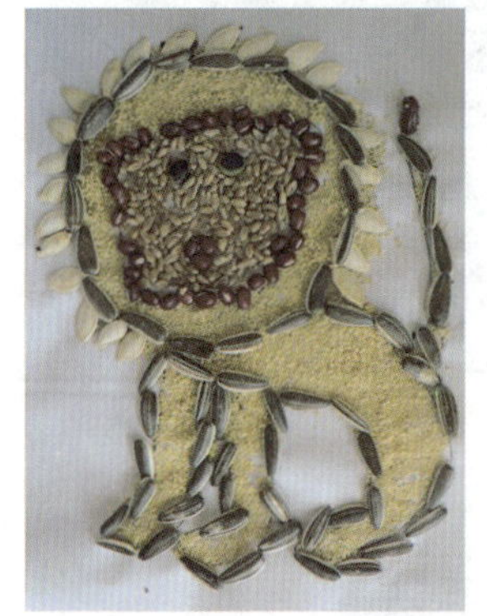

图 12-13

二、线状材料类的表现手法

线状材料有软硬、粗细、曲直、颜色之分，所以线状材料表现手法我们可以按需要将其制作成平面粘贴；半立体的各种拼贴、剪贴或者线状纸浮雕。用立体的纺织、镂空、线状树枝表现人物或动植物等，制作成各种线造型艺术作品(图 12-14)。

图 12-14

三、面状材料类的表现手法

面状材料在学前教育领域是应用最为广泛也是运用最多的材料。常见的面状材料多以各种纸类居多，除此之外还有布料、树叶等，面状材料容易收集，在生活中接触最多，我们可以将其平面剪贴，也可以利用其他材料结合在一起制作出一个新艺术作品，常见的表现手法有：折纸、剪纸、撕纸、拓印、纺织等等(图 12-15)。

图 12 - 15

四、泥状材料类的表现手法

泥土是大自然中最常见、面积最广的自然资源，是我们人类生存的根本环境之一。在学前领域，彩色橡皮泥是学生最喜欢的一种材料，现在橡皮泥一般有六颜色、十二颜色和二十四颜色等，是孩子最常用的材料，橡皮泥简便好用，但却容易干裂。

现在市场上出现一种软陶泥，十分好用，柔软性好，色彩鲜艳丰富，目前国内有五十多种颜色。无毒、无味、易成型且能永久保存，属于环保材料。最大的特点就是能和陶瓷、玻璃、金属、木材等材料结合使用。除此之外常见的还有陶泥也是学前教育常运用的一种材料。常见的表现手法有：连接、插接、相钩等，题材有生活用品、各种卡通小动物、小人物和植物等等。

泥工的制作方法有：团、揉、搓、擀、捏、接、按、切、压等，这些方法是在制作当中相互运用的(图 12 - 16)。

图 12 - 16

五、块状材料类的表现手法

块状的材料有软硬之分，块状材料其本身就是立体的，孩子进行制作时通常可以利用水果、面包、石头、木材、海绵等无毒、无害的材料，从而创造出非常有趣的艺术制作活动。表现手法以吊挂、主题制作居多(图 12 - 17)。

图 12 - 17

六、其他材料类的表现手法

对孩子来说，进行综合材料的制作实践，具有扩展认知、激发创新与创造的作用。使孩子在制作的过程中感受到成功的喜悦，体验综合材料艺术制作教学活动的乐趣。在实践中让学生用眼、耳、鼻、身、心等去感知不同材料的形、色、质等属性，才能有效地提高学生全面了解生活的能力；熟悉各种技术材料的特性，掌握制作技术的多种手段；观察和发现材质的美感，运用艺术手段和丰富的想像力对综合材料进行合理的巧妙的搭配利用。其他材料在学前手工制作中也运用较多，而且材料种类繁多，形状各有特点，色彩丰富，形象生动等，同时也是孩子比较容易掌握的材料。表现手法也是多样的，根据需要可以在材料上作平涂、粘贴、染色、捆扎、插接等(图 12 - 18)。

图 12 - 18

第四节　综合材料艺术制作方法

前面我们介绍了材料的表现手法，下面我们开始来学习综合材料艺术制作方法。综合材料由于形式多样、种类丰富、颜色各异等因素决定了综合材料艺术制作方法是呈多样性的。综合材料制作的方法，在先认识材料的基础上，完成对材料的基本解读，清楚地知道各种材料的质感、形态、特点、颜色等是很必要的。

展开对综合材料的研究，发现材料与人息息相关，人在选择各种材料时就会考虑到这种材料的情感因素、材料本身的材质或特质。例如：白纸材料，它非常薄、较为柔软，韧性好，可折可剪，纸质洁白，让人感觉它是纯洁的、高尚的等等。人们为什么在很多工作或学习中都选用纸，是因为人们对纸是有情感的，对它有熟知感和认可感。可见人们对材料的选择是有情感、有感知、有温度的，对它的软硬、质地是认可和认知的。材料的艺术语言和人的想法也是息息相关的，表达了孩子运用各种材料本身质感肌理，把材料本身所包含的美感充分表达出来的意愿。

一、认识工具

俗话说“兵马未动，粮草先行”，在开始制作前，我们先来认识制作材料的工具，比较常见的有：美工刀、剪刀、牙签、刻刀、直尺、圆规、三角器、订书机、白乳胶、502 强力胶、透明胶、图钉、锤子等工具。

二、点状材料的制作方法

用各种点状材料制作一个小猫动物形象。

制作方法：

（1）在纸上设计好小猫动物头部轮廓，用黄豆和胶水贴出小猫的头部，小猫的耳朵、大眼睛和嘴分别用深色的黑豆和绿豆粘贴以突出小猫的生动形象（图 12－19）。

（2）用红豆粘贴出小猫的身体部位，注意动态与比例（图 12－20）。

（3）用绿豆粘贴出小猫的四肢，调整完成（图 12－21）。

图 12－19

图 12－20

图 12－21

三、线状材料的制作方法

用各种线状材料制作一辆自行车作品。

制作方法：

（1）先用一根长的细铁线制作出自行车的基本框架（图 12－22）。

（2）用橡皮筋与铁线串在一起做自行车的轮子（图 12－23）。

（3）调整完成作品（图 12－24）。

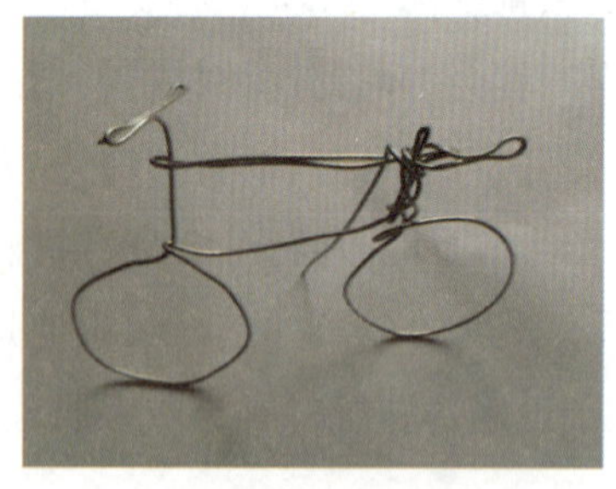

图 12－22

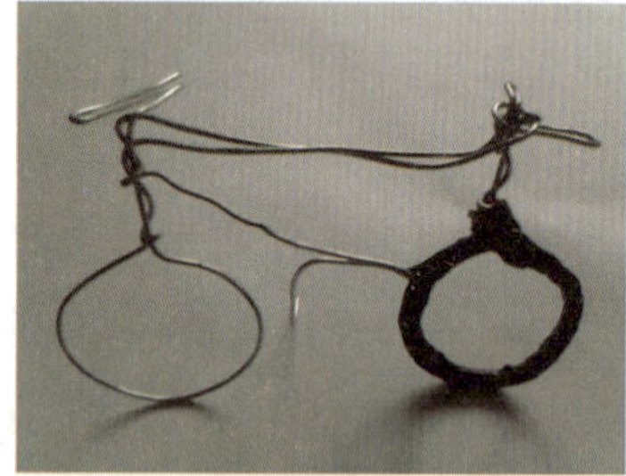

图 12－23

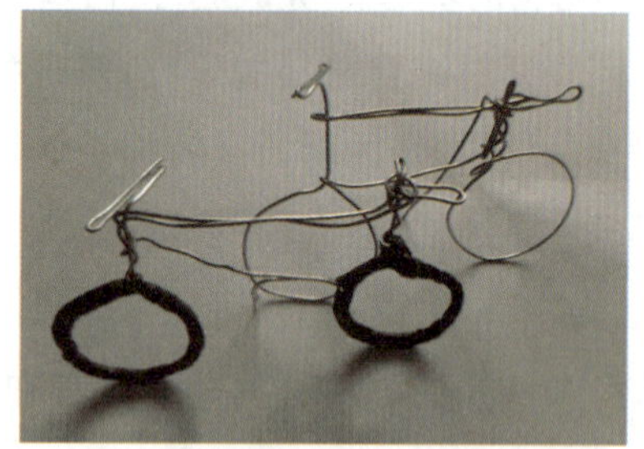

图 12－24

四、面状材料的制作方法

用各种面状材料制作一幅荷叶青蛙粘贴画。

制作方法：

（1）根据需要事先设计好构图，用绿色的纸材料制作出荷叶与红色的纸材制作荷花（图 12－25）。

（2）将收集来的各种不同形状不同颜色的面状材料与纸材、树叶按需要用胶水贴出小青蛙的生动形象（图 12－26）。

（3）运用其颜色的纸材料粘贴画面背景突出中心形象，调整完成画面（图 12－27）。

图 12 - 25

图 12 - 26

12 - 27

五、泥状材料的制作方法

用软陶泥制作一个手链作品。

制作方法：

(1) 根据需要先用不同颜色的软陶泥做出一个漂亮小珠子(图 12 - 28)。

(2) 用相同的方法按需要制作出多个相同小珠子(图 12 - 29)。

(3) 在各个小珠子上钻一个小孔，用线把各个小珠子进行串连起来，调整完成(图 12 - 30)。

图 12 - 28

图 12 - 29

图 12 - 30

六、块状材料的制作方法

用不同的石块材料制作一幅海底乐园。

制作方法：

(1) 根据块材的形状需要设计并画好几条鱼儿形象(图 12 - 31)。

(2) 在不同颜色石块材料上画出大小各异的鱼儿(图 12 - 32)。

(3) 把绿色塑料剪成水草的形状与鱼儿连接起来形成一个生动整体(图 12 - 33)。

图 12 - 31

图 12 - 32

图 12 - 33

本章小结

本章从综合材料概述开始说起，简要对材料与学前美术教育的关系及其广阔的发展空间进行分析，详细介绍了综合材料的分类及其表现形式。同时，对综合材料艺术制作的各种表现手法及制作方法进行系统分析。通过对综合材料的学习，培养孩子尝试运用各种不同的材料、工具、制作方法和表现手法来制作作品的兴趣，丰富孩子的艺术体验，激发孩子学习美术的乐趣。

综合材料的艺术制作以自己独特的形式和特点，在学前美术教育中占有重要的作用，是美术课程的重要组成部分。材料制作对孩子动手能力的培养起到很好作用，能够充分发掘孩子的艺术潜能，增进其学习与交流分享制作的快乐。我们在掌握一些基本制作知识和技法的同时，更需要有科学的教学方法。通过制作教学，培养孩子用自己的兴趣和耐心去探索和创作的热情，达到全面育人的教学目标。

教学做合一

随着科技的进步和社会发展，许多新材料被广泛运用在各行各业，请你思考一下，还有什么材料和制作方法是本章中没有说到的，可以充分利用于学前美术教学综合材料的制作上。

资源链接

1. 手工制作网 http://www.haibore.com/。网站容纳了国内外各种手工制作方式、方法、制作视频、手工的各种分类等内容于一身，为美术、艺术爱好者提供各种免费的美术资讯，并能通过网站微博实现信息交流，手工制作等服务，达到即时交互，是一个有效的学习交流平台。
2. 中国学前教育网 http://web.preschool.net.cn/index.html。
3. 中国少儿美术网 http://www.sems.cc/jx/sm/。

第十三章 玩具设计

目标与导读

- 了解：认识什么是玩具，了解它在学前美术教育中的重要作用及意义。
- 理解：玩具的分类及其形式。
- 掌握：玩具的制作流程及设计对象的阶段定位。
- 应用：玩具学会用学前各阶段使用对象心理行为进行设计并自制玩具。

人的本质在于创造。“艺术因虚构而生存，科学使虚构成为现实，正是虚构和推测使人超越了动物。”而玩具就可以帮助人们通过游戏，在放松的状态下，真正挖掘出其潜能，摆脱束缚，从而继续探索无数的未知与可能。

第一节　玩具的历史

一、概述

玩具，顾名思义是人们在生活中用以玩耍、娱乐的器具。著名教育家、儿童教育专家陈鹤琴说：“对玩具应作广义理解，它不只是限于街上卖的供儿童玩的东西，凡是儿童可以玩的、看的、听的和触摸的东西，都可以叫玩具。”玩具适合儿童，也适合青年和中老年人。它是打开智慧天窗的工具，让人们机智聪明。

玩具设计贴近幼儿生活，领域之间相互渗透，能使幼儿在操作的过程中，轻松愉悦地表达感情，树立自信心，积累经验。

二、玩具的特点

（一）安全性

安全性是玩具必须具备的首要特点。好的玩具使用好的材质制作，加上吸引人的设计，这样才能使玩具具有价值感。如果玩具很快地就被玩坏了，孩子会相当失望，因为他们刚激起玩耍与探索的心很快地被浇熄了。

玩具应该是无毒，而且不可以有尖锐的边缘。它的零件的组合要非常牢固，以免松脱造成儿童误食。此外，还得注意玩具是否含有害的化学物质成分，且不应使用易燃的材质。婴幼儿应避免有细长绳和小零件的玩具。幼儿园教师和父母应注意幼儿使用玩具的方法是否会造成危险。

（二）开放性

好的玩具没有限定其用法，孩子可以自己探索，在活动过程中开发各种可能的玩法。成人不应限制孩子的活动自由，仅仅让其去达成唯一的目标，例如要他画一个标准的圆形或正方形。每一个孩子都是一个独立的个体，他的特质因人而异且应被尊重，而开放性的玩具从来没有标准固定的玩法，所以它让孩子在每一个成长阶段，因想法的不同而产生新的玩法。孩子喜欢和同年龄的孩子或家中大人一起玩，所以好的玩具要能使两人以上共玩，更重要的是，父母与子女共玩能够增进亲子之间的互动关系。

玩具应该因儿童年龄及能力不同而有所差异，孩子喜欢玩的玩具是他们能够操作的，太难的会令孩子有挫折感，太简单又使他们觉得无聊。所以，成人应该根据玩具上使用年龄的标示来为幼儿准备玩具，但如果孩子具有较一般同龄儿童更佳的操作能力，幼儿园和父母则可以提供难度较高的玩具。孩子从主动操作中学习，如果能从玩耍中获得成功的经验，他们便会得到一种成就感，如此一来，他们便会乐于成为一个勇于追求挑战的人。

（三）童趣性

玩具的设计应能真实地体现孩子的生活世界。好的玩具会让孩子重复玩，以各种不同的角度思索，玩很久也不厌烦。孩子永远是充满好奇心的，他们常常会发明出玩具的新玩法。此外，他们喜欢运用想象力对玩具动点手脚，譬如说，玩具加个轮子就变成能动的车子了，孩子会感到高兴又有趣。

好的玩具能提供适当的感官刺激，例如：特别的声响、不同的触感、明亮的色彩及某些可爱的形状，它们可以用来刺激孩子视觉、听觉、嗅觉、触觉等。孩子也可以借着玩具学到物体的基本概念：大小、重量、颜色、平衡等。如果孩子能接触到品质细致的玩具，孩子自然能培养出审美的价值观，这也是一种美学的教育。

（四）认知性

认知性是指儿童玩具揭示、反映社会及自然科学原理与常识，帮助儿童认知事物获取知识的特性。其价值在于帮助儿童学习和认知。如图片玩具，帮助幼儿认识事物、数字或字母；Name Trains（"姓名火车"玩具——笔者译）能帮助儿童拼出自己或他人的姓名；积木、七巧板使儿童初步认识几何形体；Holiday Hop board game（旧历跳棋游戏——笔者译），它使儿童以下棋的方式熟悉了公历上的各种节假日与重要的历史纪念日、历史事件及人物。有一种滑轮玩具则对学龄儿童理解滑轮的原理很有帮助。此外有人设计了儿童玩具显微镜，既可在室内观察玻片上的标本，也可拆卸带到室外观察实物，使儿童有机会大量认识微观世界。在认知性上做文章，国外市场上出现了一类热门玩具——"科学玩具"，它将科研活动游戏化，让儿童在玩玩具的同时了解科学现象与原理，培养观察力、动手能力及对科学的兴趣。科学玩具——"厨房里的化学家"，玩具提供各种工具教儿童利用厨房里的各种调味料（如食盐、醋酸）或食物做化学实验，帮助儿童了解简单的化学知识。

（五）艺术性

艺术性是指儿童玩具的材质、色彩、造型、结构等方面给儿童强烈艺术感染力的特性。好的玩具本身就是一件艺术品，这一特性本身对于培养儿童审美情感、审美能力有着强大的功效。此外，强烈的艺术感染力是玩具发挥其他教育功能的有利条件。如上面提到的"真真女孩"，还有另一种玩具娃娃芭比，都是在造型上有很强艺术性的设计作品。当我们看到孩子们对那些形态生动、色彩鲜艳的玩具爱不释手的样子，就知道艺术性是多么重要了。

三、玩具的起源

就中国来讲，距今 18000 年的"龙骨山姑娘"制造出了世界上第一件专门制作的骨制玩具——龙骨山骨制游戏棒。我国最早的球类玩具可追溯到距今 6000 至 10000 年前的新石器时代甚至于更早的时期，目前相关考证资料是 1958 年在陕西郊区的半坡村墓葬文化遗址出土的陶球和石球，它们散放在墓葬区内儿童遗骨的周围，被认为是当时的儿童玩具。类似的玩具如：河姆渡出土的中国第一套有榫结构的房屋模型玩具、第一套危险玩具——骨叉；大汶口出土的 5000 年前的中国第一套玉制玩具、第一套几何玩具"跑马岭梯形石"；而著名的三星堆青铜面具是中国第一套青铜面具玩具（图 13－1）。这些都体现出先民极其旺盛的创造激情和寻找娱乐解放的强烈意识，显示出原始人的自娱心理需要和表达自我意志的愿望。汉代王符在《潜夫论·浮侈篇》中把玩具

图 13－1

说成是“戏小儿之具”(逗小儿玩的东西)“或做泥车、瓦狗,马骑倡俳,诸戏小儿之具,以巧诈”;宋代吴自牧《梦粱录》卷十三中道:“杭州大街,买卖昼夜不绝,四时玩具……”至此,正式的“玩具”一词方才始见,并一直沿用至今。

(一)原始劳动生产和游戏是玩具起源的基础

自人类诞生以来,劳动和游戏事实上都属于人们改造世界的社会实践活动,并且相互密切联系、相辅相成,发挥作用(图 13-2)。

图 13-2

图 13-3

(二)宗教赋予玩具成型的环境和条件

周作人在其散文《泥孩儿》中曾写过这么一段:“……本来这人形玩具的起源当在上古时代,各国都能自然发生,如埃及、希腊、罗马的古坟据说都发见过牙雕或土制的偶人,大抵是在儿童的坟里,所以知道是玩具的性质,另外有殉葬的一种,用以替代活人,那是所谓‘俑’了。由是可知,这种玩具的偶人的起源不可能有一定的地方,应是各处自由发展。”这里所提到的关于墓葬或殉葬的偶人即后来的偶玩具雏形,事实上和各民族的原始宗教有密切联系(图 13-3)。

(三)民俗传统是玩具发展的生命轨迹

所谓民俗,即指民间的风俗,是一个国家或民族中广大民众所创造、享用和传承的生活文化。民俗是人民群众在社会生活中世代传承、相互沿袭的生活模式,它是一个社会群体在语言、行为和心理上的集体习惯(图 13-4—图 13-6)。

图 13-4

图 13-5

图 13-6

在漫长的人类社会发展当中,人们生活中的物质生产及文化生产逐渐形成了自己的特点与风俗,并用以规范人们的生活,其中当然也包括了对娱乐、玩耍等精神追求的规范和影响,玩具作为民间用具的一种,自然也具备了民俗的特征。

在我国的各项民间活动中，各色民俗延伸而成的玩具则更为我们所熟知。如：春节庙会上的糖人、风车、空竹、风筝；早些年小街巷里男孩玩的抽陀螺、滚铁环，女孩玩的香荷包、唱着“马兰花”跳的橡皮筋等等，这些曾伴随着我们长大而又似乎不起眼的“小要货”无不体现出浓郁的中国民族化风情（图 13－7—图 13－8）。

图 13－7

图 13－8

1. 传统信仰中演化出的玩具

主要是指由宗教信仰在民间所形成的某些民间风俗。比如自原始宗教起人们就有着生殖崇拜的情结，而后来的佛教中又有送子观音之说，再到之后的民间广泛流传着的“开枝散叶、多子多福”等传统理想，也因而出现了相关的一些玩具（图 13－9）。

2. 从礼仪演化出的玩具

按照传统风俗，新生的孩子还会历经洗三、作九、庆满月、过百日等庆贺活动，特别是到周岁抓握期时，给孩子抓选的小算盘、小木刀等既使民间玩具发挥着人生礼仪的作用，又是生产工具在人生礼仪这一特定条件中向玩具的转化。

图 13－9

图 13－10

3. 节日民俗中演化出的玩具

每个民族都有属于自己的节日，一部分是来源于自己特有的历史文化传统，如西方的圣诞节、感恩节、情人节等，都来源于西方的主流宗教；中国的春节、清明、重阳来自于我们的历史传统；另一部分来源于传统生产，特别是农业生产的需要（图 13－10）。

综上所述，玩具的产生是建立在人类智慧和劳动所构建起来的社会物质生产基础上的，虽然目的是以娱乐为主要内容，但依旧是人类宝贵的文化财产；从新石器时代到现代工业社会，玩具的起源见证了人类自蒙昧状态到步入高度文明的整个过程，并且在劳动与游戏、民俗和宗教这三种不同的社会基础建设中发挥了巨大的作用。

思考与练习

在玩具的发展过程中，我们将古代的一些装饰用品和其他器物理解为玩具概念，请分析理由并结合现实进行阐述。

第二节　玩具的分类

我们可以把玩具简单地理解为人们在生活中用以玩耍、娱乐的器具。但随着科学技术的发展，人们逐渐从繁重的劳动中解脱出来，有了更多的精神层面上的需求，使得与玩具有关联的无形的文化、思潮、观念等，在深度和广度上日趋发展。

作为一名玩具的设计制作者如何找到自己的创造力和切入点，首先要从材料、功能、技术、来源等各个方面了解玩具的分类。

一、按材料分类

木、纤维、塑胶玩具，这是现在最常见也是最重要的几种类型。

木制玩具是玩具中的一大门类，由于其原料易得，且可塑性强，因此由古至今，木制玩具的数量庞大、种类繁多(图 13－11)。

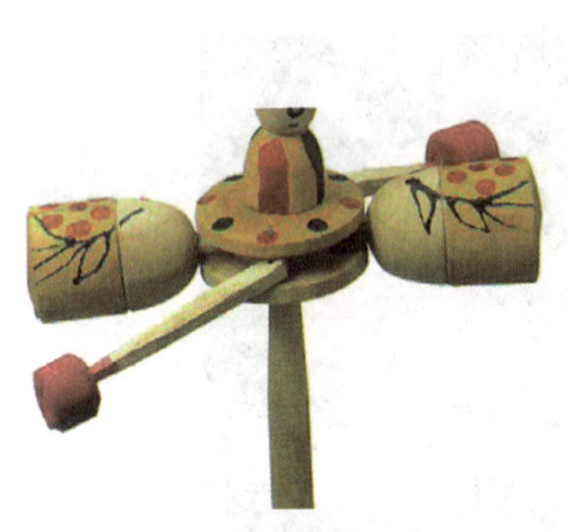

图 13－11

图 13－12

图 13－13

纤维玩具就是指用各种化纤、棉、布、皮革、绒、纸等原料通过剪裁、缝制、装配、填充、整型、包装等工序而制作的玩具。纤维玩具其优点是美观大方、造型逼真、柔软、耐压、安全、卫生、开发智力并具有装饰性，适合的人群年龄层次跨度很大。纤维玩具也是历史比较悠久的玩具种类之一(图 13－12—图 13－13)。

塑胶玩具主要是指各种用塑料、橡胶、树脂、硅胶等化学合成材料制作的玩具。由于塑胶的工艺精良，这类玩具通常可以有超高的制作水准和很高的精密度。色彩鲜艳、轻便精巧，可活动，或可拆卸拼装，具有很好的观赏、收藏价值以及玩耍性(图 13－14—图 13－15)。

综合材料玩具的开发和运用是现代自制玩具制作课的基础，在幼儿教学实践中，材料玩具的内容和形式，应能够激发使用群的兴趣、构思、联想和行为。在自制玩具教学实践当中，因为材料内在的视觉特性和触觉特性，使学前儿童对它们特别感兴趣。同时也给孩子带来许多新的体验和感悟，活跃了孩子的思路，使孩子热爱大自然、热爱生活，这样才是美术教育最值得称道的成功(图 13－16—图 13－17)。

图 13 - 14

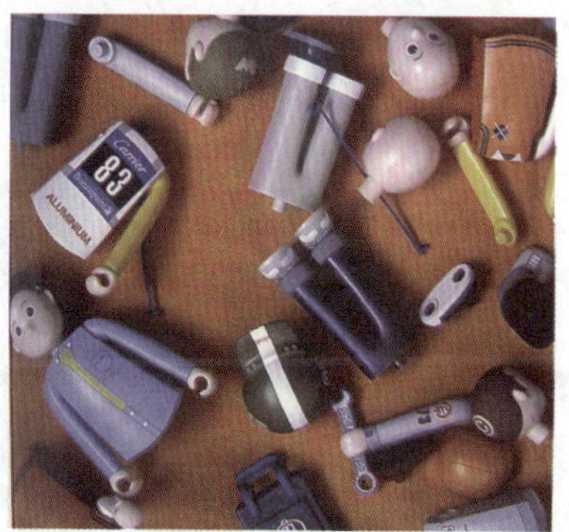

图 13 - 15

图 13 - 16

图 13 - 17

二、按功能分类

说到功能的分类，不外乎以下几种：户外娱乐类、益智类、观赏收藏类、创意类。

户外娱乐类玩具不难理解，就是具有户外活动娱乐功能的玩具类型，并且总是和运动分不开。这些玩具可以锻炼人们动作的灵活性，手脚的协调性和身体的平衡性，应该说它们带来了更有趣味性的体育运动方式，是可以伴随人一生的玩具类型(图 13 - 18)。

图 13 - 18

益智类玩具过去都是孩子的专利，现在也流行于各个幼教机构，它不但具有可玩性，而且蕴含了丰富的哲理和智慧，具有很强的益智功能，同时吸引了一大批的成年人玩家，使之成为一种高雅的娱乐方式(图 13 - 19)。

观赏收藏类玩具是玩具中最大的一类。观赏收藏类的玩具多呈系列化、套装化。一般都是被大众接受和喜爱的形象或是具有特殊的艺术审美价值(图 13 - 20)。

图 13 - 19

图 13 - 20

创意类玩具的"DIY"理念已经不是新鲜的名词了。怎样在大批量生产和保留个性之间找到很好的平衡点，创意类玩具中的"DIY"理念，可以说是一个非常好的尝试(图 13－21、图 13－22)。

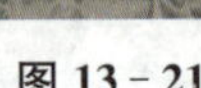

图 13－21

图 13－22

三、自制玩具

自制玩具是指利用纸、布、针、线等各种不同的物质材料，通过、缝、折、剪等手段，自己动手制作平面或立体造型的一种手工制作活动。

多年以前，玩具大部分是自制的。但随着玩具生产的普及，玩具品种的增多，制作也越来越精致、细腻，加上各种各类电动玩具的出现，现在已很少有人自制玩具了。许多家长、幼儿园不惜花费金钱买回玩具给孩子玩，以为这是智力投资，是值得的。其实，商品玩具都易产生负效应。它往往能束缚学前儿童的创造力，压抑学前儿童动手动脑能力，影响学前儿童的智力发展。例如机械玩具、电动玩具，无需多动脑筋和花费任何心血，仅仅让孩子学会"按动电钮"的动作就可以了。这对于激发孩子的聪明才智无多大的帮助。倘若教师和家长巧妙地引导孩子自己动脑筋设计玩具，哪怕是最简单的纸折玩具、自制布娃娃，虽然土一点，制作的玩具并不美观悦目，但孩子自己动手制作的玩具，其效果大不相同。这样不仅使孩子的智慧得到发挥，而且会使孩子养成热爱自己的劳动、珍惜玩具等诸多好习惯，会在孩子成长的道路上产生潜移默化的教育作用(图 13－23—图 13－25)。

图 13－23

图 13－24

图 13－25

课后练习

收集市场上各种玩具的照片或杂志图片，按照材质、功能、创意来源进行分类。介绍一个你最喜欢的玩具，说说为什么以及它的与众不同之处。

第三节　玩具的设计流程与定位

一、玩具的设计流程

玩具的设计制作首先应该明确目的，它是针对一定的使用群来进行设计的。在设计制作一款玩具前都要明确具体的对象，是为男孩还是女孩设计的，还是不分性别特征，是多大年龄层次的儿童，是在都市的儿童还是乡村的儿童，这些儿童具有怎样的喜好，智力能力的考虑也在其中。玩具设计制作都经历提出问题、分析问题、解决问题、反馈问题几个步骤。

(1) 提出问题这一阶段是玩具设计的起始阶段。作为玩具设计制作者，要明确作品设计方向，比如为哪个年龄层次的对象设计玩具，为哪种性别的人群设计。

(2) 分析问题这是玩具设计的关键阶段。在确定设计目标后，对于设计任务的分析，对目标对象的调查，为这些人群设计怎样的玩具，这些人群有着怎样的性格、特点、心理，要用什么材料，怎样制作等要素是非常重要的。

(3) 解决问题是经过对市场调查分析以后，确立了设计方向，于是就要面临着解决问题阶段。

(4) 反馈问题是将设计制作活动延续下去的重要环节，在玩具设计制作并投入使用后，它的使用对象与设想是否吻合等各环节信息，以及玩具自身的设计问题，都有待于在以后设计制作中得以更好地解决与提高。

二、玩具制作中草图的表现

在明确了设计方向，对于未来玩具有了大概的想法后，就要通过草图来进行快速表达。草图作为快速表达设计思想的手段，要求准确地将构思表达在纸面上，这是由思维到现实，由抽象到具象的第一步，草图的表达应尽可能做到清晰、完整，同时草图可以系列化，系列化的草图构思可以帮助设计者做更多的选择(图 13 - 26—图 13 - 27)。

图 13 - 26

图 13 - 27

三、玩具设计制作定位分析

心理学家认为所有未成年的孩子都称为儿童，就他们的成长阶段，我们可以主要分为新生乳儿期心理、婴儿心理、学前儿童心理、学龄初期儿童心理、少年期儿童心理、青年初期心理。中国现代心理学家朱智贤先生的《儿童心理学》一书中，对各个时期的儿童心理行为特征作了详细的描述，在此，我们主要针对学前儿童心理与行为特征与玩具相结合，做一定讨论。

（一）学前期儿童心理特征

学前期是指儿童从四岁到六七岁这一时期，这是儿童入校学习的准备时期，所以称之为学前期。在这个时期，儿童由于身心各方面的发展，初步产生了参与活动游戏的愿望，同时这时期的儿童已能自己独立地完成简单的日常活动，如穿衣、吃饭、扫地、收拾自己的玩具等，而且这一时期的儿童非常希望能像大人一样参加日常生活活动。独立的活动能力与他们的实际能力产生反差，于是解决这种反差的最好方法就是游戏，在游戏中让他们扮演角色，以此来推动儿童心理向前发展。在这个时期的儿童不能很好地有意识地调控自己的行为，心理活动有很大的随意性，会很容易被外界新颖的事物吸引和干扰，这也是为什么经常看到许多家长反映儿童喜好的变化，一会学钢琴，一会学绘画，几天后又对武术感兴趣，这是这时儿童心理特征反应的表现。

（二）学前期儿童行为特征表现

4—5 岁的儿童小幅度的运动变得更精巧了，这时他们在玩耍时需要更多的身体控制，能感受到简单的节奏、节拍，在游戏中已经有了明显性别区分，喜欢与同伴合作，分享游戏，具有逻辑思维能力，也能开始熟记一些诗词，记忆力有所发展，在绘画能力方面则表现在随意的、有意识无技法的涂鸦状态，能够了解简单的游戏规则和简单玩具的使用方法。

6—7 岁的孩子特别活跃，他们的活动动作更为灵活，男孩能比较熟练地使用部分机械装置、杠杆等，女孩则能掌握较为复杂的舞蹈、手工活动等。具有挑战精神，会与其他儿童合作，能按次序等待，懂得游戏的规则和要求，能参与集体讨论，对计划有自己的安排和建议，和他人能产生情感共鸣，有一定的道德观念，说话有一定条理，开始写字、绘画，能阅读比较长且很复杂的文章，并能表述文章的主要内容。

（三）学前期儿童玩具设计特征分析

4—5 岁的儿童：他们的游戏和玩具不需要过大的体积和空间，他们开始使用绘画工具，可以为他们设计些运动的器械玩具，满足和鼓励他们的跑、跳，在这期间可以开始培养孩子的艺术才能，绘画玩具是这些孩子们喜爱的，但这时期儿童的绘画刚刚摆脱无意识的涂鸦，需要的设计是些简单的绘画工具和内容，对颜色的区别训练及对材质的认识与区别。在这时期，拼图类玩具可以提高儿童的认知能力、分析能力、想象力、观察能力。益智组类玩具可以培养孩子的空间想象能及精细动手操作能力，从而加深对时间、动物、交通工具、不同人物角色的区分和房屋形状、颜色等方面的理性理解，从而了解更多自然与文化知识。可设计些带有表演的玩具和游戏，开始培养儿童的道德观、是非观、合作精神、勇敢和自立的能力。

6—7 岁的儿童：这时的儿童马上面临入学，在玩具设计与定位上应侧重于与学校环境相适应，将游戏与学习相结合，这样让孩子们在与玩具的游戏过程中，开始接受以后的课堂式教育，有充分的心理准备和知识的积累。数字算盘、文字拼贴类的玩具可以让孩子渐渐地习惯学习的环境，为以后校园学习作准备，在娱乐中启发孩子对形状、数、量的准确理解，进而锻炼肌肉的灵活性。工具类玩具主要培养儿童认识、掌握各种工具的形状、颜色和构造，在这一过程中训练孩子们的实际动手操作能力和手眼协调能力，开发想象力。参加集体活动用的玩具，种草、种花的小铲子、小喷壶等儿童劳动工具类玩具也是孩子健全人格的开始和关键，儿童情感类的玩具显得重要起来，因为这时期的儿童已经开始有了丰富而细腻的情感表达和需求。

四、自制玩具设计制作案例分析

案例一

袜子娃娃

1. 材料准备

一双好看可爱的袜子，两颗黑色塑胶珠子，用来做眼睛，白色毛线，针，线等若干(图 13－28(1)、13－28(2))。

(1)

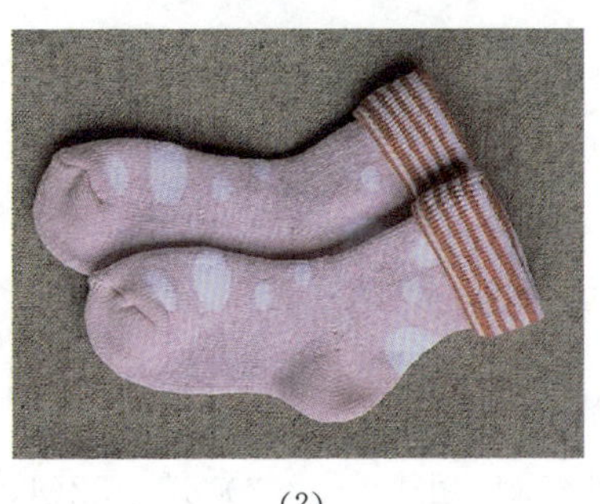
(2)

图 13－28

2. 制作步骤

(1) 制作头部。

a. 把其中的一只袜子反转，依照图分 3 份，把中间部分拿出来（图 13－29(1)、(2))。

b. 用线把弧形的部分缝好，缝好后，塞上纤维棉（均匀）(图 13－29(3))。

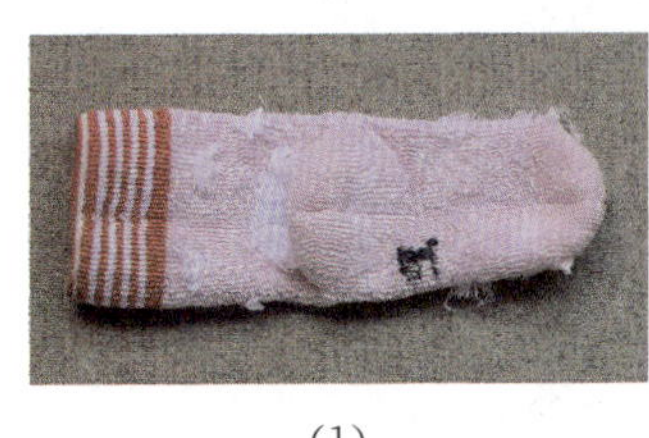
(1)

(2)

(3)

(4)

图 13－29

c. 用平针在开口周围缝一圈。把线上开口部分的袜子往里塞，然后用力拉线，把开口部分束紧。收紧后，打结，把多余的线剪掉(图 13－30(1)—13－30(4))。

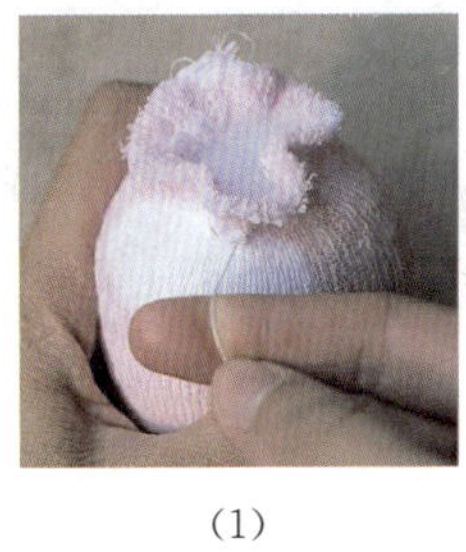
(1)

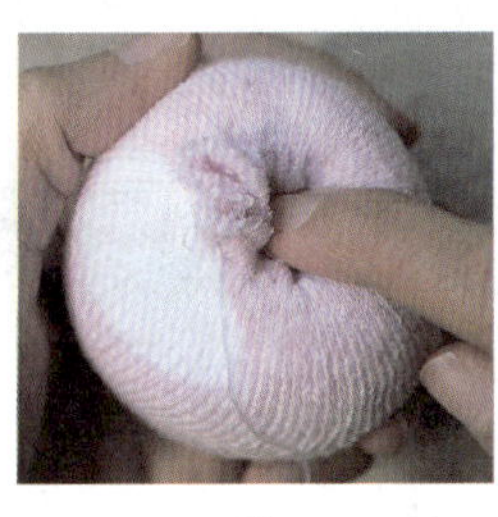
(2)

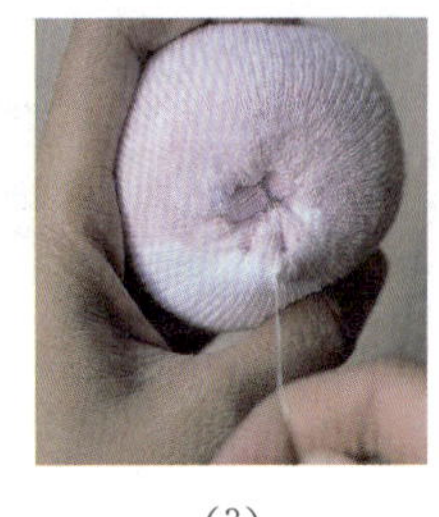
(3)

(4)

图 13－30

(2) 制作小手。

a. 把袜子剪成如图所示的形状(图 13－31(1))。

b. 把袜子对半剪开(图 13 - 31(2))。

c. 再进行修剪(图 13 - 31(3))。

d. 把边缘缝好,留开口部分塞纤维棉(图 13 - 31(4))。

e. 用线收口,两只小手就做好了(图 13 - 31(5))。

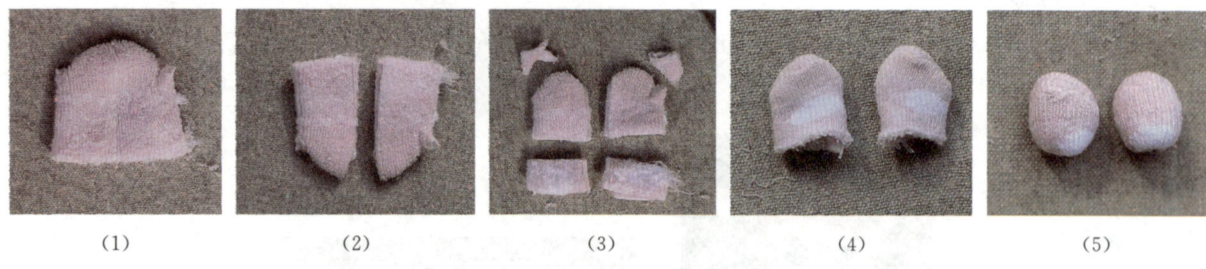

(1) (2) (3) (4) (5)

图 13 - 31

(3) 制作身体。

a. 一只袜子反转,剪成如图所示右边部分的形状(图 13 - 32(1))。

b. 剪好后把周围缝好,留开口处塞入纤维棉(图 13 - 32(2))。

c. 用针线把开口处缝好(图 13 - 32(3)、13 - 32(4)、13 - 32(5))。

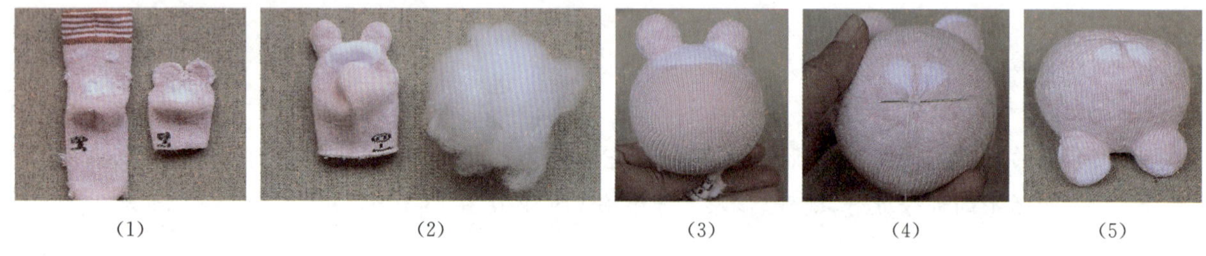

(1) (2) (3) (4) (5)

图 13 - 32

(4) 制作衣服。

a. 用袜子的横条部分帮小熊做衣服(图 13 - 33(1))。

b. 把横条部分套在身体上,留出身体 1/3 部分,这样更显可爱(图 13 - 33(2))。

c. 在"衣服"顶部缝上一圈,再把多余的部分剪掉一些(图 13 - 33(3))。

d. 把线收紧一点,不用全部束紧。再把多出的袜子部分往里塞(图 13 - 33(4))。

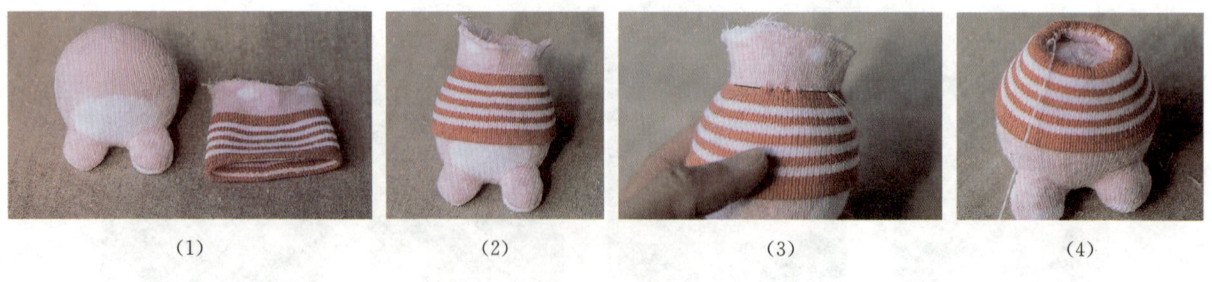

(1) (2) (3) (4)

图 13 - 33

(5) 缝合。

a. 把头部跟衣服缝合起来。身体完成(图 13 - 34(1)、13 - 34(2))。

b. 缝上小手(图 13 - 34(3)、13 - 24(4))。

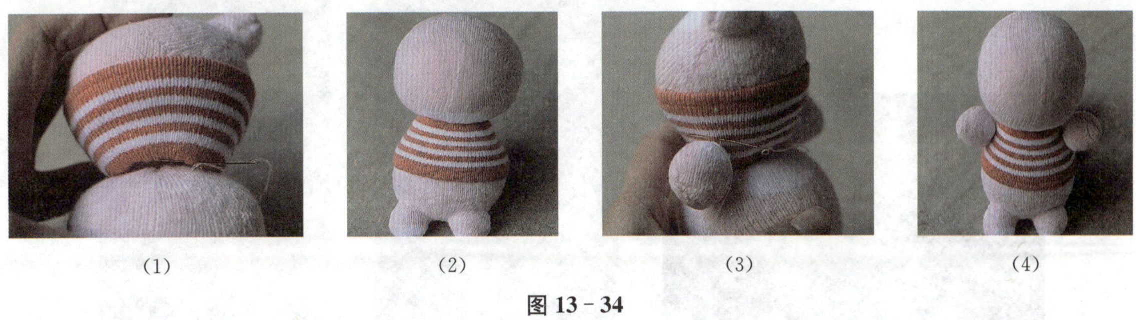

(1) (2) (3) (4)

图 13 - 34

(6) 制作五官。

a. 把袜子顶部圆弧型的部分剪下来做鼻子(图 13 - 35(1)、13 - 35(2))。

b. 塞入纤维棉,把鼻子缝在脸上,再秀上鼻子跟嘴巴。用珠针固定好眼睛的位置后,再用针线缝好(图 13 - 35(3)、13 - 35(4))。

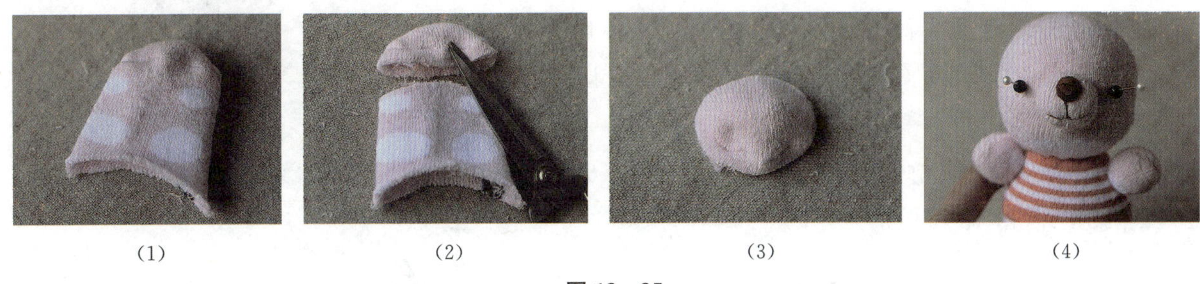

(1) (2) (3) (4)

图 13 - 35

(7) 制作帽子。

a. 把另外一只袜子的横条部分剪下来,为小熊做一顶帽子(图 13 - 36(1))。

b. 把袜子横条部分套在小熊头上适当的位置(图 13 - 36(2))。

c. 帽子边缘部分用针线跟头部缝合好(图 13 - 36(3))。

d. 帽子顶部用线缝纫,束紧后打结(图 13 - 36(4))。

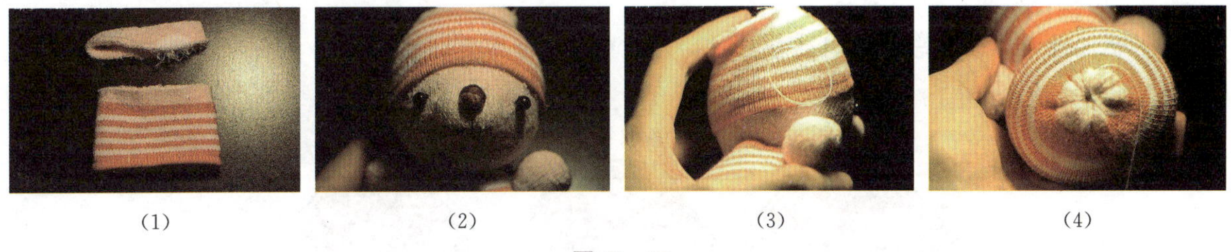

(1) (2) (3) (4)

图 13 - 36

(8) 制作头发、耳朵。

a. 用针线把毛线球固定在帽子顶部(图 13 - 37(1))。

b. 用珠针把一条条的毛线挑散,最后把多余的毛线剪掉(图 13 - 37(2))。

c. 把剩余的袜子剪 2 片椭圆形然后对折,把它缝密(图 13 - 37(3))。

d. 把耳朵分别缝在小熊头顶两侧(图 13 - 37(4)、13 - 37(5)、13 - 37(6))。

(1) (2) (3)

(4)

(5)

(6)

图 13－37

案例二

图 13－38

狐狸手偶的制作

缝制：先分别缝制耳朵、鼻子、手臂和身体。再缝制头部，并把耳朵、鼻子和胡子固定在头部。最后把手臂和头部安接在身体上(图 13－38)。

1. 布样准备：头部前片、后片各 1 片(图 13－39(1)、13－39(2))，耳朵 4 片(图 13－39(3))

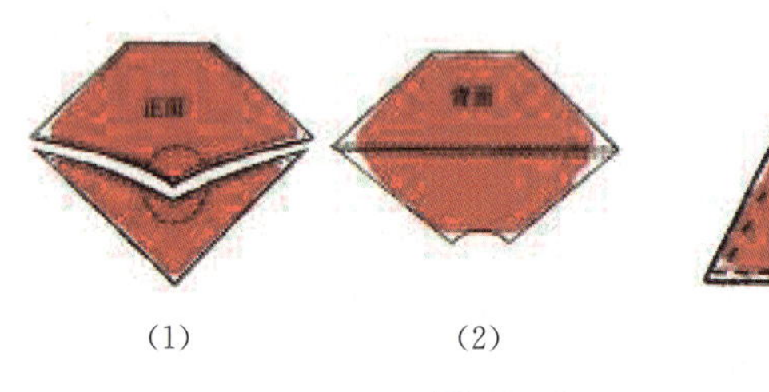

(1)　(2)　(3)

图 13－39

2. 手偶制作步骤

(1) 把头部布样的前后片分别缝合好，然后把缝合好的耳朵从里面固定在头部耳朵的位置上，反口，耳朵就固定上了(图 13－40)。

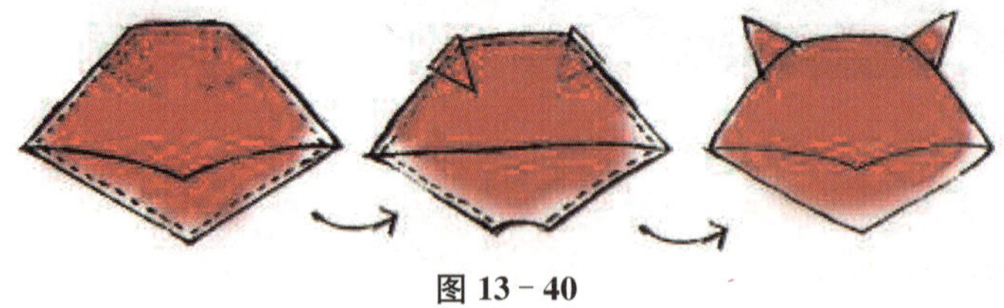
图 13－40

(2) 把扇形的鼻子布样的两条边缝合，成为一个漏斗状，填入丝棉，就是鼻子。鼻子固定在头部中间位置上(图 13－41(1)、13－41(2)、13－41(3))。

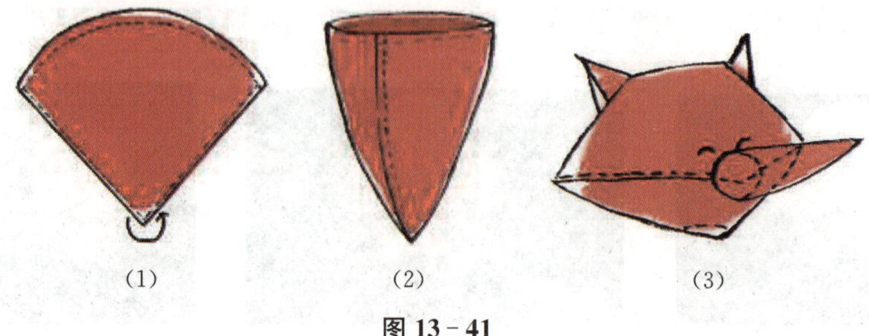
(1)　(2)　(3)

图 13－41

（3）剪切白色长绒布成胡子的样子，固定在鼻子两侧。耳朵布样对应缝合成两只耳朵。手臂也同样对应缝合成两只手臂（图 13－42）。

图 13－42

（4）身体布样（2 片），只缝合肩部和两侧，注意留出安接头部和手臂的口，及手指操作的空间（图 13－43（1）、13－43（2））。

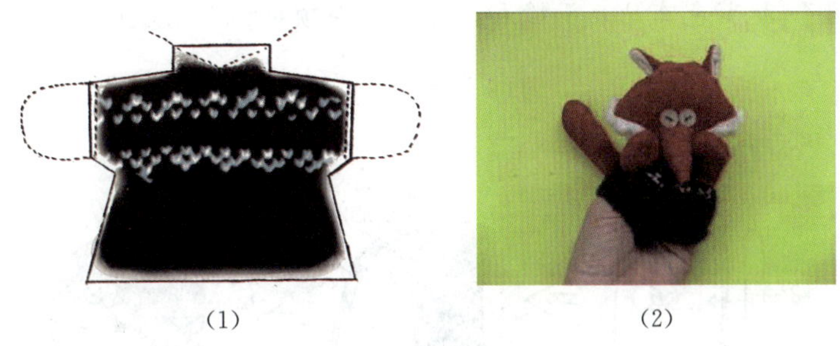

（1）　　　　（2）

图 13－43

案例三

废旧材料玩具（小蜜蜂）的制作

1. 材料准备（尺寸根据奶瓶制定）

头部：皮肤色丝袜、棉花少许

上衣：15 cm×6 cm 紫色布 1 片

手掌：半径 2 cm 白色圆布 4 片

头发：34 cm 棕色毛线 1 条

四肢：27 cm（脚）20 cm（手）皮带各 1 条

扣子：直径 1 cm 圆不织布（黄）2 片

帽子：12 cm×5 cm 紫色布 1 片

腹部：15 cm×9 cm 条纹布 1 片

脚掌：半径 2 cm 紫色素布 2 片

翅膀：14 cm×5 cm 白塑胶网 2 片

眼睛：4 mm 黑珠 2 颗

触须：灰色蕊心 1 支

2. 制作步骤

（1）制作蜜蜂的身体：把上衣紫色布片和腹部条纹布片缝合成桶状，先把条纹布套在优酸乳奶瓶上，然后把紫色布反着套上去，缝在条纹布上，再翻上去，把瓶口收紧（图 13－44）。

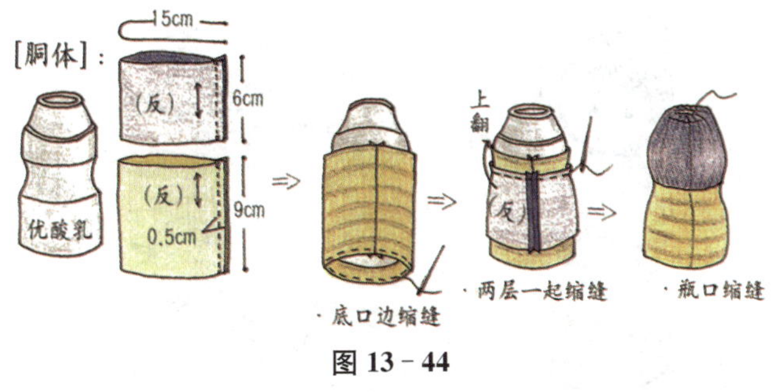

图 13－44

（2）制作蜜蜂的头部：剪开丝袜，塞入棉花，用线缠绕紧丝袜口。用大头针找出眼睛位置，钉好黑色小珠，做眼睛。用红色线绣出嘴巴。把棕色毛线对折 8 次，用线固定在头部顶部（图 13－45）。

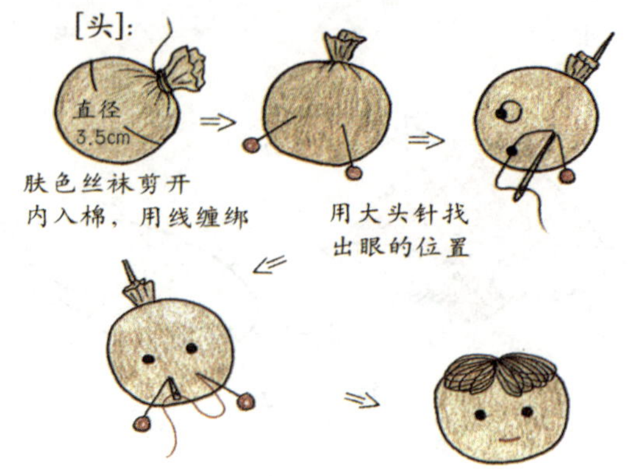

图 13 - 45

(3) 制作蜜蜂的帽子：把紫色布从反面缝和，反过来，在顶部固定好蕊心。布边内折 0.5 cm，固定在头部的周围(图 13 - 46)。

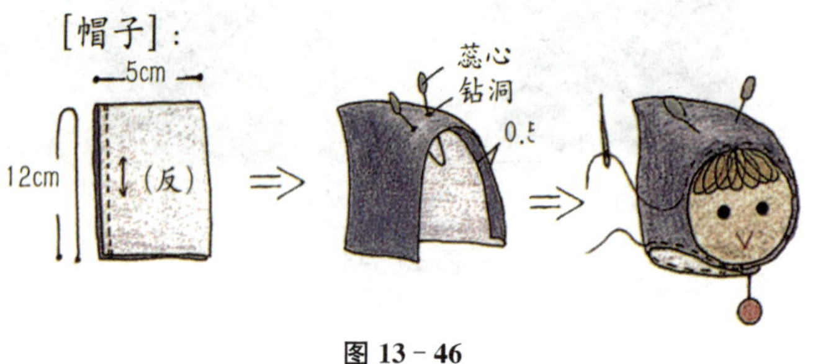

图 13 - 46

(4) 制作蜜蜂的翅膀(图 13 - 47)。

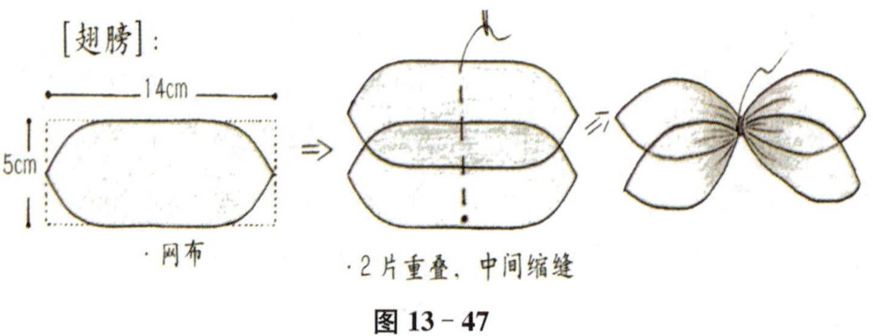

图 13 - 47

(5) 固定蜜蜂的翅膀、腿：用针线把翅膀缝在蜜蜂的背部。用细铁丝钩着细绳穿过瓶体的上部和下部，当作肢体(图 13 - 48)。

图 13 - 48

(6) 制作蜜蜂的脚和扣子：用无纺布剪成小扣子缝制蜜蜂胸部。剪直径 2 cm 的圆形布片六块，填入棉花，用针线收口，固定在蜜蜂手脚末端，当作手脚。最后，修饰一下蜜蜂宝宝的脸，完成(图 13 - 49)。

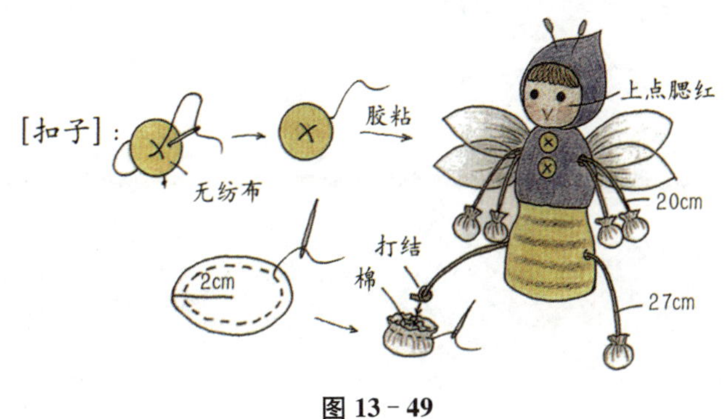

图 13 - 49

课后练习

1. 以《倒霉熊》中的卡通形象特征为原型，为 4—5 岁女童设计创新具有卡通形象的造型，绘制草图若干张，确定方案后，用软陶泥设计卡通动物造型。

2. 选择一个主流传统玩具形象，比如泰迪熊，按照自己的想法对其外形、颜色、表现形式、材质等进行一切可能性的改造、创新、绘制外形草图，利用相应的材料自行制作。

本章小结

玩具是传统民俗生活的重要媒介，承载着民众朴素的精神和观念，蕴含着丰富的人文价值。对于学前儿童来说，这种人文价值是滋润心灵的清泉，也是重拾童趣的媒介。

今天，玩具仍然在生活中占有重要的位置，我们如何通过现代设计手法的运用，将玩具的艺术特色和精神观念融合到现代玩具设计之中。通过本节的学习，了解玩具的历史发展、作用、分类以及设计制作的基本流程和目的，进一步掌握玩具的制作技法，并能举一反三，创作出与众不同的作品，并将所学内容熟练运用于幼儿园教学活动中。

教学做合一

在现代社会科技飞速发展的情况下，不断涌现出各种新的材料，请你思考一下，还有什么材料是文章中没有提到，却可以利用在自制玩具上的。

第十四章　幼儿园环境创设

目标与导读

- 了解：幼儿园环境创设的理论基础。
- 理解：幼儿园环境创设的内容和分类。
- 掌握：幼儿园室内外环境创设的内容与要点。
- 应用：初步具备根据幼儿园环境创设理论、幼儿园环境特点、幼儿年龄特点，创设幼儿园室内外环境的应用能力。

幼儿园环境创设是近年来学前教育所关注的热点，是幼儿教师实现教育教学目的的途径之一，是促进幼儿身心全面和谐发展所必不可少的物质与精神条件。幼儿园环境创设包括室内和室外环境创设两大部分，如何才能创设一个有效的环境实现环境教育的目的呢？幼儿园环境创设包括哪些具体的内容？教师在创设环境时要注意哪些问题，如何进行？本章主要围绕幼儿园环境教育的理论基础、幼儿园环境创设的内容与分类、幼儿园室内与户外环境规划与创设展开，通俗易懂的文字、丰富的图片、联系幼儿园实际的案例等手段让学生更好地掌握本章的内容。另外，本章还增加了视野拓展部分，让学生在学习知识的同时，拓展视野，了解更多关于环境创设的相关知识。

第一节　幼儿园环境创设概述

进入21世纪以来，环境教育作为一种隐性课程越来越为人们所关注。人们逐渐意识到，幼儿的学习更多的是与环境的接触，并在有意义的环境中通过与环境的互动发生相互作用的，环境也是促进幼儿身心发展的重要途径之一。

一、幼儿园环境教育的理论基础

幼儿园环境教育的意义在于，从幼儿教育的整体发展目标出发，根据幼儿的身心特点，利用环境中的一切物质、信息创设适宜幼儿生存、探索、创造的幼儿园环境。因此，也可以说幼儿园环境是一种为了促进幼儿身心和谐发展而精心设置的环境。

(一) 蒙台梭利——“有准备的环境”

蒙台梭利把环境比喻为人类的头部，对孩子整体的发展具有重要的影响。她提出教育有两方面的目的：一是生物目的，即帮助个人的自然发展；二是社会目的，即个人能适应并利用环境。而“教育的基本任务”是使二者结合，使每个儿童的潜能在一个有准备的环境中得到自我发展的自由。

蒙台梭利特别强调环境对儿童发展所起的重要作用，她主张为儿童提供一个能激发其活动动机的预备环境。蒙台梭利对“有准备的环境”提出了以下标准和要求：

——必须是有规律、有秩序的生活环境。

——能提供美观、实用、对幼儿有吸引力的生活设备和用具。

——能丰富儿童的生活印象。

——能为幼儿提供感官训练的教材或教具，促进儿童智力的发展。

——可让儿童独立地活动，自然地表现，并意识到自己的力量。

——能引导儿童形成一定的行为规范。

因此，在蒙台梭利“儿童之家”中环境包括了教室、室外花园、操场、图书室、起居室、储藏室；而教室则划分为日常生活、感官、数学、语文等七个活动区域，各个区域为儿童提供不同的“工作材料”满足各年龄、各发展水平的儿童的需要。

(二) 瑞吉欧——基于环境的方案活动

意大利北部小镇瑞吉欧・艾米利亚的学前教育研究者认为环境是一个“可以支持社会，探索与学习的容器”。他们将学校的一切方案活动都以环境创设为基础，把环境的教育价值摆在十分重要的位置。

这些教育工作者认为，理想的学习空间可以提供优质的教育，因此在瑞吉欧学校中没有一处无用的环境。瑞吉欧教育环境的设置与运用有以下几个特点：

（1）“没有一处无用的环境”。瑞吉欧教育工作者赋予了环境全新的教育意义，从门口、教室、广场、工作坊、档案资料室等的精心设计，空间的开放利用，每一所幼儿园的环境中每一个角落，都依据不同的幼儿园、不同的教师、不同的儿童、不同的理念而设计出独特的自我风格，来适应儿童和教师的成长。

（2）开放、自主的环境。教室区域的开放性设置，艺术工作室丰富的废旧品材料，广场上为儿童和家长设置的游戏设施等等，无不显示瑞吉欧教育工作者所强调的开放、自助的环境。

（3）环境是“第三位老师”。儿童通过“环境”这位老师进行方案学习。儿童可以在教室、艺术工作室、长廊、校园、操场等地方活动学习，也可以根据方案教学的需要到校外去研究。儿童通过方案活动的设计和实施，以环境为基础条件，促进儿童与儿童、儿童与环境、儿童与物件、儿童与教师之间的互动。

（三）陈鹤琴——创设一个审美与科学的环境

陈鹤琴认为，要为幼儿提供一个“室外尽可能开辟草场、花园、菜圃，栽培美丽鲜艳的花卉和蔬菜、绿荫浓浓的树木；室内也应该布置一些富有意义的挂图、画片、漫画和故事等，让儿童在这个美丽的环境里舒畅身心，陶冶情感”的审美环境，以及一个“尽可能带领幼儿栽培植物，布置庭院，从事浇水、锄草、收获种子等工作，并饲养动物”的科学环境。陈鹤琴指出布置幼儿园环境要遵循的三个原则：

（1）“环境的布置要通过儿童的双手和大脑。”不管是审美的环境还是科学的环境，陈鹤琴主要强调的是幼儿动手与动脑的结合，因此环境布置要考虑既能满足幼儿大脑的发展，又能满足幼儿动手操作、创造的愿望。

（2）“环境的布置要富于变化”，布置好的环境不能一成不变，要根据季节、时间、活动的变化而变化。

（3）“环境布置的高度应与幼儿的视线持平”，考虑幼儿的年龄阶段特点，合理创设环境。

（四）政策与法规的依据

幼儿园教育对于教育环境的规定与要求，从相关的幼儿教育法规、文件中都能找到依据。《幼儿园教育指导纲要（试行）》明确指出：“环境是重要的教育资源，幼儿园应通过环境的创设和利用，有效促进幼儿的发展”。既强调了环境的重要作用，又对幼儿园的环境创设提出了总的要求。那么，幼儿园环境的创设和利用，幼儿教师需要具备哪些方面的专业技能呢？对此，从我国 2012 年新颁布的《幼儿园教师专业标准（试行）》中可以找到相应的要求。其中要求教师除了要具备专业理念与师德、专业知识外，“专业能力”模块指出幼儿教师其中一项专业能力是“环境创设与利用”的能力，具体要求教师要“建立良好的师幼关系，帮助幼儿建立良好的同伴关系，让幼儿感到温暖和愉悦；建立班级秩序与规则，营造良好的班级氛围，让幼儿感受到安全、舒适；创设有助于促进幼儿成长、学习、游戏的教育环境；合理利用资源，为幼儿提供和制作适合的玩教具和学习材料，引发和支持幼儿的主动活动。”由此可见，环境作为“隐性课程”在学前教育中比正规课程更加重要，不但对幼儿发展意义重大，还是作为一名合格幼儿教师的“标准之一”。

二、幼儿园环境与幼儿园环境创设

幼儿园环境，是指幼儿园内幼儿身心发展所必须具备的一切物质条件和精神条件的总和。在这一概念中，将幼儿园的教育环境分为物质环境和精神环境。物质环境指的是幼儿园的空间、设施、活动材料和常规要求等，精神环境就是教师与教师之间、幼儿与幼儿之间、教师与幼儿之间的一种良好的人际氛围。而“创设”是由幼儿园环境的概念来界定幼儿园环境创设，即由幼儿园的全体工作人员、幼儿、各种物质器材、设备条件、人事环境以及各种信息要素，通过一定的文化习俗、教育观念所组织、综合的一切动态的、教育空间范围和场所。[①] 那么，可以说幼儿园环境创设是幼儿园工作人员利用一切物质及信息要素，创造一个适宜幼儿身心发展的物质环境和精神环境。

幼儿园环境创设是一种手法多样的综合性装饰，它涵盖了绘画、雕塑、壁饰、民间工艺、设计构成、抽象艺术等多种表现形式，是顺应学前儿童身心发展的规律，集教育性、艺术性为一体的综合性艺术。（如图 14－1—图 14－2）

图 14－1　我爱幼儿园(广西军区幼儿园)

图 14－2　树形墙饰(广西军区幼儿园)

第二节　幼儿园环境创设的内容及分类

教育环境主要包括各种活动室、户外场地以及所开展的主题活动、教育活动等环境；保育环境、盥洗室、厕所以及吃饭、穿衣等生活活动环境。

幼儿园环境创设的内容是由幼儿园教育的性质和幼儿的身心发展特点所决定的。幼儿园不同于托儿所和小学以教育为主要功能，而是一种保教结合的教育，这就使得幼儿园的环境创设内容可以分为教育环境创设和保育环境创设两部分。但在实际的教育实践中，两种环境创设不是割裂的，而是相互交叉、相互渗透的。从幼儿身心发展的特点来看，学龄前的幼儿正处在多个敏感期，是语言、动作、个性、思维、行为等发展的重要时期。因此，幼儿园的环境创设应当包括语言环境、运动环境、游戏环境和劳动环境等内容。

幼儿园环境创设的分类方法较多，不同的学者从不同的维度进行了分类。本书主要从立体空间和环境形态两个角度进行划分。

一、从空间上，幼儿园环境创设可以分为室内环境创设和室外环境创设

（一）室内环境

1. 活动室的布置

活动室是幼儿园建筑的主要构成单位。活动室因其功能不同，分为班级活动室和专用活动室。活

① 王忠民主编. 幼儿教育辞典[M]. 北京：中国大百科全书出版社，2004，1135.

动室的布置，也称为学习区的布置。班级活动室的环境主要包括吊饰、墙面、门庭、门窗、活动区角、角落等(图 14－3)。专用活动室的布置，又因其功能不同而有所区别(图 14－4、图 14－5)。

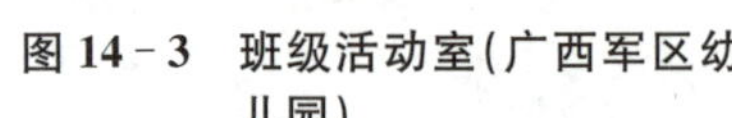

图 14－3　班级活动室(广西军区幼儿园)

图 14－4　美术创意室(图片来自儿童空间网)

图 14－5　科学发现室(图片来自儿童空间网)

墙面因其直观性、生动性和形象性的特点而成为环境教育的重要组成部分，幼儿园墙面的布置要求要具有操作性、互动性、动态性、过程性，既是课程与环境的互生互长，又为幼儿的发展提供较好的物质环境。

2. 寝室的布置

寝室的布置主要包括墙面、天花板、电灯开关等的布置。

3. 盥洗室的布置

盥洗室的布置，包括墙面、地面的布置等。寝室和盥洗室的创设，也可以统称为幼儿生活环境的创设。

4. 门厅

门厅是幼儿园的集散地，幼儿园可以根据门厅的不同类型、环境特点、主题活动、季节变化等进行门厅的环境布置。

5. 走廊

为了提高空间的利用率，走廊是一个很好的活动空间。狭长或宽敞的走廊，布置得当就可以实现其装饰效果和教育效果。

6. 楼梯

楼梯是上下楼的通道，楼梯的环境创设包括吊饰、墙面、楼梯转角、楼梯底面空间的创设与利用。

(二) 户外环境创设

主要包括走廊、楼梯的装饰，户外墙面、园门及围墙、园区绿化环境、户外游戏活动场、建筑物外墙面等的创设。

二、从环境的形态来说，幼儿园环境创设可以分为物质环境的创设和人文环境的创设

幼儿园物质环境涵盖幼儿园所有室内外的活动设施设备。包括房舍、庭院、运动游戏场、绿地以及相关的设施设备；幼儿园走廊、门厅、活动室、午睡室、多功能室、科学发现室等的墙面、窗户的装饰和布置；活动区域的布置。

幼儿园人文环境，包括幼儿园人际环境和文化环境。幼儿园的人文环境是幼儿园生存和发展的内涵、灵魂，包括幼儿园的传统和幼儿园的园风园貌；办园指导思想；教职工的世界观、人生观、价值观、教

育观、服务作风;幼儿园的人际关系,包括园长和教师的关系、教师和教师的关系、教师和幼儿的关系、幼儿和幼儿的关系、教师和家长的关系;幼儿园的情感氛围;幼儿园各种文化艺术、娱乐活动等。[①]

此外,幼儿园环境从不同的角度,还可以分为显性环境和隐性环境、教学环境和生活环境等。

视野拓展

感受德国幼儿园的环境教育[②]

德国是世界上环境质量最好的国家之一。这既应归功于德国完备、详尽的环境立法,更应归功于德国对环境教育的重视。

一、环境教育理念:注重情感与实践

德国环境教育学者赖纳·多拉瑟(Rainer Dollase)指出,环境教育"情感基础第一,不是认知第一"。针对幼儿这一特殊的教育对象,德国幼儿园注重把幼儿情感目标放在首位,认为只有让幼儿到环境中去认识自然,感受自然,欣赏自然的美,才能使他们真正热爱自然,关心环境。

二、幼儿园环境创设:崇尚自然

德国的幼儿园,给人最强烈的感受是环境朴素而自然。幼儿园就如同一座美丽的花园,园内有大片的活动场地,草坪、沙池、水沟以及花草树木基本上都是原生态的,孩子们可以在自然中尽情嬉戏。户外玩具如秋千、独木桥、摇马、跷跷板等都是原木做成的,木屑地、草地和沙地都是真实自然的。活动场地上放置了许多任由孩子们搬动的废旧材料和自然物,如旧轮胎、木板、梯子等。在这里,孩子们是自由的、放松的、充满探究欲望的。他们即使玩得浑身沙泥,也不会受到教师的训斥和限制。他们从中获得的不仅仅是知识,更多的是创造的乐趣以及与自然亲近的美好感受与体验。

幼儿园的室内布置处处洋溢着一种纯朴自然的清新感:简单的原木家具,随处可见的绿色植物,树根、干草编制而成的艺术造型……活动室墙上贴的、挂的都是幼儿的作品,幼儿园里每一个角落都体现了孩子们独具匠心的构思与设计。

三、户外活动:灵活多样

幼儿教师除了努力将保护环境、善待自然的理念渗透在课程中以外,还应精心策划,带领孩子走出幼儿园,到森林、田野去接触和探究大自然。

1. 别开生面的"森林日"

德国的幼儿园没有统一的课程要求,但它们几乎都把环境教育作为重要的内容之一。孩子们每天除了进入花园活动外,每个小组(混龄班)每周都有一个"森林日"。他们在森林里认识动植物,探究动植物的生长过程,感受四季的气候变化。教师常常通过闭上眼睛躺在树林里倾听自然界的每一种声音、用布蒙住孩子的眼睛用手触摸树林里的各种生物等游戏让孩子们更深刻地感受自然。此外,还让孩子们扮演植物的各个部分,体验植物如何从土壤里汲取养分,如何抵抗昆虫的入侵;带领孩子们种花植树,种植庄稼,感谢大自然的恩赐……

2. 全天候的户外活动

Wald 幼儿园是一所不同寻常的森林幼儿园,孩子们整天在森林或户外活动。德国大约有370多个森林幼儿园,人们称它们是"没有房顶和围墙的幼儿园"。

---

① 汝佳茵.幼儿园环境与创设(第二版)[M].北京:高等教育出版社,3.

② 王盈盈.感受德国幼儿园的环境教育[J].幼儿教育,2007(4).

Wald 幼儿园有两个混龄小组，每组约 20 个孩子，两个专业教师，一个实习员，还有一些志愿者。他们在森林中的主要活动是观察植物和小动物。有时玩一些探险游戏。中午，大家围坐一圈，分享各自带来的食物，谈论各自在树林里的新发现。

3. 丰富的环境教育资源

充分利用当地环境教育资源，如环境教育中心、自然博物馆及国家公园等环境教育机构。德国几乎每一个市镇都有类似机构，它们一方面承担着培训中小学及幼儿园教师的任务，另一方面为学校提供户外活动的场所。如法兰克福的环境教育中心主要是让孩子们观察动物、经历种植过程、食用有机蔬菜以及学习如何减少浪费等。“中心”有真正的蜂窝、鸟巢，供孩子考察学习用。

第三节　幼儿园室内环境创设

室内空间环境主要是指幼儿园主体建筑物的内部环境。幼儿园室内环境主要包括活动室、寝室和盥洗室几部分组成。

一、活动室的规划及创设

活动室的布置包括班级活动室和专用活动室，在书中主要学习班级活动室的环境布置，活动室是提供幼儿室内游戏、进餐、集体教育活动的用房，是幼儿园园舍的主体。

活动室的布置主要包括：吊饰、墙面、窗户、活动区角和室内角落。

（一）吊饰

吊饰是指悬挂于天花板、门窗、墙面的装饰物，悬挂物可以自制也可以购置。吊饰在班级活动室或各类活动室、大厅等得到广泛运用。此外，还有走廊、门厅等大多会悬挂吊饰。此处所指的吊饰主要是室内的吊饰。

布置技巧：

※ 吊饰的位置要根据需要悬挂，不可随意悬挂，否则会造成视觉上的混乱。

※ 吊饰的内容和形式应结合主题教学内容或季节，形成整体呼应效果。

※ 另外，吊饰的悬挂还要注意大小、重量、高度是否符合安全的要求（图 14－6、图 14－7）。

图 14－6　彩色花球吊饰（上海虹口区实验幼儿园）

图 14－7　纸杯花吊饰（上海虹口区实验幼儿园）

(二) 墙面

墙面因其直观性、生动性和形象性的特点而成为环境教育的重要组成部分，幼儿园墙面的布置要求要具有操作性、互动性、动态性、过程性，既是课程与环境的互生互长，又为幼儿的发展提供较好的物质环境。

墙面布置的种类可以从使用功能和性质进行划分。

※ 根据使用功能的不同，分为功能墙面和常规墙面。功能墙面有明确的功能要求，如"班标"、"室标"、"家园共育栏"、"作息时间表"等(如图 14－8)；装饰墙面以装饰为主要目的(如图 14－9)。

图 14－8　葡萄班班牌(成都市新加坡温森国际幼儿园)

图 14－9　我爱我的幼儿园(广西北海市机关幼儿园)

※ 从性质上又可分为常规墙面、主题墙面和互动墙面三大类。常规墙饰主要体现为针对幼儿园各区域墙面做的具有装饰性和功能性的墙饰。比如，"室标"和"班标"的创设、各类宣传板(栏)创设、午睡室墙饰创设、活动区墙饰创设、园内环境墙饰创设等。(如图 14－10)

图 14－10　家园彩虹桥(南宁市金湾花城幼儿园)

墙面布置是幼儿园环境的重要组成部分。在布置墙面时要遵循教育性、参与性和艺术性的原则，注意墙面与教室布置的整体效果。

在幼儿园中，墙面可以根据不同的需要进行划分。在本书中，我们将幼儿园的墙面从其性质上划分为主题墙面、常规墙面和互动墙面三种。

1. 主题墙面

主题墙面是指围绕与相关教育活动和生活活动内容为主题的各类墙饰，具有鲜明的主题和很强的互动性。主要包括：教室主、副墙面，环境图示，各区域角的布置等。主题墙面是墙面内容由与某个主题相关的图片、文字、作品等相关的资料组成，经过一定的构图、设计而成的墙面。幼儿园的主题墙面主题一般来源于幼儿园教育教学活动、幼儿的生活活动、季节变化、重大节日等。主题墙面的布置要从以往的装饰性变为具有教育性、操作性、互动性、动态性、过程性(图14－11、图 14－12)。

图 14－11　祖国在我心中(广西北海市机关幼儿园)

图 14－12　好玩的民间游戏(广西北海市机关幼儿园)

图 14－13　走廊常规墙面(广西军区幼儿园)

2. 常规墙面

在幼儿园各区域场所所做的装饰性或功能性墙面。常规墙面的主要作用在于装饰和美化环境，给予人美的感受和艺术的熏陶。因此，装饰墙面更多地侧重于艺术美，弱化作品的教育性。常规墙面使用时间较长，在布置时对墙面设计的整体性和装饰性有较高要求(图 14－13)。

3. 互动墙面

互动墙面，即旨在促进教师与幼儿、教师与家长、幼儿与幼儿、幼儿与家长、幼儿与环境的相互交流、互动的墙面。互动墙面是让幼儿参与墙面材料的准备和制作的过程，师生互动共同完成创作的一种墙面。这种墙面能以幼儿发展需要为目的，紧紧围绕教育目标和教育内容，发挥孩子的主体作用，从而能最大限度地发挥墙面的教育作用。

多数互动墙面都具有可操作性，因此，也称之为操作墙面。互动墙面因其对象的不同、位置的不同、内容不同等，因此在布置互动墙面时要因人而异、因地理位置巧妙地进行布置(图 14－14、图 14－15)。

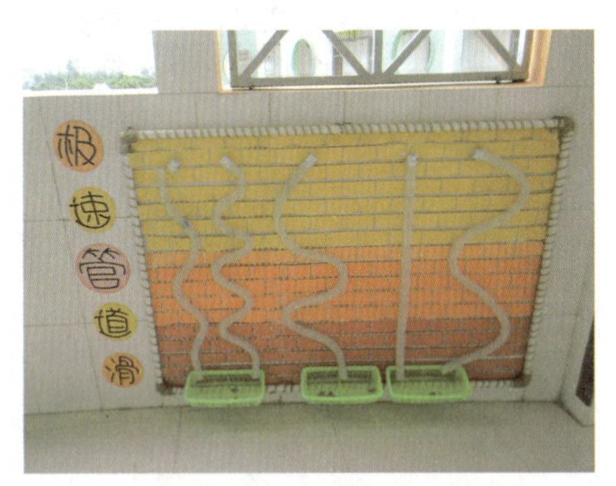

图 14－14　极速管道滑(广西北海市机关幼儿园)

图 14－15　娃娃看天气(广西北海市机关幼儿园)

4. 幼儿园墙面设计与布置的要点

幼儿园墙面布置遍及幼儿园各个角落，教师在设计与布置时，应该要考虑墙面内容的选择是否符合幼儿的年龄和心理特点；墙面与整个环境的整体性，墙面内容、色彩、构图等应与整个环境相协调等；遵循教育性、参与性和艺术性原则，注意墙面与教室环境的整体效果。

※ 墙面设计与布置的内容应该符合孩子的年龄特点与心理特点(如图 14－16)；

※ 表现手法和装饰风格应一致；

※ 布置不宜过满、过杂；

※ 墙面布置不宜太高，以不超过幼儿的耳部为宜；

※ 注重画面构图、情节的对比。

图 14－16　喂喂小动物 (广西军区幼儿园)

（三）窗户

幼儿园活动室的窗户是教师进行环境创设的组成部分，但也是常常被人们忽视的内容。窗户装饰一般常见的有平面贴画和悬挂物两种，材料的使用也十分丰富。

窗户的布置应以简洁、美观、实用为主，并与活动室主题交相辉映。窗户的主要功能是采光、通风，因此在布置窗户时应注意尽量不要遮挡光线和视线。一般可以在窗户的边角利用较小的装饰物进行点缀即可，或者在窗户边框进行装饰。窗户的作用在于采光和遮风，一般来说以不能防碍窗户的使用为原则，装饰物不宜过多，避免给人凌乱和杂乱的感觉（如图 14－17）。

图 14－17　花盆（拍摄于南京某幼儿园）

图 14－18　我们的植物（拍摄于南京某幼儿园）

（四）区角活动

区角活动是班级活动室的重要组成部分，一般划分为生活区、角色表演区、语言区、科学区、建构区、手工区、表演区等。适用于中大班幼儿，多为社会重大事件、节日或者季节及幼儿共同关注的其他问题。生活区主要培养幼儿生活能力，如生活自理能力、手眼协调能力等，比较适合小班幼儿（图 14－18）。区角活动环境创设要注意的问题：

1. 根据幼儿年龄特点设置区角活动

区域活动中教师应根据不同年龄段幼儿的身心特点布置和投放不同层次的活动材料，做到有的放矢。例如，建构区的设置应结合小班幼儿善于模仿的心理特点和小肌肉群不够发达的生理特点，可为他们提供体积大、便于取放、类别相同的建构材料；而大班幼儿动手能力强，思维敏捷，在提供建构材料时，则要注重多样性和精密性，以满足他们的探究和自主发展的需求（图 14－19）。

社会性区角在设置上也应注意针对性，角色简单、分工明确的娃娃家应设在喜欢模仿、社会经验欠丰富的小班，利于培养幼儿的交往能力。医院、邮局、理发店、银行这些社区的服务设施是幼儿在日常社会生活中所经常接触到的，便于幼儿的社会性成长，可设在大班，让幼儿在充分参观、了解的基础上进行创造性地开展（图 14－20）。

图14－19　大班建构区（广西北海市机关幼儿园）

图14－20　小商店（广西南宁市教育系统幼儿园）

2. 根据幼儿兴趣设置区角活动

在区角活动中，我们会发现幼儿的已有经验、能力、兴趣及性格方面各有不同，会表现出不同的兴趣点。如甜点屋、宠物餐厅、理发店等是女孩的天地，而渔村农场、海底套圈、小小建筑物等都是男孩喜爱的活动(图 14 - 21 - 14 - 24)。不同年龄的幼儿随着年龄的增长兴趣点也在不断地转移。因此，我们在设置区域时应根据幼儿不同的兴趣点设置不同的区域。

图 14 - 21　宠物餐厅(广西军区幼儿园)

图 14 - 22　大墩海渔村(广西北海市机关幼儿园)

图 14 - 23　海底套圈(广西北海市机关幼儿园)

图 14 - 24　甜点铺(广西军区幼儿园)

3. 区角活动与日常教学活动有机结合

区角活动与课程教学活动室是密不可分、相互补充的关系。教师应将日常未完成的教学内容、幼儿感兴趣的教学活动在区域活动中继续进行，满足幼儿的活动欲望，巩固掌握相关的知识经验(如图 14 - 25—图 14 - 26)。

图 14 - 25　茶店(广西南宁市教育系统幼儿园)

图 14 - 26　宝贝家(广西军区幼儿园)

(五) 其他

1. 室内角落

室内角落如果装饰得当、巧妙，就会提升整个活动室环境创设的效果，成为使人眼前一亮的风景。因此，室内角落的布置要求教师要别出心裁地运用角落的地理位置，比如电箱、电风扇、电开关等加上"防护罩"的装饰，既安全，又美化环境。(如图 14－27、图 14－28)

图 14－27 电箱装饰(广西军区幼儿园)

图 14－28 墙角装饰(广西北海市机关幼儿园)

图 14－29 衣帽间(广西北海市机关幼儿园)

2. 衣帽间

衣帽间与班级活动室相连接，班级活动室宽敞的也设在班级活动室的门厅处。衣帽间可放置幼儿的衣物、书包、鞋子，应选择木质储物柜为宜。衣帽间不需要做太多的墙面装饰，布置一面常规墙饰即可(如图 14－29)。

视野拓展

幼儿园专用活动室的环境设计[①]

目前，越来越多的幼儿园陆续开设了幼儿专用活动室，有的幼儿园出于课程平衡的目的开设专用活动室；有的幼儿园出于支持幼儿个体学习的需要开设专用活动室；也有幼儿园为了园所特色项目做深化研究而开设专用活动室。幼儿园专用活动室是一种开放的活动环境。在活动室中，教师鼓励幼儿自主选择、自主探索，在和材料、环境的相互作用中获得身体、情感、认知及社会性等各方面的发展。鉴于专用活动室在幼儿园的重要地位，在此整理一些较好的幼儿园专用活动室环境设计供大家学习。

一、音乐活动室

音体活动室的形状应轻快、活泼并有儿童建筑的特点，一般除长方形、正方形外还设计成多边形、圆形及一端呈圆弧形的平面形状。活动室位置应坐北朝南，设计较大的窗户保证采光与通风；与各班级活动室既要联系方便，又要有适当的距离。幼儿园音体室的墙面设计要符合幼儿的年龄，简单易懂，让幼儿易于理解。地板铺设最好是实木地板，避免幼儿光着脚丫跳舞时着凉(如图 14－30、14－31)。

① 内容与图片均来自儿童空间网(网址：http://www.ertongkongjian.com)，由作者整理。

图 14-30　音乐活动室

图 14-31　音乐活动室

二、美术活动室

美术活动室是供幼儿开展各种美术活动的场所。通过开展欣赏、绘画、手工等活动，培养幼儿的观察、想像和艺术创造力，并提高幼儿的表现和审美能力，激发幼儿对生活的热爱和对美好事物的向往(如图 14-32、14-33)。

图 14-32　美术创意室

图 14-33　美术活动室

三、图书室

为了更好的采光给幼儿一个明媚的读书环境，图书室的窗户一般以南为主。图中的图书室就设计的人性化，座位都是用软包给包起来，这样可以让幼儿提高对空间的预知性，知道哪块空间是安全的，哪块空间具有会有危险的可能性。浅黄色的墙壁给幼儿一种温馨的感觉，幼儿在这样中的环境中阅读画册是很舒服的(如图 14-34、14-35)。

图 14-34　图书室

图 14-35　图书室

四、科学发现室

幼儿园科学发现室的面积以 50 m^2 为宜，平面形状以矩形为宜，主要是因为便于展台、工作室、橱柜等的布置，也便于教师能观察室内每个角落。倘若平面不规则，则须根据活动内容的不同进行功能分区，使室内空间组织井然有序。

科学发现室内有些展示品是提供幼儿观察认知的。各种鸟、蝴蝶等的标本需要挂在墙上陈列，观察仪器需要放在桌面上供幼儿动手使用。为了使一些观察活动，演示活动能够正常进行，需要配置水池、插座等。此外，科学发现室需要有一面实墙，以便设置橱柜，供仪器、物品等存放（如图 14－36、14－37）。

图 14－36　科学发现室

图 14－37　科学发现室

二、寝室的规划与创设

寝室的布置主要以营造温馨、安静的环境，促进幼儿的睡眠为主要目的。因此，寝室的布置要注意以下几个方面的问题：

※ 寝室应有空调和风扇，以保证通风、温度适宜；

※ 床的摆放要保持一定间距，避免幼儿卧床时紧密接触，床要坚固稳定；

※ 寝室的色彩以浅色调为主、可选择浅绿色、浅蓝色、浅粉红等，为避免整体的单一色调应设计一点花纹、图案的点缀其间，室内光线要柔和（如图 14－38、14－39）；

※ 室内应有专用的消毒灯，进行定期的消毒。

图 14－38　寝室（广西军区幼儿园）

图 14－39　寝室（广西北海市机关幼儿园）

三、盥洗室的规划及创设

盥洗室的环境的规划及创设应该符合以下要求：

※ 卫生整洁、通风采光好；

※ 卫生设施如便池、水杯架、毛巾架等高度和大小要符合幼儿身高（图 14－40、图 14－41）；

※ 地板进行防滑处理，小班级在地板上粘贴标识提醒幼儿；

※ 环境标语、图示等应该简洁、便于辨识；颜色使用应简单、明快（如图 14－42）。

图 14－40　盥洗室(广西北海市机关幼儿园)

图 14－41　杯架(广西北海市机关幼儿园)

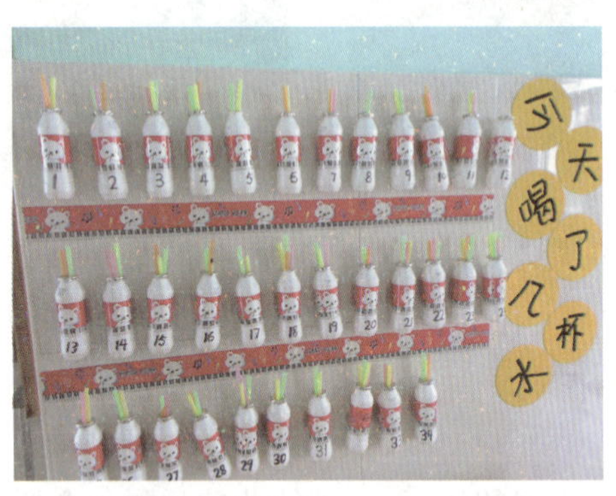

图 14－42　图示记录:今天喝了几杯水?

四、门厅的规划及创设

门厅是幼儿园对外的宣传窗口,它的自身艺术形象以及门厅中的展橱都能给外来者一深刻印象,起到宣传、广告的作用。同时,门厅也是幼儿园教师、家长、幼儿的集散地,不同类型的门要根据不同的空间特点选择不同侧重点进行规划及创设。如半敞开式门厅可以考虑采用装饰壁画,架空式门厅可以装饰悬挂物、设置区角活动等,封闭式门厅可设计成作品展示区、宣传栏等。

门厅环境的规划及创设要注意以下几个问题:

※ 门厅比较宽敞的,可以考虑采用大型装饰壁画,包括组织多名幼儿进行绘画、剪纸、手工作品的集体创作等;

※ 可根据主题活动、季节的变化或根据门厅的结构进行布置(如图 14－43)。

※ 也可设置成橱窗、展柜,陈设幼儿手工作品柜(如图 14－44);

图 14－43　门厅(图片来自儿童空间网)

图 14－44　门厅(成都新加坡温森国际幼儿园)

五、走廊的规划及创设

走廊空间的利用与环境的规划、创设，可根据走廊的宽窄进行不同的规划。走廊的规划与创设要点如下：

※ 走廊一般可设为展示区，或设置为各类橱窗、展示栏等。可陈设学习长廊，帮助幼儿学习一些科学小常识(如图 14－47)；

※ 宽敞的走廊可设置为幼儿的活动区域，利用家具或玩具进行隔断(如图 14－46)；

※ 狭长的走廊可以设置为橱窗、展示栏展示师幼的书画、手工作品(如图 14－45、14－48)。

图 14－45　作品展示栏(广西军区幼儿园)

图 14－46　活动区域(上海虹口实验幼儿园)

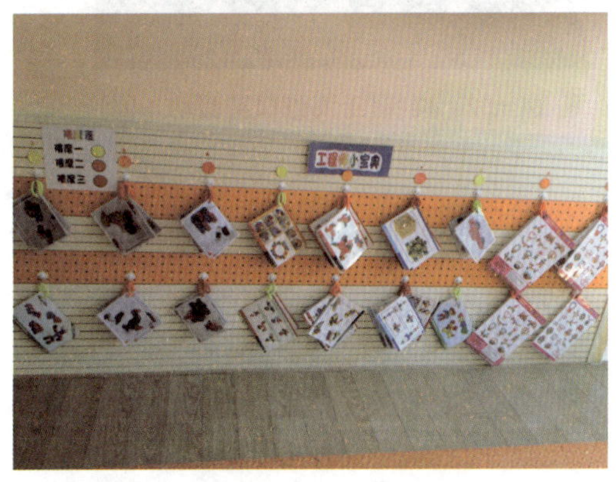

图 14－47　工程师小宝典(上海虹口实验幼儿园)

图 14－48　画廊(上海虹口实验幼儿园)

六、楼梯的规划及创设

教师在规划及创设幼儿园楼梯要注意的几点问题：

※ 装饰不宜花哨、太鲜艳，装饰物不宜过多(如图 14－49)；

※ 充分利用楼梯转角、楼梯底部的空间(如图 14－50、14－51)；

※ 楼梯应设置上下两层符合不同幼儿身高的扶手(如图 14－52)；

※ 色彩应简单明快，应以白色、灰蓝、灰玫红等中性色调为主，以少量鲜艳的颜色起对比活跃作用。

图 14-49　楼梯墙面(广西军区幼儿园)

图 14-50　楼梯转角装饰(广西军区幼儿园)

图 14-51　楼梯底部空间(上海虹口实验幼儿园)

图 14-52　楼梯(上海虹口实验幼儿园)

第四节　幼儿园户外环境创设

幼儿园户外环境创设是指幼儿园户外的空间和游乐设施的设计与布置。在这一节中,主要介绍幼儿园户外活动区域、户外墙面、绿地、园门以及围墙的规划与创设。幼儿园户外区域活动的分区,一般不少于5个,包括玩沙玩水区、攀岩区、观赏区、种植区、动物饲养区、绿化区、大型器材游戏区、集体活动的硬化区等。

一、户外活动区域

户外活动区域可划分为玩沙玩水区、攀岩区、观赏区、种植区、动物饲养区、绿化区、大型器材游戏区、集体活动的硬化区等,不同的区域在具体的创设时应有所不同。

户外活动区域的布置要注意的问题:

※ 游戏设施的高度要符合幼儿的身高和年龄特点(如图 14-53);

※ 游戏材料的投放要考虑幼儿的年龄特点和个别差异性,有层次、科学的投放材料;

※ 不同大型器械的位置应该是根据幼儿的年龄特点、场地特点、器械的功能和幼儿体育活动的规律进行放置(如图 14-54)。

图 14－53　玩沙池(上海虹口区实验幼儿园)

图 14－54　大型游戏器械(广西军区幼儿园)

二、户外墙面

幼儿园户外墙面的装饰要注意以下问题：

※ 户外墙面一般可作为攀岩墙、涂鸦墙、投掷墙(图 14－55)等功能性墙面,也可作为展示某一主题内容的主题墙(图 14－56)；

※ 户外墙面因其涉及面积大、受日晒雨淋、难更换等特点,在进行布置时可以使用木头、瓷砖、油漆等不易损坏和变色的材料；

※ 户外墙面的布置应富有文化气息、儿童气息,且具有艺术美。

图 14－55　民族运动会(广西军区幼儿园)

三、园区绿化环境

绿化是户外环境中的主体,是塑造幼儿园充满大自然情趣的重要因素。绿化对户外环境的美化作用如下：一是植物本身形象与色彩的美；二是可以组织空间,丰富空间的层次,使环境条件改善并富有生气,使人感受到空间的亲切和充实。通过不同形式的组合与户外环境的设施、道路、娱乐、运动器械以及各个区域的配置与围合,形成了具有幼儿园特色的环境。

图 14－56　户外绿化(上海虹口区实验幼儿园)

幼儿园的绿化要注意的问题：

※ 以自然为主,通过种植草、灌木、乔木等多种植被,形成高低错落,轮廓多变的小森林(如图 14－56)；

※ 植被要以常绿为主,适当栽种一些四季分明的树木,并点缀不同季节的各种花卉,这样就能营造出颇具特色的户外环境；

※ 植被的选择要考虑安全,不能选择有毒、有刺等容易引发危险的植物。

四、园门及围墙

图 14－57　园门及围墙（广西军区幼儿园）

园门和围墙是幼儿园的第一张脸，幼儿园给人的总体印象如何可以一定程度上从园门及围墙上反映出来。因此，幼儿园大门和围墙的设计与布置显得尤为重要。

门面、围墙的设计应该与幼儿园的整体环境和建筑风格相协调，并能体现幼儿园的教育特色（图 14－57）。

思考、实践与实训

1. 思考：什么是幼儿园环境创设？你认为有效的幼儿园环境应该是怎样的？
2. 思考：如何创设幼儿园科学探究区角？请说出你的设计、规划并与同学分享。
3. 实践：案例分析 1

幼儿园环境创设：贴满就好？

在幼儿园中，我们常常听到老师说“幼儿园环境嘛，贴满就好了”。可事实真是如此吗？请你欣赏以下两幅幼儿环境创设图片，并分析、评价两个墙面规划与创设（图 14－58—图14－59）。

图 14－58

图 14－59

分析：

（1）以上图片中环境创设的不足之处在哪？

（2）请你结合本章所学知识，重新设计以上墙面，并在班内与同学交流。

4. 实践：案例分析 2

幼儿园区角活动环境规划与创设的对比

请你欣赏以下幼儿园区角活动环境创设，并依据区角活动的规划与创设要点分析这两个区角活动环境的优点与不足住处（图 14－60—图 14－61）。提出改进的方案，与同学一起分享你的观点。

图 14 - 60　小舞台(广西军区幼儿园)

图 14 - 61　小舞台(广西第三幼儿园)

5. 实训

请你利用学校空余房间或在学校实训室,规划、创设幼儿园班级环境。以小组为单位,对该教室活动区角、墙面、天花板、窗户、门口、走廊、楼梯等进行规划和创设。

本章小结

本章主要让学生了解幼儿园环境创设的理论基础,能理解幼儿园环境创设分为室内和户外环境两大类,以及室内和户外环境创设的内容,在此基础上掌握幼儿园室内外环境创设的内容与要点,并能初步具备根据幼儿园环境创设理论、幼儿园环境特点、幼儿年龄特点,创设幼儿园室内外环境的应用能力,为适应幼儿教师岗位所需的环境创设工作做好知识和经验的准备。

参考文献

[1] (法)艾黎·福尔著,张泽乾、张延风译. 世界艺术史[M]. 长江文艺出版社,1995.
[2] (美)萨拉·柯耐尔著,欧阳英、樊小明译. 西方美术风格演变史[M]. 浙江美术学院出版社,1992.
[3] (美)H·H·阿纳森著,邹德侬等译. 西方现代艺术史[M]. 天津人民美术出版社,1986.
[4] 王受之. 世界现代设计史[M]. 新世纪出版社,1995.
[5] (日)富永黎一主编,王振华等译. 西洋美术图史(上下册)[M]. 人民美术出版社,1990.
[6] (英)肯·克拉克著,吴玫等译. 裸体艺术[M]. 中国青年出版社,1987.
[7] 朱伯雄主编. 世界美术史(十卷本)[M]. 山东美术出版社,1987.
[8] 中央美术学院美术史系编. 外国美术简史[M]. 高等教育出版社,1990.
[9] 迟轲编著. 西方美术史话[M]. 中国青年出版社,1983.
[10] (美)罗伯特·贝弗利·黑尔著.《素描基础(向大师学绘画)》[M]. 中国青年出版社,1998.
[11] (意大利)达·芬奇著.《达·芬奇论绘画》[M]. 广西师范大学出版社,2003.
[12] 周楷著.《绘画入门》[M]. 广西美术出版社,2003.
[13] 吴培秀著.《装饰绘画》[M]. 西南师范大学出版社,2003.
[14] 唐星明著.《装饰文化论纲》[M]. 重庆大学出版社,2003.
[15] 陆红阳、李明伟著.《现代设计学校—装饰工艺卷》[M]. 广西美术出版社,2003.
[16] 齐光雄著.《手工制作》[M]. 广东高等教育出版社,2012.
[17] 彭小红著.《手工制作教程》[M]. 湘潭大学出版社,2013.
[18] 邱秀君、吕袁媛著.《手工制作教程》[M]. 高等教育出版社,2012.
[19] 宫楚涵著.《中国红. 泥塑》[M]. 广西师范大学出版社,2003.
[20] 周路著.《团花世界》[M]. 安徽美术出版社,2008.
[21] 李静娟、李友友著.《剪纸之旅》[M]. 中国旅游出版社,2007.
[22] 潘鲁生、苗红磊著.《剪纸》[M]. 中国社会出版社,2007.
[23] 王昀著.《实用衍纸一本通》[M]. 青岛出版社,2012.
[24] (英)埃里奥特著.《首次玩纸雕》[M]. 河南科学技术出版社,2011.
[25] 钟海宏著.《幼儿园手工——纸雕》[M]. 华东师范大学出版社,2010.
[26] 祝琪著.《版画》[M]. 北京师范大学出版社,2011.
[27] 祝琪著.《少儿版画技法》[M]. 金盾出版社,2010.
[28] 蒋梦珏著.《版画教室》[M]. 广西美术出版社,2003.
[29] 赵旭著.《幼儿环境创设与玩教具制作》[M]. 河北大学出版社,2012.
[30] 李金娜著.《学前儿童玩教具制作》[M]. 科学出版社,2012.